Research on Industrialization of
Forest Resources in
Modern Northeast China

近代东北森林资源产业化研究
（1878—1931年）

郑宇 / 著

上海社会科学院出版社
SHANGHAI ACADEMY OF SOCIAL SCIENCES PRESS

本书受江苏高校哲学社会科学研究基金项目《近代东北森林资源产业化研究（1878—1945）》（编号：2018SJA0822）资助，谨致谢忱！

目　录

绪　论 ……………………………………………………………… 001

第一章　近世以前东北森林资源利用回溯 ……………………… 013
　第一节　明以前东北森林的初步利用 …………………………… 013
　第二节　清代东北森林封禁政策 ………………………………… 019
　小　结 ……………………………………………………………… 029

第二章　近代东北森林资源产业化开发的准备工作 …………… 030
　第一节　森林开发意识的转变 …………………………………… 030
　第二节　中外各国的调查活动 …………………………………… 035
　第三节　森林法规的制定 ………………………………………… 041
　第四节　林政管理机构的成立 …………………………………… 045
　小　结 ……………………………………………………………… 053

第三章　近代东北林政管理的具体举措 ………………………… 054
　第一节　东北国有林的发放 ……………………………………… 054
　第二节　东北森林的管理与保护 ………………………………… 068
　第三节　林业税费的征收 ………………………………………… 081
　小　结 ……………………………………………………………… 089

第四章　日、俄两国对东北林权的掠夺 091

第一节　日本对鸭绿江流域森林的攫取 091

第二节　俄国对中东铁路沿线森林的侵占 100

第三节　日本对东北森林资源的进一步掠取 110

小　结 122

第五章　近代东北森林的采伐、运输和销售 124

第一节　伐木团体的组织及其运作 124

第二节　对森林采伐量的统计分析 132

第三节　东北木材的水、陆输送 142

第四节　东北木材的销路与市场 150

小　结 160

第六章　近代东北林木的培植 162

第一节　清末植树造林的起步 162

第二节　民国时期的造林活动 165

第三节　日本方面的造林活动 176

小　结 178

第七章　近代东北木材加工业 180

第一节　锯木业 180

第二节　造纸业 185

第三节　火柴业 190

小　结 195

结　语 197

参考文献 203

绪　论

一、选题缘起

　　资源是生产资料和生活资料的天然来源,是人类赖以生存和发展的物质基础,没有资源,就不会有物质财富,也就谈不上经济发展、社会繁荣,丰富的资源是产业兴旺、社会进步的基石。[①] 森林资源是自然资源的一种,不仅为人类提供大量木材和林副产品,具有显著的经济价值,而且在保护生态环境、维持生态平衡方面起着至关重要的作用。

　　东北森林面积位居全国首位,不仅是传统封禁政策的"遗产",也深受该区优越自然环境之恩泽。每年5月—9月的植物生育期,该区日照时间最长,气温亦较高,全年降水量之大部亦集中于此,"对植物之生育则甚适当也","满洲之森林乃惠于气候条件"。[②] 该区地形、土壤和气候也为森林生长提供了得天独厚的条件,"东北因气候与地质宜于林木生殖,故甚繁盛"[③]。

　　蕴藏丰富的东北森林,早已引起人们的注意。人们赖以生存、繁衍,其垦殖、猎取、采捕、交通、住宿、筑城、殡葬以至文化教育、军事行动等活动,几乎无不与森林相关。不过,由于人口数量不多、分布不广,人类活动不很频繁,传统时期森林开发相当有限,并未形成独立的森林产业。无论是树木采伐还是狩猎采集,规模较小、产品单一,大多供自身使用,或贵族的奢侈性消费之用,木材加工也极为原始简陋。

　　迨至近代,东北森林的实用价值被重新发现和定义。为了增进国富、振兴

[①] 柴恒忠、甄世武主编:《森林资源的资产化管理》,中国林业出版社1994年版,第1页。
[②] [日]日本产业调查会满洲总局编:《满洲产业经济大观》,1943年印行,第249—250页。
[③] 真:《东北林业地理》,《史地社会论文摘要月刊》1936年第2卷第8期。

实业、防止林利外流,清政府接受有识之士的劝诫,摒弃沿用已久的封禁政策,转而鼓励民间森林采伐,加强对林业生产的干预。民国以后,各级政府更是制订计划、颁布法规、成立机构,林业发展被提升至前所未有的高度。中国近代化过程备受外力侵扰,森林资源产业化进程亦概莫能外,日、俄势力介入后,倚仗殖民特权,借助于军事强力,不断侵蚀林权、霸占林场、输出资本,成为左右产业发展不可忽视的一股力量。

在中、外双方共同开发下,东北森林成为近代中国最早实现林业产业化的林区,森林产业飞速发展,与工业、农业、矿业、渔业等经济门类并驾齐驱,共同推动了近代东北经济的进步。产业内部也趋于完善,木材生产、运输、加工、销售等各环节均大有起色,商品化程度大大提高。森林产业开发的过程也是林木批量砍伐的过程,这个时期森林遭到的破坏,较之传统时期严重得多,森林水源涵养和水土保持能力明显衰退,导致一系列环境问题的滋生。

这就引出了几个问题:如何评价中国政府在近代东北森林开发中的作为?与传统时期相比,近代东北森林利用有哪些特点,森林产业链如何生成发育?外国资本如何侵夺东北林权,其势力消长经历了怎样的过程,在森林资源产业化进程中扮演什么样的角色?中外双方的植树举措,其实际成效究竟如何,能否起到恢复森林生态平衡的效果?为了解决这些问题,本书以《近代东北森林资源产业化研究(1878—1931年)》为题,展开较深入的探索。

历史是现实的一面镜子,著名历史学家茅海建指出:"历史学最基本的价值,就在于提供错误,即失败的教训。所谓'以史为鉴',正是面对错误。从这个意义上讲,一个民族从失败中学到的东西,远远超过他们胜利时的收获。胜利使人兴奋,失败使人沉思。一个沉思着的民族往往要比兴奋中的民族更有力量。历史学本应当提供这种力量。"[1]当前东北森林产业已严重萎缩,林区内部民生及社会治理诸方面亟待重组、转型。本书旨在检讨近代东北森林过度开发导致的生态灾难,从中汲取宝贵历史教训与启示,为推进新时代生态文明建设,处理好林区改革、产业转型与社会稳定的关系,建立区域协调发展新机制,加快东北老工业基地振兴提供决策咨询。

---

[1] 茅海建:《天朝的崩溃——鸦片战争再研究》,生活·读书·新知三联书店2005年版,第25页。

二、研究综述

(一)民国学者研究评价

自清末至民国,国内学界对东北林业的关注从未间断过,其出发点是振兴东北林业、推动产业开发;防止利权外流、维护国有林权,具有强烈的现实关怀。尤其是"九一八"事变东北沦亡后,为了激发民气、反抗侵略,加深民众对日寇暴行的体认,学界对东北森林调查掀起一个高潮。

在著作方面,著名林学家陈嵘所编《历代森林史略及民国林政史料》[1]是一部较为翔实的林业史资料汇编,该书对东北林政和林权的演变做了简要回顾,专门梳理了"北满中东路一带森林权之丧失""鸭绿江右岸森林权之丧失"的历史过程。陈觉的《东北路矿森林问题》[2]第三章对日本人攫取东北林权的历史做了简要回溯,其中收入《中日合办鸭绿江森林合同》《中日合办华森制材公司合同》等重要文献。谢先进的《鸭绿江右岸之林业》[3]详细描述了近代鸭绿江右岸的林业发展情况,涉及当地林商料栈、木业团体、木材市场、木材税则,以及中日合办鸭绿江采木公司的内部构成、伐木活动和年总产量等细节,是研究该区林业不可多得的参考资料。国民政府主席东北行辕经济委员会经济调查研究处所编《东北造纸业概况》[4]分别介绍了东北机器制纸和手工制纸的沿革历程,分析了纸张、纸浆的供求状况。东北物资调节委员会研究组的《东北经济小丛书》[5]对东北森林产业记载颇详,主要涉及林政管理机构的变动,森林开发利用之扩大,造林活动及其成效,手滤制纸、机器制纸工业的情况等。连潜的《东三省经济实况概要》[6]第八章对长白山、兴安岭、鸭绿江等地林相做了概览,认为这些地区"伐木方法不经济",还对沙俄侵蚀东北林权的历史有所关注。徐嗣同的《东北的产业》[7]第四章论述东北森林的面积、分布,树木的种类、木质、用途,东北林业的发展状况,以及日本对东北林业的侵略。毛应章的《东北问题》[8]第

---

[1] 陈嵘:《历代森林史略及民国林政史料》,金陵大学农学院森林系林业推广部1934年印行。
[2] 陈觉:《东北路矿森林问题》,商务印书馆1934年版。
[3] 谢先进:《鸭绿江右岸之林业》,铅印单行本,1927年印行。
[4] 国民政府主席东北行辕经济委员会经济调查研究处编:《东北造纸业概况》,经济调查研究处1947年印行。
[5] 东北物资调节委员会研究组编:《东北经济小丛书·林产》,东北物资调节委员会1948年印行;东北物资调节委员会研究组编:《东北经济小丛书·纸及纸浆》,中国文化服务社1947年印行。
[6] 连潜:《东三省经济实况概要》,观海时月刊社1931年版。
[7] 徐嗣同编:《东北的产业》,中华书局1932年版。
[8] 毛应章:《东北问题》,拔提书店1933年版。

二章讨论东北森林蕴藏、树木种类、林区分布,伐木团体的组织和运行,还列举了北京政府时期吉林省的造林成绩。王维新的《东北在我国经济上的价值》[①]第六章对比了东三省和关内各省森林面积、蓄积量及木材采伐量,认为关内林业趋于凋敝,东北林业相对繁荣;关内林产供不应求,东北林产则相对过剩。此外,伪满洲国"国务院统计处"的《统计上的满洲帝国》[②]、周志华的《东三省概论》[③]、王大中的《一度沦亡之东北》[④]、詹自佑的《东北的资源》[⑤]、周映昌、顾谦吉的《中国的森林》[⑥]、许阶平的《最近之东三省》[⑦]、郭葆琳、王兰馨的《东三省农林垦务调查书》[⑧]、管世楷的《东北的农业》[⑨]、雷雨的《东北经济概况》[⑩]、胡邇的《中国东北四省与九一八事变》[⑪]、何新吾、徐正学的《国人对于东北应有的认识》[⑫]、万良炯的《东北问题》[⑬]、郑学稼的《东北的工业》[⑭]、屠哲隐的《东三省之工业》[⑮]等著作,也对东北林业相关问题有所解析。

在论文方面,林骙的《北满林业概论》[⑯]对东北北部森林蓄积、木材种类,伐木、运材方法,伐木团体之组织,木业税费之比例,木材盈利的估算,哈尔滨木材市场的发育等做了概述,还就林业发展的阻碍因素、公司管理制度的改进、机械运材与林业发展、伐木运材技术的改良等提出了自己的见解。贾成章的《东北农林业之调查》[⑰]在实地调研的基础上,详细记录了吉敦路沿线森林林相,吉长、吉敦铁路输送木材情形,中东铁路哈长段耗费木材情况,哈尔滨胶合板厂的产销概况,该文对"吉敦路沿线森林之患害""吉林林业之纠纷及积弊"的系统总结较有深度。相关论文还有赵中普的《东北之林业》[⑱],曲乃谦的《东

[①] 王维新:《东北在我国经济上的价值》,外交月报印刷所1934年版。
[②] 伪满洲国"国务院统计处":《统计上的满洲帝国》,伪满洲国"国务院总务厅情报处"1935年印行。
[③] 周志华:《东三省概论》,商务印书馆1931年版。
[④] 王大中:《一度沦亡之东北》,萃斌阁军学书局1933年版。
[⑤] 詹自佑:《东北的资源》,上海印刷所1946年印行。
[⑥] 周映昌、顾谦吉:《中国的森林》,商务印书馆1941年版。
[⑦] 许阶平:《最近之东三省》,辽宁省立第二工科学校1929年印行。
[⑧] 郭葆琳、王兰馨编:《东三省农林垦务调查书》,神田印刷所1915年版。
[⑨] 管世楷:《东北的农业》,中华书局1933年版。
[⑩] 雷雨编著:《东北经济概况》,西北书局1932年版。
[⑪] 胡邇:《中国东北四省与九一八事变》,1934年印行。
[⑫] 何新吾、徐正学:《国人对于东北应有的认识》,东北研究社1933年版。
[⑬] 万良炯:《东北问题》,商务印书馆1937年版。
[⑭] 郑学稼:《东北的工业》,上海印刷所1946年印行。
[⑮] 屠哲隐:《东三省之工业》,南京书店1932年版。
[⑯] 林骙:《北满林业概论》《北满林业概论(续)》《北满林业概论(完)》,《学艺》1921年第3卷第2—4期。
[⑰] 贾成章:《东北农林业之调查》,《中华农学会报》1930年第75—76期。
[⑱] 赵中普:《东北之林业》,《东三省官银号经济月刊》1929年第1卷第5期。

三省林业之概况》①,吴正宙的《东三省之森林》②,莘庵的《东三省制造木材事业》③《鸭绿江之林区及其经济上之地位》④,树屏的《东三省森林及日俄经营之势力》⑤,戬武的《东省之林木税及其应兴应革事宜》⑥,杜嘉瑜的《论东三省之木材》⑦,二戈的《东三省之林木种类及其使用价值》⑧《东三省木材之水陆运输》⑨,谢次颜的《东北森林概况及俄人染指始末》⑩等。

这些成果或为踏查报告之汇纂,或为外人研究之译介,究其内容,多系统计和描述性质,其收录的大量数据、图片、表格、法规等原始资料具有重要参考价值。

(二) 中华人民共和国成立以来研究述评

中华人民共和国成立后,尤其是改革开放以后,林业研究相关成果陆续出现。总体性的研究有王立三的《近代东北森林资源产业化及其影响》⑪,该文最早对东北森林资源产业化进行专门研究,分为"东北的森林资源""近代东北的森林开发""商品林业的兴起与发展""东北的木材运输与贸易""近代东北森林产业特点与影响"等五章,认为近代东北森林产业是促进东北经济发展的重要力量;外国资本主宰了产业化的进程,在其推动下,森林资源消耗巨大,生态环境迅速恶化,观点具有一定新意。其缺陷在于,对东北森林发放和管理缺乏专门讨论,对日、俄分割东北林权的过程,以及森林产业链的形成没有清晰的认知,无法回答"森林资源产业化是如何发起、又如何运转的?""外国资本何以把持产业化进程,其优势地位是如何确立的?""产业体系究竟发育至何种程度,具有哪些时代特征?"等问题,未能完整阐发"森林资源产业化"这一主题。王

---

① 曲乃谦:《东三省林业之概况》,《东三省官银号经济月刊》1929年第1卷第4期。
② 吴正宙:《东三省之森林》,《一中校刊》1935年第3卷第1期。
③ 莘庵:《东三省制造木材事业》,《中东经济月刊》1930年第6卷第8期。
④ 莘庵:《鸭绿江之林区及其经济上之地位》,《中东半月刊》1930年第1卷第3期。
⑤ 树屏:《东三省森林及日俄经营之势力》,《民铎杂志》1917年第1卷第3期。
⑥ 戬武:《东省之林木税及其应兴应革事宜》《东省之林木税及其应兴应革事宜(续)》,《中东经济月刊》1930年第6卷第8—9期。
⑦ 杜嘉瑜:《论东三省之木材》,《中华农林会报》1920年第6期。
⑧ 二戈:《东三省之林木种类及其使用价值》《东三省之林木种类及其使用价值(续)》,《中东经济月刊》1930年第6卷第10—11期。
⑨ 二戈:《东三省木材之水陆运输》,《中东经济月刊》1930年第6卷第12期。
⑩ 谢次颜:《东北森林概况及俄人染指始末》,《文物月刊》1930年第1卷第3期。
⑪ 王立三:《近代东北森林资源产业化及其影响》,吉林大学硕士学位论文,2007年。

长富的《东北近代林业经济史》[①]论及近代林业经营管理和木税征收，日、俄对东北林权的侵蚀和掠夺，中外合资公司的开办及其对东北林业的垄断，民族森林产业的起步、发展与危机，木材供需、流通及木材市场的形成、发展等，虽未明确提出"产业化"概念，但实已涉及森林资源产业化的多个方面。不足之处在于，横向描述过多，纵向梳理太少，很难从中窥见东北林业经济的演进线索；对林政管理的近代转型、森林产业链的形成等问题缺乏深刻认识；由于成书较早，体例不够规范，只在文末笼统列出参考文献，未在文中具体标明出处。同类论著还有辽宁省林学会所编《东北的林业》[②]、王长富所编《东北近代林业科技史料研究》[③]、南京林业大学林业遗产研究室所编《中国近代林业史》[④]、陶炎的《东北林业发展史》[⑤]、张迎春的《中国近代林业产业状况研究》[⑥]、衣保中的《中国东北农业史》[⑦]等。

学界还对一些具体论题展开讨论。日、俄对东北森林的调查、入侵方面，李克志的《建国前的森林经理史》[⑧]一文依据《满洲之森林》《满鲜林业概观》等史料，对日、俄两国在东北林区的勘探活动做了概述。谭玉秀、范立君的《20世纪上半期国内外有关松花江流域森林资源的调查及考辨》[⑨]认为日、俄等国出于掠夺东北森林资源的目的，派出大量专家、学者对包括松花江流域在内的东北森林进行踏查，留下了一系列调查数据，相比之下，北京政府和南京国民政府的森林调查成绩不彰、乏善可陈。王晓峰的《"满铁"对图们江流域森林资源的"调查"》[⑩]指出满铁于1927年开始大规模查勘图们江流域森林，着重调查林木种类、树种特性等，为日后全面侵占该区森林、建立伪满林业统制做了初步准备。张竞文的《20世纪上半期日本对中国东北森林资源的调查与掠夺》[⑪]第二章考察了满铁对东北森林调查活动的经过、成果及特点，第三章简述了"九

[①] 王长富编著：《东北近代林业经济史》，中国林业出版社1991年版。
[②] 辽宁省林学会编著：《东北的林业》，中国林业出版社1982年版。
[③] 王长富编著：《东北近代林业科技史料研究》，东北林业大学出版社2000年版。
[④] 南京林业大学林业遗产研究室主编：《中国近代林业史》，中国林业出版社1989年版。
[⑤] 陶炎：《东北林业发展史》，吉林省社会科学院1987年印行。
[⑥] 张迎春：《中国近代林业产业状况研究》，河北农业大学硕士学位论文，2011年。
[⑦] 衣保中：《中国东北农业史》，吉林文史出版社1993年版。
[⑧] 李克志：《建国前的森林经理史》，《林业勘查设计》1985年第2期。
[⑨] 谭玉秀、范立君：《20世纪上半期国内外有关松花江流域森林资源的调查及考辨》，《社会科学辑刊》2013年第5期。
[⑩] 王晓峰：《"满铁"对图们江流域森林资源的"调查"》，《东北史地》2013年第1期。
[⑪] 张竞文：《20世纪上半期日本对中国东北森林资源的调查与掠夺》，东北师范大学硕士学位论文，2007年。

一八"事变前日本对东北森林的"初步控制"。张传杰、孙静丽的《日本对我国东北森林资源的掠夺》①对日本掠夺东北森林资源的手段、过程及其造成的破坏做了初步探索。饶野的《20世纪上半叶日本对鸭绿江右岸我国森林资源的掠夺》②探讨了日俄战后日本对鸭绿江右岸森林资源的两次集中掠夺,认为第二次掠夺比第一次范围更广、时间更长,也更具欺骗性。王长富的《沙皇俄国掠夺中国东北林业史考》③主要从"俄国对东北林业的摧残""租借林场的实质""俄国资本对林业生产的垄断"等3个方面,对沙俄入侵东北森林的历程展开叙述。其他相关成果还有冯其坤、郭风平的《20世纪前期日本对中国东北地区森林调查历史研究》④,姜孟霞、藏恩钟等的《回顾历史上外国侵略者掠夺黑龙江省森林资源的罪行》⑤,李欣宁、谷玉的《东北三、四十年代森林资源及其调查规划史料研究》⑥,焦润明的《日本自近代以来对东北资源与财富的掠夺》⑦,黄甲元的《长白山区开发史稿》⑧第十八章《日本侵略势力对长白山西南坡森林资源的掠夺采伐》,董晓峰的《满铁对中国东北森林资源的掠夺》⑨,伍启杰的《论林业经济政策的危害性——以黑龙江林场的租借与发放为视角》⑩等。

在区域森林资源开发及其生态后果研究方面,伍启杰的《近代黑龙江林业经济若干问题研究》⑪从林业经济政策、林政管理机构、林产加工工业、木材贸易与市场等方面入手,对近代黑龙江林业经济的形成、发展进行研究。范立君的《近代松花江流域经济开发与生态环境变迁》⑫第三章《近代松花江流域森林资源与林业开发》从林业政策的演变、林政管理的加强、森林产业的发展等角

---

① 张传杰、孙静丽:《日本对我国东北森林资源的掠夺》,《世界历史》1996年第6期。
② 饶野:《20世纪上半叶日本对鸭绿江右岸我国森林资源的掠夺》,《中国边疆史地研究》1997年第3期。
③ 王长富:《沙皇俄国掠夺中国东北林业史考》,吉林人民出版社1986年版。
④ 冯其坤、郭风平:《20世纪前期日本对中国东北地区森林调查历史研究》,《佳木斯大学社会科学学报》2016年第2期。
⑤ 姜孟霞、藏恩钟等:《回顾历史上外国侵略者掠夺黑龙江省森林资源的罪行》,《林业勘查设计》2015年第1期。
⑥ 李欣宁、谷玉:《东北三、四十年代森林资源及其调查规划史料研究》,《林业勘查设计》1996年第4期。
⑦ 焦润明:《日本自近代以来对东北资源与财富的掠夺》,《辽宁大学学报》(哲学社会科学版)2005年第5期。
⑧ 黄甲元编著:《长白山区开发史稿》,吉林文史出版社1992年版。
⑨ 董晓峰:《满铁对中国东北森林资源的掠夺》,《大连近代史研究》2014年第11卷。
⑩ 伍启杰:《论林业经济政策的危害性——以黑龙江林场的租借与发放为视角》,《经济研究导刊》2009年第20期。
⑪ 伍启杰:《近代黑龙江林业经济若干问题研究》,东北林业大学博士学位论文,2007年。
⑫ 范立君:《近代松花江流域经济开发与生态环境变迁》,中国社会科学出版社2013年版。

度,就近代松花江流域森林开发做了专题研究。范立君、曲立超的《中东铁路与近代松花江流域森林资源开发》[①]认为中东铁路建成通车,一方面推动了松花江流域森林资源的开发,木材采伐、运输逐渐走上正轨,木材市场和林产加工得以发展;另一方面过度采伐也导致森林资源的大幅削减,进而致使区域生态的失衡和破坏。衣保中、叶依广的《清末以来东北森林资源开发及其环境代价》[②]认为近代东北林业产业兴起后,大量木材被充作用材和燃料,各类滥砍盗伐使得东北森林资源遭到破坏,付出了沉重的环境代价。王荣亮的《清代民国时长白山森林开发及其生态环境变迁史研究》[③]论述了清代以后长白山地区森林开发的过程、特点,及其对区域生态环境所造成的恶劣影响。王铁军的《近代以来东北地区森林砍伐对生态环境的影响简析》[④]认为近代东北森林采伐破坏了自然生态平衡,不仅造成水土流失和洪水灾害频发,还直接影响了林地动植物种群数量,间接诱发鼠疫和其他流行病的长期传播。相关成果还有姜丽的《鸭绿江流域森林资源与安东县木材中心市场的形成(1876—1928)》[⑤]、冯进、吴生等的《鸭绿江上游长白林业史话》[⑥],陶敏、苏建新的《中日合办华森制材公司与濛江林权之争》[⑦]、衣保中的《近代东北地区林业开发及其对区域环境的影响》[⑧]、伍启杰、黄清的《对近代黑龙江省森林面积和蓄积量变化的考释》[⑨]、伍启杰的《近代黑龙江林业经济发展的脆弱性分析》[⑩]等。

学界还对一些具体问题作了探讨。如郝英明、李莉等的《清末东三省林业的管理及近代林业的萌芽》[⑪]认为,在清末实业救亡思潮影响下,清政府将林业纳入行政管辖之下,组建林业公司负责经营,加强对林业的统一管理,禁止民

[①] 范立君、曲立超:《中东铁路与近代松花江流域森林资源开发》,《吉林师范大学学报》(人文社会科学版)2009年第3期。
[②] 衣保中、叶依广:《清末以来东北森林资源开发及其环境代价》,《中国农史》2004年第3期。
[③] 王荣亮:《清代民国时长白山森林开发及其生态环境变迁史研究》,内蒙古师范大学硕士学位论文,2010年。
[④] 王铁军:《近代以来东北地区森林砍伐对生态环境的影响简析》,《社会科学辑刊》2013年第6期。
[⑤] 姜丽:《鸭绿江流域森林资源与安东县木材中心市场的形成(1876—1928)》,东北师范大学硕士学位论文,2007年。
[⑥] 冯进、吴生等:《鸭绿江上游长白林业史话》,《兰台内外》2006年第1期。
[⑦] 陶敏、苏建新:《中日合办华森制材公司与濛江林权之争》,《兰台内外》1996年第3期。
[⑧] 衣保中:《近代东北地区林业开发及其对区域环境的影响》,《吉林大学社会科学学报》2000年第3期。
[⑨] 伍启杰、黄清:《对近代黑龙江省森林面积和蓄积量变化的考释》,《林业经济》2007年第3期。
[⑩] 伍启杰:《近代黑龙江林业经济发展的脆弱性分析》,《哈尔滨商业大学学报》(社会科学版)2009年第3期。
[⑪] 郝英明、李莉等:《清末东三省林业的管理及近代林业的萌芽》,《北京林业大学学报》(社会科学版)2011年第3期。

间任意砍伐,还在各地兴办农林学堂和试验场,近代林业教育开始萌芽。池翔的《林业何以成"局":清末新政视野下的吉林全省林业总局》[①]聚焦于清末吉林省林业总局的设立、发展及消亡,以此窥视清末新政在地方运作的多重矛盾交汇和复杂面向。李和峰、金玉姿的《民国期间植树节与造林运动在吉林之演进》[②]对民国时期吉林省植树节和造林运动宣传周做了专论。

与民国时期相比,中华人民共和国成立后的东北林业研究更为深入,学术性更强。然而其选题多集中于日、俄对东北林权的入侵及其造成的生态后果上,对产业化的宏观把握不足,对产业化的细节论述亦不够。可见当代学界关于森林资源产业化的研究还有待进一步深入。

(三)外国学者研究概略

近代日、俄一直觊觎东北森林资源,两国学者秉承国家意志,对其予以高度关注,留下不少调查报告和著述。如中东铁路经济调查局高级委员苏林所著《东省林业》[③]是民国时期东北林业研究的代表作品之一,该书对近代东北林相、林政和林业叙述甚详,正文部分分为三编:第一编包括东北森林的种类、蓄积,森林法规和林业税收等内容;第二编描述各林场的生产活动和制材业的发展情形;第三编主要讨论木材的运输和销售市场。作者"于叙述事实之余,感触极多",对近代东北林业发展的若干断面认识颇深。满铁调查课所编《吉林省之林业》[④]分为两编:第一编"总论"涉及近代吉林全省森林面积、蓄积量、地域分布和林况,伐木团体的组织和工序,木材的产量、贩路和市场,林政沿革和木税征收等。第二编"各论"讨论了松花江上游、吉敦路(吉会路)沿线、兰陵河上游、中东铁路沿线等地林区的生产、运输和销售状况,叙述详尽、条理清楚。不过,该书竭力为侵略活动发声辩护,诸多观点不够中肯、客观。园部一郎的《日人眼中之东北经济》[⑤]辟出专章,扼要叙述东北森林蓄积和分布,林政管理的变迁历程,以及伐木业的发展情况。藤山一雄的《满洲森林与文化》[⑥]统计了东北森林的面积、蓄积量、树木种类和地域分布。日本产业调查会满洲总

---

① 池翔:《林业何以成"局":清末新政视野下的吉林全省林业总局》,《清华大学学报》(哲学社会科学版)2019年第3期。
② 李和峰、金玉姿:《民国期间植树节与造林运动在吉林之演进》,《吉林林业科技》1995年第2期。
③ [俄]苏林:《东省林业》,中东铁路印刷所1931年版。
④ [日]南满铁路调查课编:《吉林省之林业》,汤尔和译,商务印书馆1930年版。
⑤ [日]园部一郎:《日人眼中之东北经济》,夏禹勋、张其春合译,钟山书局1933年版。
⑥ [日]藤山一雄:《满洲森林与文化》,满洲图书株式会社1938年版。

局编印《满洲产业经济大观》①第二章对东北林区的自然环境、主要树种、面积、蓄积量以及森林产业的发展做了概述。相关成果还有南满铁道株式会社的《满蒙与满铁》②、池田佑吉的《满蒙林业的近况》③、"帝国森林会"的《满蒙的森林及林业》④、中东铁路局商业部的《黑龙江》⑤、中目尚义的《满洲国读本》⑥、哈尔滨满铁事务所的《北满概观》⑦、中岛三代彦的《东三省造纸及木浆工业》⑧、河村清的《满洲帝国概览》⑨等。

近年来外国学界的东北林业研究,其取径和做法颇具启发意义。安富步和深尾叶子合编的《"满洲"的成立——森林的耗尽与近代空间的形成》⑩将森林采伐作为突破口之一,旨在解决近代东北自然、政治、经济、社会诸因素如何相互影响、互为因果,又如何共同构建"满洲"的空间这一颇为宏大的课题,其关注自然生态、强调各因素间相互作用的"社会生态史学"尝试,多少能给身处"庐山中"的国内学者些许启示。相关成果还有卡佛莱的《中国东北的森林:环境、政治和社会,1600—1953》⑪、上田信的《森林和绿色的中国史》⑫、孟泽思的《树木、田地和人民:17 至 19 世纪的中国森林》⑬等。

上述国内外成果为本书奠定了较为坚实的基础。但囿于时代观念局限、资料利用有限、观察角度及研究方法单一,相关研究还存在明显不足。从研究内容上看,缺乏对东北森林资源产业化的总体把握,对诸如政府的林政管理举措、森林产业的发育程度等课题论述还不够深入。从研究视角和方法上看,多为单一的林业经济史叙述,缺乏学科交叉研究。从研究资料上看,史料发掘与

---

① [日]日本产业调查会满洲总局编:《满洲产业经济大观》,1943 年印行。
② [日]南满铁道株式会社:《满蒙与满铁》,满洲日报社印刷所 1928 年印行。
③ [日]池田佑吉:《满蒙林业的近况》,大日本山林会 1933 年印行。
④ [日]"帝国森林会"编:《满蒙的森林及林业》,1932 年印行。
⑤ [俄]中东铁路局商业部编,汤尔和译:《黑龙江》,商务印书馆 1929 年版。
⑥ [日]中目尚义:《满洲国读本》,日本评论社 1934 年版。
⑦ [日]哈尔滨满铁事务所,汤尔和译:《北满概观》,商务印书馆 1937 年版。
⑧ [日]中岛三代彦:《东三省造纸及木浆工业》,载日本工业化学会满洲支部编:《东三省物产资源与化学工业》(上册),沈学源译,商务印书馆 1936 年版。
⑨ [日]河村清:《满洲帝国概览》,满洲事情案内所 1939 年印行。
⑩ [日]安富步、深尾叶子编:《"满洲"的成立——森林的耗尽与近代空间的形成》,名古屋大学出版会 2009 年版。
⑪ Caffrey, Patrick J. "The Forests of Northeast China, 1600 - 1953: Environment, Politics, and Society", Ph. D. Dissertation, Georgetown University, 2002.
⑫ [日]上田信著,朱海滨译:《森林和绿色的中国史》,山东画报出版社 2013 年版。
⑬ Menzies, Nicholas K. "Trees, Fields, and People: The Forests of China from the Seventeenth to the Nineteenth Centuries", Ph. D. Dissertation, University of California, Berkeley, 1988.

运用相当有限,制约了史料解读和史实重建的广度与深度。

三、概念界定和时间断限

(一) 概念界定

东北:"东北"最初指代方位,从辽代以后逐渐由方位之名变为行政区域名,其具体疆域随着朝代更迭而不断变更,近代以后基本定型。清代入关后,以盛京为陪都,统领盛京、吉林、黑龙江三将军衙门,光绪三十三年(1907年)改为奉天、吉林、黑龙江三省。本书中的"东北",主要指代东三省行政区划范围内的产林区域。

森林资源:森林中不但生长着多种木本树木,还有草本、藤本、竹类和菌类,以及哺乳、鸟类、昆虫等动物,此外,还蕴藏多种非生物矿产资源。其中,木材是森林主产,其余均为森林副产,后者的种类要比前者丰富得多。因近代东北森林开发的重点是作为森林主产的木材,本书所论"森林资源"一般仅就木本树木而言,只有在回顾传统时期森林利用时范围有所扩展,将森林副产囊括在内。

森林资源产业化:指以市场需求为导向,以经济效益为中心,以森林资源为基础,以森林采伐为龙头,采取规模化、组织化方式进行专业化生产、系列化加工、一体化经营,推动相关产业链的发展、成熟,最终形成产、供、销、加"一条龙"的林业经营体制,它是"符合现代林业要求的一种全新的林业产业化经营方式"[1]。

林政管理:即根据国家和地方颁布的林业立法、政策、决定、公告等,制订林业中、长期发展规划,调整林业系统各方面关系,确保林业生产的平稳有序,保护森林领有人的合法权益,旨在实现林业长久健康发展的一项颇为复杂的系统工程。民国以后,在中央与地方的共同努力下,东北地区在清末初创基础上,初步构建起了一套较为完整的林政管理体系。

(二) 时间断限:1878—1931 年

1878年清政府允许民众采伐鸭绿江森林,并设置大东沟木税局负责征税,标志着东北森林封禁的解除,为森林资源产业化廓清了政策障碍,民间伐木业

---

[1] 董岳:《中国林业产业化发展问题研究》,山东农业大学硕士学位论文,2009年。

逐渐兴旺起来,因此将时间上限定为1878年。1931年"九一八"事变爆发后,东三省迅速沦陷,日本借伪满洲国政权之手,完全掌握了东北林业,中方在东北的森林权益荡然无存,俄人的林场也悉数被其归并,中、外共同开发东北森林的阶段结束了,因此将时间下限设定为1931年。

第一章
近世以前东北森林资源利用回溯

人们开发利用东北森林资源的历史由来已久,在这一漫长的过程中,森林遭到了一定程度的破坏,但仍能基本保持其葱郁繁茂之原始状态,传统时期森林开发的若干特征越发凸显。人们长期依"林"为生,其生产、生活几乎无不以"林"为中心,与森林有了密不可分的联系。

第一节　明以前东北森林的初步利用

早在人类诞生以前的石炭二叠纪,东北地区已被诸如羊齿类、过山龙类、木贼类等原始植物所覆盖,这些植被较为低等,既不开花,也不结实,与今天的树木完全不同。中生代出现了较为高级的裸子植物,如苏铁、银杏等。到了侏罗纪,裸子植物、松杉科及苔藓类植物进入全盛时期,"满洲各地,到处郁郁葱葱,植物非常繁茂"。进入新生代第三纪后,松杉科植物越来越旺盛,尤以桦木科(赤杨、鹅耳枥等)、山毛榉科(山毛榉、柏、柞等)、杨柳类最为繁盛。这些植物的干枯残骸堆积于盆地、湖沼之中,最终形成遍布于东北各地的煤层,如阜新、鹤岗、延边、抚顺等煤田。[①] 人类出现后,开始与森林发生关系,东北森林的天然发展阶段结束,森林资源逐渐得到人们的利用,也因此遭到一定程度的破坏。

---

① 吉林市林业局林业志办公室编:《伪满时期东北林业史料译编》(第3集),吉林市科技进修学院复印部1986年印行,第1—2页。

一、先秦至隋唐、渤海时期的森林利用

宁安莺歌岭遗址出土桦树皮,以及东宁大城子、永吉杨屯南遗址出土木炭的 C^{14} 测定表明,早在两三千年以前,长白山、小兴安岭一带的人们已经对森林有所利用。宁安东康遗址出土炭化粟、黍和大量原始农具的化验结果表明,该地区在一千六七百年前已经出现了原始垦殖活动。此外,宁安牡丹屯遗址发现的不少青铜时代被烧焦的豆类和谷物等,也证明该地区的农业,在距今 3 000 年左右已有相当程度的发展。[①] 随着东北地区原始农业的逐步发展,天然森林等植被遭到了一些破坏。

东北最古老的民族是肃慎族,他们主要居住在黑龙江流域、松花江流域及长白山一带。《山海经·海外西经》载:"肃慎之国在白民北,有树名曰雄常,先入伐[代]帝,于此取之。"《山海经·大荒北经》载:"大荒之中,有山名不咸,有肃慎氏之国。"其中不咸山即长白山。肃慎人曾以楛木作矢,献给周武王,表明这一时期森林得到了利用。这种进贡之举一直延续到汉朝,《晋书》卷九七《肃慎传》记载:"周武王时,献其楛矢石砮,逮于周公辅成王,复遣使入贺,尔后千余年,虽秦汉之盛,莫之致也。及文帝作相,魏景元末,来贡楛矢、石砮、弓甲、貂皮之属……至武帝元康初,复来贡献。元帝中兴,又诣江左贡其石砮。至成帝时,通贡于石季龙,四年方达。"楛木是一种阔叶树,笔直而坚硬,为东北北部一带林区特产;石砮是松花江一带的木化石;"楛矢石砮"是居住在深山大泽之中的古肃慎族利用森林资源,从事各种经济活动的例证。[②] 此外,《括地志辑校》卷四提及肃慎人"葬则交木作椁,杀猪积椁上"[③],意即死后用木材做成棺椁,并将杀死的猪置于其上,作为丧葬仪式。

汉、南北朝、隋唐时期的挹娄、勿吉、靺鞨等民族都是肃慎人的后裔,他们将肃慎人的"楛砮遗法"传承下去,继承了肃慎族善于射猎的习俗特征,均为以林为生的丛林民族。如《魏书》卷一〇〇《勿吉传》载勿吉人"善射猎,弓长三尺,箭长尺二寸,以石为镞"。《北史》卷九四《勿吉传》载勿吉人"人皆善射,以射猎为业,角弓长三尺,箭长尺二寸,常以七八月造毒药,傅矢以射禽兽,中者立死"。《新唐书》卷二一九《北狄列传》载黑水靺鞨"性忍悍,善射猎……其矢

---

① 董智勇主编:《中国森林史资料汇编》,中国林学会林业史学会 1993 年印行,第 6 页。
② 董智勇主编:《中国森林史资料汇编》,中国林学会林业史学会 1993 年印行,第 43 页。
③ 〔唐〕李泰等:《括地志辑校》卷四,中华书局 1980 年版,第 251 页。

石镞,长二寸,盖楛砮遗法"。

先秦以前,东北北部和西部居住着东胡族。东胡人除了捕鱼、狩猎外,还从事伐木、畜牧等活动,和森林、草原有了联系。西汉时期,东胡族分化为乌桓和鲜卑两个民族,他们都起源于大兴安岭的森林地带。乌桓人有"刻木为信"和以桲木收殓逝者的习俗。20世纪80年代考古人员在距内蒙古鄂伦春自治旗阿里河镇西北10千米的大兴安岭北段,发现了鲜卑拓跋部祭祖地嘎仙洞,证明北部鲜卑人最早活动地区在今大兴安岭的广袤山林地带之中。他们以桦皮为棺木,日常用具中也有不少桦皮器具,丛林生活的印迹十分明显。《史记正义》颜师古云:"鲜卑之俗,自古相传,秋祭无林木者,尚竖柳枝,众骑驰绕三周乃止,此其遗法也。"从这种绕林祭祀的遗风中可以看出,鲜卑族在走出森林以后,仍以集体祭祀仪式来感念森林对其先民的养育之恩。

隋唐时期勃兴的东胡后裔室韦族,也是典型的森林民族,其族名既是其民族自称,也是中原人的他称,其中含有森林之意,引申为"森林中人"或"从森林中走出来的人"。《新唐书》卷二一九《北狄列传》载室韦"每溽夏……山多草木鸟兽……则巢居以避",可知为躲避夏日溽暑和蚊虫叮咬,隋唐时期的室韦人每逢盛夏"巢居"于森林之中,隆冬时转为穴居状态。《北狄列传》另有室韦人"剡木为犁,人挽以耕,田获甚褊"的记载,说明其善于利用木材制造各种农具,有力推动了传统农业的发展。此外,《契丹国志》卷二六《室韦国》载室韦人喜爱冬季捕猎,然因"地多积雪,惧陷坑阱",所以只能"骑木而行",这是我国古籍中最早对木制雪上交通工具的描写。可见,室韦人的衣食住行、生产生活都与森林息息相关。东北境内生活的其他古代民族如扶余、高句丽等,情况也大致如此。

唐代中叶,肃慎人的后裔靺鞨族建立了东北地方民族政权渤海国,这是一个以粟末靺鞨为主体,杂糅高句丽等民族而形成的多民族政权。其第三任国王大钦茂在位时,不断学习周边先进国家的政治、经济、文化制度,特别注重发展与唐朝的关系,积极遣使进贡,同时在国内大兴土木,全国共设5京、15府、62州、100余县,国力较为强盛,有"海东盛国"之誉。渤海国的兴盛繁荣与森林资源的开发利用密不可分,其宫殿的修造以上京故城(东京城)最为典型。考古发现表明,上京故城建置宏大,由外城(廓城)、内城(皇城)、宫城(紫禁城)及内苑等几个部分组成,是仿照长安的规制兴建的,如此大规模的营造活动,必然需要为数颇巨的木料。渤海国对外贸易发达,其海外贸易路线主要有通往唐朝的朝贡道、通往日本的日本道、通往朝鲜的新罗道等。渤海人不仅可以在江湖和近海捕鱼,还可以到远洋捕鲸。无论是航运贸易还是远洋捕捞,都离不开造船业和航海技术的发展。古代船体的主料是木头,意味着渤海人必须从事砍伐活动,以满足造船所用。

渤海国社会生产发展迅速,对森林植被的破坏在所难免。但渤海政权比较重视森林保护,在中央最高行政机构"政堂省"之下设置"信部",掌管山泽、屯田、工匠等事务,这是东北地区最早设立的森林管理机构,遭到破坏的森林能较快得以恢复。①

二、辽、金、元、明时期的森林利用

辽太祖天显元年(926年),契丹族灭掉渤海之后,开始统治东北地区,以后直至明代,东北森林资源都是相当丰富的。如宋人胡峤《陷北记》载:"自上京东去四十里……地势渐高,西望平地松林,郁然数十里。遂入平川,多草木……"②宋人洪皓出使金国,看到当地盛产桦树,于是"写四书于桦叶,以授弟子"③。《大金国志》卷三九《初兴风土》载女真"地饶山林,田宜麻谷,土产人参、蜜蜡、北珠、生金、细布、松实、白附子"④。金代诗人赵秉文所作《松山道中》云:"松漠三百里,飘然一日中。山长云不断,地迥雪无穷。远岭贪残照,深林贮晚风。烟村一回首,独鹤下晴空。"⑤生动反映了当时森林茂盛的景象。

这一时期,统治者为修建宫殿或军事需要,对东北森林进行了砍伐。辽、金两代对东北森林资源的开发,以南部地区力度最大,如曾开采惠州西南250里的乾山木材"运入京畿,修盖宫殿及梵宇琳宫"⑥。在其他地区亦有采伐活动,如《辽史》卷三九《地理志三》载,辽圣宗经过七金山土河之滨,"南望云气,有郛郭楼阙之状",决定在此修建中京大定府,"择良工于燕、蓟,董役二岁,郛郭、宫掖、楼阁、府库、市肆、廊庑,拟神都(北宋都城开封——引者)之制",如此

---

① 董智勇主编:《中国森林史资料汇编》,中国林学会林业史学会1993年印行,第46页。
② 〔宋〕叶隆礼:《契丹国志》卷二五,贾敬颜、林荣贵点校,上海古籍出版社1985年版,第238页。
③ 万福麟修、张伯英纂:《黑龙江志稿》卷二十二,财赋志,森林,民国二十二年(1933年)铅印本,第11页上。
④ 〔金〕宇文懋昭:《大金国志》卷三九,刘晓东等点校,齐鲁书社2000年版,第286页。
⑤ 《畿辅通志》编委会:《畿辅通志》(第八册),舆地略十五,山川四,河北人民出版社1989年版,第231页。
⑥ 〔元〕孛兰肹等:《元一统志》(上),卷二,赵万里校辑,中华书局1966年版,第201页。

宏大的规模,木材需求自然不少。金代中后期,统治者为防范蒙古游牧民族,在西部边境线修建边壕,其附属城堡、营房的筑造耗费大量木材,对当地山林草场造成了破坏。如《金史》卷二四《地理上》载,大定二十一年(1181年),金世宗认为泰州之境及临潢路旧有城堡"参差不齐",派遣官员前往监督修造,将本地树木砍尽后仍不足用,又从"大盐泺[出]官木三万余,与直东堡近岭求木,每家官为构室一椽以处之"。元代砍伐范围基本沿袭辽金两代,辽东乾山仍是砍伐的重点地区,如《元史》卷七《世祖本纪四》载,至元九年(1272年)九月"发民夫三千人伐巨木辽东,免其家徭赋",十一月再次"发北京民夫六千,伐木乾山,蠲其家徭赋"。

明初,为了经略奴儿干地区,统治者曾下令在稳秃河上修建船厂。永乐十二年(1414年)正月至四月间修造大型船只和汲水小船各230艘,"载军人泛自松渴江历愁下江向愁滨江,将筑巨阳城、庆源、薰春城,实之以吾都里兀良哈"①。明代吉林被冠以"船厂"之称,统治者在此大兴土木,先后3次伐木造船,历时十年之久,"累兴水师,招抚东夷,俱出发于此"②。阿什哈达摩崖碑铭记载了伐木造船的时间:第一次为永乐十八至二十二年(1420—1424年),第二次始于洪熙元年至宣德四年(1425—1429年),第三次为宣德七至十年(1432—1435年),这是有明一代两次大规模开采东北森林用于充实边防的军事行动。

明朝末叶,为了满足城池修建和军事征伐的需要,努尔哈赤统领的女真诸部砍伐了大量森林。如努尔哈赤起兵时,为了行军方便,砍伐沿路树木,史载:"因为瞎子、瘸子、穷苦人难以行进,还担心负重的马、拉车的牛走路过于艰难,所以砍伐各处的森林,成为旷野,打通各处险峻的山岭,若是泥泞便挖壕、架桥,使之成为干地,满足所有人的愿望。"③努尔哈赤筑城所用合抱之木"长可十余尺",为输送这些木头,调派了大批人力,"驾牛输入者络绎于道""役军则三、四日程内部落,每一户计其男丁之数,分番赴役,每名输十条云"。④ 海西女真修建城池也动用了不少木材,明万历十六年(1588年)辽东总兵李成梁带兵攻打叶赫部,夺取了叶赫首领那林孛罗的城池,明兵细细检视该城后发现"其外

---

① 赵鸣岐、王慎荣编:《东夏史料》,吉林文史出版社1990年版,第160页。
② 魏声龢:《吉林地志》,载李兴盛、辛欣、王宪君编:《黑水郭氏世系录》(外十四种),黑龙江人民出版社2003年版,第1926页。
③ 辽宁大学历史系:《重译满文老档》(第一分册),太祖朝,清初史料丛刊第一种,1978年印行,第31页。
④ 王钟翰辑录:《朝鲜〈李朝实录〉中的女真史料选编》,清初史料丛刊第七种,1979年印行,第258页。

大城以石,石城外为木栅,而内又为木城……城之内又为木城……上下内外,凡为城四层,木栅一层,其中控弦之士以万,甲胄者以千计,刀剑矢石滚木甚具",内部结构如此复杂,耗费木材之巨可以想见。

由于采伐较多,明代东北森林砍伐逐渐形成了一套制度。明万历三十一年(1603年)钦差大臣巡抚辽东后上奏皇帝,揭发税吏高淮违法乱纪、出境砍木等事:"至如采木一节,缘奴因巢地蕞尔,所出大木几何?设有万不得已之公用,须赴院道给票挂号,计数伐取,彝人犹有难色。况以堂堂天朝,岂遽窘乏至此,乃无故委官伐而变价!是沧海之大,而反取润于涓滴也。岂不遗笑外彝,取辱中国,传之史册,为万世羞哉!阅报见淮所进采木变价,不过四百,而此外所得珍奇,所扣军饷,总之每岁何啻巨万。况各恶隐瞒侵欺者,又十之七八也。"②这段史料从侧面说明辽东人民入山伐木,应先循例向政府提出申请,领取砍木票证,按照许可数目采伐,并缴纳一定费用。

民间木材使用亦丰。如《辽史》卷三九《地理志三》载"自过古北口,居人草庵板屋",说明木材是当时修造民房的重要原料。另据宋朝遣辽使臣王曾沿途观察,宋辽边境地带,人们伐木烧炭以为生计,"山中长松郁然,深谷中多烧炭为业"③。《金史》卷四三《舆服志下》提到所谓"酱瓣桦",即桦皮上的斑纹,其色殷紫,如酱中豆瓣,金人佩刀,皆以酱瓣为刀之配件。元代东北森林出产较多,如大宁路富庶县、龙山县、惠州产松木;富庶、和众、龙山三县,以及惠州、建州产榆木;和众县、龙山县产椴木;惠州产柏木;和众县产梓木等。④ 同时还出产木材加工品,如和众县产木炭;兴中州、建州产纸等。⑤

从辽至明的历代统治者多能注意劝种木植,并禁止毁林。如辽太宗会同五年(942年)诏令诸道劝民种树。道宗清宁二年(1056年)禁止郊外纵火,以防森林火灾,咸雍元年(1065年)再次"诏诸路……严火禁"。金世宗大定五年(1165年)曾令大兴尹查禁猛安民户伐木为薪,十九年(1179年)又令各亲王、公主及权贵家族不得砍伐民桑,违者"立加惩断"。金章宗泰和元年(1201年)重申旧制:"猛安谋克户每田四十亩,树桑一亩,毁树木者有禁,鬻地土者有刑。"

---

① 〔明〕瞿九思:《万历武功录》卷十一,东三边二,载薄音湖编:《明代蒙古汉籍史料汇编》(第四辑),内蒙古大学出版社2007年版,第249页。
② 〔明〕何尔健:《按辽御珰疏稿》,何兹全、郭良玉编校,中州书画社1982年版,第65—66页。
③ 〔清〕徐松辑录:《宋会要辑稿》(16)蕃夷二,刘琳、刁忠民、舒大刚、尹波等点校,上海古籍出版社2014年版,第9741页。
④ 〔元〕孛兰肹等:《元一统志》(上)卷二,赵万里校辑,中华书局1966年版,第205页。
⑤ 〔元〕孛兰肹等:《元一统志》(上)卷二,赵万里校辑,中华书局1966年版,第208、209页。

元世祖至元七年（1270年）设立司农司，专掌农田水利，颁布农桑之制，规定："种植之制，每丁课桑枣二十本。土性不宜者，种榆柳等，其数如种杂果者，每丁十株，皆以生成为数，愿多种者听。"①官方的劝谕植树与保护木植政策，使得砍伐后的森林有了繁衍生息的机会。

第二节　清代东北森林封禁政策

"封禁"一词是清代前中期东北森林政策的基调。封禁政策下的东北林区犹如"自然保护区"，促成了东北森林的大量繁育。"封禁"又是相对的，无论是国家意志下的进贡之举，还是出关流民的私伐私采，都无可避免地对森林生态造成破坏。

一、封禁政策下东北森林概貌

（一）"封禁"政策的推行

清康熙以后，统治者为保持祖宗发祥地的威严，防御北方沙皇俄国的军事入侵，以及供八旗子弟习武、田猎之用，②在东北实行"四禁之制"。康熙十六年（1677年），皇帝委任大臣朝拜长白山后，颁布谕令："长白山发祥重地，奇迹甚多，山灵宜加封号永著祀典，以昭国家茂膺神贶之意，且将兴京以东、伊通州以南、图门江以北悉行封禁移民之居住。有禁田地之垦辟，有禁森林、矿产之采伐，有禁人参、东珠之掘捕。"③森林采伐被列为"四禁"之一。雍正年间，禁令曾一度松弛，大量关内人民出关垦殖，但乾隆年间再度收紧，清廷严格限制汉人出关，曾迭次颁布禁止流民出关的法令。如乾隆元年（1736年）谕令提到："黑龙江、宁古塔、吉林乌拉等处，若概将罪人发遣，则该处聚集匪类多人，恐本地之人，渐染恶习，有关风俗。朕意嗣后如满洲有犯法应发遣者，仍发黑龙江等处外，其汉人犯发遣之罪者，应改发于各省烟瘴地方。"④乾隆五年（1740年）政

---

① 陈嵘：《中国森林史料》，中国林业出版社1983年版，第35—37页。
② 陶昌善：《南北满洲森林调查书》，《中国地学杂志》1912年第5—6期。
③ 穆恒洲主编：《吉林省旧志资料类编》（林牧渔篇），吉林文史出版社1986年版，第157页。
④ 吉林师范学院古籍研究所编：《清实录东北史料全辑》（四），梁志忠点校、摘编，吉林文史出版社1998年版，第3—4页。

府颁下严刑峻法,严惩私伐树木者:"凡盗园陵内树木者,皆不分首从。杖一百、徒三年……凡山前山后各有禁限,若有盗砍树株者,验实桩楂,比照盗大祀神御物律,斩,奏请定夺。为从者,发边卫充军。取土、取石、开窑、烧造、放火烧山者,俱照律分别首从拟断。"①乾隆十五年(1750年)要求奉天沿海地方官员严禁内地人民偷渡出关,鲁、江、浙、闽、粤五省督抚严查商船夹藏闲人,此外"山海关、喜峰口及九处边门,皆令守边旗员,沿边州县,严行禁阻",斩断流民入关的陆上通道。如此多管齐下,"庶此后流民出口可以杜绝"。②乾隆四十二年(1777年)定例:"凡山东民人前赴奉天,除各项贸易船只并只身带有本钱货物贸易者,查明系往何处,贸易何物,确有凭据,仍准地方官给票出口毋庸禁止外,其有藉称寻亲觅食出口前赴奉天并无确据者,地方官概不许给票。如不查明确实,滥行给票放行,致有私刨樵采及邪教煽惑等事,别经发觉,将给票之地方官,照滥行出结例议处。"③

嘉庆以后,封禁政策一仍其旧。如嘉庆十六年(1811年)上谕:"著通谕直隶、山东、山西各督抚转饬各关隘及登莱沿海一带地方:嗣后内地民人有私行出口者,各关门务遵照定例,实力查禁。若有官吏互相容隐,私行纵放,一经查出,即据实参处。如此,各省关禁,一律申明,使出口之人渐少,则私垦之弊当不禁而自除。"④光绪初年,吉林将军鉴于流民涌入,围场被私垦者渐多,而"围场乃系国家行围捕贡之区,所关最为重要,岂容稍涉疏忽,含混从事",为了防止人民入山打猎、砍伐树木,命令属下伊通、二道沟、康家口、伊勒们、萨伦、西伯霍罗、库鲁讷窝吉、玛夫塔各卡伦派员坐守围场,修理封堆,整理围务,"不时带同防卡兵丁,各守各界,常川巡缉",如发现打牲、伐木者,立即拿获,严惩不贷。⑤

在封禁政策下,东北森林成了清统治者打猎行乐、获取山珍的专享区域。从康熙年间始,每逢八月秋高气爽,清朝皇帝都会率领王公大臣赴山庄、围场举行"木兰秋狝",内容包括赐宴避暑山庄和木兰行围狩狝,山庄活动结束后,待度过中秋,再赴木兰行围,这种活动一直持续到嘉庆朝方才日渐衰落。除了

---

① 田涛、郑秦点校:《大清律例》,法律出版社1999年版,第372页。
② 《乾隆前期吉林奉天严定流民入籍限制(乾隆四年至三十四年户部议定)》,载彭雨新编:《清代土地开垦史资料汇编》,武汉大学出版社1992年版,第727—728页。
③ 郑毅主编:《东北农业经济史料集成》(三),吉林文史出版社2005年版,第123页。
④ 《吉林地区严格限制内地人民前往垦种(嘉庆五年及十六年户部议定)》,载彭雨新编:《清代土地开垦史资料汇编》,武汉大学出版社1992年版,第729页。
⑤ 《吉林将军为严饬防守围场卡伦官兵认真稽查毋任奸民私展界址潜入打牲伐木等情的札文》(光绪四年),吉林省档案馆藏清代吉林将军衙门档案,档号:J1-4-1320。

木兰围场外,东北地区还有盛京、吉林、黑龙江三大围场,官方将这些山林用栅栏围护起来,以利各种野生动物繁育,供其猎取行乐。清政府对围场看守严格,不许民众樵采、行猎,这一做法,客观上使得东北山林得到较长期的封禁和保护,呈现"有林木数十里,不见日月,千寻百围之材,不可胜数"[1]、"长岭连卷,古木致密"[2]之景象。有民国学者指出,清政府将东北划为"四禁之域"后,"禁伐森林,采矿产及渔猎农牧,而保障满族发祥之地,以此封锁数百年,始克成为今日苍翠葱茏之大森林"[3]。下文拟从吉、黑二省"窝集"入手,略窥清代东北森林之繁盛。

(二)"封禁"下的森林盛况

满语"窝集"(Votzi)乃深山老林之意,一般指代小兴安岭、长白山一带的森林。康熙二十年(1681年)吴桭臣随父母由宁古塔(现黑龙江宁安县)经船厂(今吉林省吉林市)返回北京的途中,记下了沿途乌稽(窝集)的盛况:

> 第三日进大乌稽,古名黑松林,树木参天,槎枒突兀,皆数千年之物。绵绵延延,横亘千里,不知纪极。车马从中穿过,且六十里。初入乌稽,若有门焉,皆大树数抱环列两旁,洞洞然不见天日,惟秋冬树叶脱落则稍明。凡进乌稽者,各解小物悬于树上以赠神……兵丁取大树皮二三片,阔丈余,放于地上,即如圈蓬船,尽可坐卧。拾枯枝炊饭,并日间所得獐鹿,烧割而啖,其余火至晓不绝。迨夜半怪声忽起如山崩地裂,乃千年枯树忽焉摧折也,至今思之,犹觉心悸。[4]

同于康熙年间游历东北的杨宾,在其著作《柳边纪略》中,对上述窝集中的原始状态有着更生动的描绘:

> 那木窝稽四十里,色出窝稽六十里,各有岭界其中。万木参天,排比联络间不容尺。近有好事者,伐山通道,乃漏天一线,而树根盘错,乱

---

[1] 〔清〕张缙彦:《宁古塔山水记 域外集》,李兴盛点校,黑龙江人民出版社1984年版,第3页。
[2] 〔清〕高士奇:《扈从东巡日录》,陈见微点校,吉林文史出版社1986年版,第109页。
[3] 谢先进:《鸭绿江右岸之林业》,铅印单行本,1927年印行,第1页。
[4] 〔清〕吴桭臣:《宁古塔纪略》,吉林文史出版社1993年版,第93—94页。

石坑砑,秋冬则冰雪凝结,不受马蹄。春夏高处泥淖数尺,低处汇为波涛,或数日,或数十日不得达。蚊虻白蛣之类,攒啮人马,马畏之不前,有死者。乃焚青草,聚烟以驱之。夜据木石,燎火自卫。山魈野鬼啸呼,堕人心胆。馁则咽干粮,或射禽兽,烧而食之。粮尽又无所得,久之水不涸则死矣。①

咸丰八年(1858年)何秋涛所著《朔方备乘》一书对东北森林四至、境界以及河川流向等有着较为详细的描述,其《艮维窝集考叙》称:

窝集不仅称富饶,并足以资防卫。盖自黑龙江以西,皆设喀伦为界,独吉林等处,东限于海,北接俄罗斯边界数千里,初未设立喀伦,惟赖窝集之险,以限戎马之足。其兴安岭以北俄罗斯境亦多窝集,地气苦寒,人迹罕至。从古部落之居于是者,非务游牧,即事采捕,以故深山林木,鲜罹斧斤之患,而数千百里,绝少蹊径,较之长城巨防,尤为险阻。②

可见清代吉林、黑龙江二省森林繁茂、窝集遍布,以致林区交通极为不便,堪称我国北方的天然屏障。表1-1为该书所载吉、黑二省48个窝集:

表1-1 《朔方备乘》所载窝集名称及位置表③

序号	名 称	位 置 说 明
1	纳穆窝集	吉林城东120里,城东南诸河,俱发源于此,西接穆达巴罕
2	塞齐窝集	吉林城东212里,城东诸河及宁古塔诸河,俱发于此
3	玛尔瑚哩窝集	吉林城东60里
4	珲托和窝集	吉林城东760里
5	聂赫窝集	吉林城东800里
6	苏扎哈窝集	吉林城东1 000里,东南曰鄂勒欢绥芬

---

① 〔清〕杨宾:《柳边纪略》,吉林文史出版社1993年版,第17页。
② 〔清〕何秋涛:《朔方备乘》,载黑龙江省林业总局森林资源调查管理局编:《黑龙江省林业史料汇编》(内部资料),1981年印行,第5页。
③ 吉林市林业局林业志办公室编:《伪满时期东北林业史料译编》(第4集),吉林市科技进修学院复印部1987年印行,第55—58页。

(续表)

序号	名　　称	位　置　说　明
7	勒富窝集	吉林城东南 1 540 里,勒河口发源于此
8	乌苏里窝集	吉林城东 2 200 里
9	纳泰窝集	吉林城东南 730 里
10	色勒窝集	吉林城东南 450 里
11	库勒纳窝集	吉林城西南 140 里
12	纳噜窝集	吉林城西南 549 里。即分山岭之南,城西南诸河及兴京界内诸河,俱发源于此
13	锡兰窝集	吉林城东北 195 里
14	和伦窝集	吉林城东北 253 里,西接鄂多诺山
15	玛延窝集	吉林城东北 450 里
16	小窝集	吉林城东北 330 里
17	佛勃享窝集	吉林城东北 1 500 里
18	毕展窝集	吉林城东北 1 700 里
19	奇穆尼窝集	吉林城东北 1 740 里
20	吉林窝集	吉林城东北 2 100 里
21	享庚窝集	吉林城东北 3 500 里
22	敦敦窝集	吉林城东北 3 400 里
23	都林窝集	吉林城东北 3 600 里
24	阿库密窝集	宁古塔城东 1 420 里
25	僧库勒窝集	宁古塔城东 2 114 里
26	毕楞窝集	宁古塔城东 2 216 里
27	克穆窝集	宁古塔城东 2 003 里
28	毕根窝集	宁古塔城东 2 659 里
29	佛楞窝集	宁古塔城南 87 里
30	索尔和绰窝集	宁古塔城南 100 里
31	玛尔呼哩窝集	宁古塔城南 150 里,哈哩河发源于此
32	珊延毕尔罕窝集	宁古塔城东南 50 里

(续表)

序号	名　称	位　置　说　明
33	阿勒哈窝集	宁古塔城东北 630 里
34	巴兰窝集	宁古塔城东北 650 里，在混同江之北
35	屯窝集	宁古塔城东北 800 里，东巴兰窝集之东，混同江北
36	温登窝集	宁古塔城东北 1 100 里，在混同江北
37	都尔窝集	宁古塔城东北 1 200 里，在温登窝集之东
38	喀穆尼窝集	宁古塔城东北 1 450 里，在黑龙江东
39	毕歆窝集	宁古塔城东北 1 700 里
40	和罗窝集	宁古塔东北 1 700 里
41	库噜窝集	宁古塔城东北 1 800 里，在喀穆尼窝集之东
42	明噶哩窝集	宁古塔城东北 1 857 里
43	庄谒窝集	宁古塔东北 2 259 里
44	库勒克窝集	宁古塔东北 2 264 里
45	海兰窝集	宁古塔西北 200 里，西接毕尔罕窝集，连接玛展窝集，绵亘数百里
46	毕尔罕窝集	宁古塔城西北 220 里，西接塞齐窝集
47	库穆哩窝集	黑龙江城西南 150 里
48	呼玛尔窝集	黑龙江城西北 700 里

　　这些窝集"大者亘千余里，小者亦百数十里。蔽日干天，人迹罕到，分为长白山、小白山两系"[①]。从上表分布地点来看，位于吉林省城周边者 23 个，最近的玛尔瑚哩窝集位于吉林城东 60 里，最远的都林窝集位于吉林城东北 3 600 里，吉林周围之窝集数约占总数的 1/2。宁古塔城周边亦有 23 个窝集，距离最近者为珊延毕尔罕窝集，位于该城东南 50 里；最远的毕根窝集位于该城以东 2 659 里。这些窝集连成一片，相当于今天的长白山系、张广才岭、老爷岭及完达山系一带，"可见当时东北的东南、东部、东北部均为大窝

---

① 魏声龢：《鸡林旧闻录》，载李兴盛、辛欣、王宪君编：《黑水郭氏世系录》（外十四种），黑龙江人民出版社 2003 年版，第 1985 页。

集之分布区域"。①

二、封禁政策下的森林利用

(一) 森林的违禁开发

清政府虽厉行封禁,但一遇灾荒之年,为缓解灾情,亦酌情放松禁令,默许民众出关。但政府的"体恤民瘼"之举,并不是要改变封禁政策,所谓"开禁"是暂时的、有限的。如嘉庆八年(1803 年)上谕指出:"山海关外系东三省地方,为满洲根本重地,原不准流寓民人杂处其间,私垦地亩,致碍旗人生计,例禁有年。自乾隆五十七年,京南偶被偏灾,仰蒙皇考高宗纯皇帝格外施恩,准令无业贫民出口觅食,系属一时权宜抚绥之计,事后即应停止。"日后"即遇关内地方偶值荒歉之年,贫民呕思移家谋食,情愿出口营生者,亦应由地方官察看灾分轻重,人数多寡,报明督抚据实陈奏,候旨允行后,始准出关"。② 二十三年(1818 年)在辽东设置伐木山场,其中盛京有采木山场 22 处,兴京 9 处,开原 3 处,凤城 6 处,岫岩 2 处,辽阳界 2 处,"若商若台丁,皆与[予]以部照,而征其税,此公家之准予采伐者"③,除辽东地区外,其他地区森林仍处于封闭状态。

虽然清政府一再重申禁令,但自康熙以后,尤其是乾隆、嘉庆、道光年间,关内民众依然千方百计涌向关外。嘉庆十五年(1810 年),嘉庆帝收到赛冲阿奏报,吉林厅查出新增流民 1 459 户,长春厅查出 6 953 户时,不禁感叹:"流民出口,节经降旨查禁,各该管官总未实力奉行,以致每查办一次,辄增出新来流民数千户之多,总以该流民等业已聚族相安骤难驱逐为词,仍予入册安插,再届查办复然。是查办流民一节,竟成具文。"④这些外来人口最先进入辽河流域,而后向吉林、内蒙古方向迁徙,最远抵达黑龙江地区,他们为了糊口谋生、解决温饱,纷纷向森林要地,民间私砍私伐、毁林开荒之举在所难免。传闻乾隆年间有魏姓者率众砍伐林木,被拿获后解送京师,准备秋后处决。御审问其

---

① 吉林市林业局林业志办公室编:《伪满时期东北林业史料译编》(第 4 集),吉林市科技进修学院复印部 1987 年印行,第 58 页。
② 郑毅主编:《东北农业经济史料集成》(一),吉林文史出版社 2005 年版,第 179—180 页。
③ 王树楠、吴廷燮、金毓黻等纂:《奉天通志》卷一一八,实业六,林业,民国二十三年(1934 年)印行,第 1 页下—2 页上。
④ 李文治编:《中国近代农业史资料》(第一辑 1840—1911),生活·读书·新知三联书店 1957 年版,第 108 页。

缘何胆敢砍伐官木,供称:"窃见良材美干,弃置可惜,今虽被戮,子孙万世,仍盗大清林木"。乾隆认为"万世仍盗大清林木"之语很是吉祥,龙颜大悦,特赦其无罪,从此盗伐日增。① 这一说法虽传奇色彩浓重,不足为据,但却从一个侧面反映了封禁政策之下,盗砍现象是司空见惯的。

  事实也正是如此。乾隆六年至四十二年(1741—1777年),河北、山东、河南等地民众生活困苦,被迫迁居东北。约30年间,入居东北各地的汉族人口急剧增加至789 000余人,盛京、锦州一带的耕地面积由顺治十八年(1661年)的6 090平方千米,增至康熙五十九年(1720年)的58 060平方千米,60年间扩展了9倍。为了生存,人们纷纷毁林开荒,砍树搭屋。道光九年(1829年),清政府又从河北、山东、河南、安徽等灾区转移灾民80余万至辽西朝阳一带,这些移民不顾禁令,烧窑砍柴,开场放牧,再一次大规模毁坏林木,使得该区成为森林破坏的重灾区。② 道光十一年(1831年),皇帝给内阁的上谕中提到:"兴京凤凰城所属边门以外,每有奸匪偷砍偷运官山树木","每年拿获偷木贼匪六十八起,查获私木板片等二万二千七百六十余件"。③ 嘉庆八年(1803年),针对高丽沟刘文喜私伐木植一案,皇帝对臣下大加斥责:"盛京为陪都重地,既有无赖匪徒在高丽沟一带聚集搭盖窝棚私砍树木等事,自应严饬各卡伦留心查禁……今接奉前旨,仅称悚惶骇异,可见伊于高丽沟地方偷伐木植一案,竟全未闻知所司何事。现据德瑛奏,除高丽沟之外,尚有韭菜园、三道浪头两处晋昌均未查及,太觉不成事体。"④ 由此可见民间私伐之盛。此外,19世纪六七十年代,朝鲜北部地区接连发生前所未有的水、旱、虫灾,鲜族边民为求活路,不顾禁例,纷纷越过鸭绿江潜入东北境内。他们"业在于农",私自开垦,以"火田耕种"法毁林占地,地方官对此无可奈何,只得予以默认,⑤ 并"设慈城、厚昌、三水、长津等郡,以治移居之民"。鲜民生活稳定后,毁林之风更为盛行,于是"山林遂渐开垦,变为农田,此森林地渐减少之原因一也"。⑥

---

① 陈嵘:《历代森林史略及民国林政史料》,金陵大学农学院森林系林业推广部1934年印行,第56页。
② 董智勇主编:《中国森林史资料汇编》,中国林学会林业史学会1993年印行,第39页。
③ 朴兴镇总主编:《中国廿六史及明清实录东亚三国关系史料全辑》(第5辑),延边大学出版社2007年版,第685页。
④ 《中华大典》工作委员会、《中华大典》编纂委员会编纂:《中华大典 林业典 森林利用分典》,凤凰出版社2013年版,第54页。
⑤ 韩俊光编:《中国朝鲜族迁入史资料汇集》,延边历史研究所1988年印行,第112页。
⑥ 陶昌善:《南北满洲森林调查书》,《中国地学杂志》1912年第5—6期。

(二)林产利用的重点

值得注意的是,清代无论是官方还是民间,对山林索取的重点是森林副产品,如貂皮、人参、东珠、蜂蜜、松子、鹿肉等,木材倒是其次。清政府通过一系列特设机构如盛京内务府皇庄、打牲乌拉衙门和布特哈衙门等,加强对这些森林副产的开采,此外盛京将军衙门、吉林将军衙门、黑龙江将军衙门也承担为宫廷采办野味山珍的任务。如采参,康熙四十八年(1709年)皇帝谕令"乌拉打牲满洲等采参,每年交送一千斤,其余作价","乌拉打牲满洲壮丁,共派出一千三百名,十人一长,将军衙门给予印票,注明十人姓名,乌拉打牲满洲总管,给予盛京关防印票,亦注明十人姓名,着派协尉等官各督所属,自备资斧采参"。① 按照标准,"打牲乌拉每年额交人参三千两",但乾隆十四年(1749年)仅交830两,鉴于缺额太多,官方认为"应将现设采参骁骑三百名内,裁去百名"。② 如貂皮,黑龙江打牲处规定索伦、达斡尔、鄂伦春等族人民须定期进贡貂皮,"除有事故者除开外,将现年实在人丁,每丁贡貂皮一张,此内一等五百张,二等一千张,其余均作三等收用,如足数目符等次者,送来之人,照例给赏,不足数目不符等次者,交院议处"。③ 再如东珠,康熙四十年(1701年)议定打牲乌拉的33珠轩(采珠组织)"每珠轩额采一二等有光东珠十有六颗","每年共额征东珠五百二十八颗","如于额外多一颗,赏给采珠丁毛青布二定,少一颗责十鞭"。④

由于人参等森林副产经济价值高,民间亦多将其作为入山私采的首选目标,只有当人参采尽后,才把注意力转向其他林副产品或木材上。清代官方将偷挖人参者称为"黑人",这些"黑人"往往"十百为群,驮负粮布窜入其中,呼朋引类,约有千余人"。嘉庆年间,将军赛冲阿派兵进山搜查,"焚毁窝棚,拔弃窖粮,将偷挖人参之黑人穷搜尽逐,赶至距宁古塔二千五百八十五里苏城一带"。⑤ 咸丰年间,山东移民时常偷采人参、捕猎野兽,"有采一年,易金巨万者",这引起更多边民的注意,纷纷结伴入山。人参渐趋稀少后,人们转而采集蜂蜜、平贝、升麻、五味子等药品,但采药获利不如伐木优厚,"由是变其采参茸药材之目的,转而伐木",将所伐之木编制成簰,沿鸭绿江入海,装载帆船转销他处。⑥

---

① 宋抵、王秀华编著:《清代东北参务》,吉林文史出版社1991年版,第76页。
② 宋抵、王秀华编著:《清代东北参务》,吉林文史出版社1991年版,第68页。
③ 《达斡尔资料集》编委会编:《达斡尔资料集》(第1集),民族出版社1996年版,第394页。
④ 金恩晖、梁志忠著释:《吉林省地方志考论、校释与汇辑》,吉林省图书馆学会1981年印行,第341页。
⑤ 宋抵、王秀华编著:《清代东北参务》,吉林文史出版社1991年版,第143页。
⑥ 袁蕴珊:《安东商埠之沿革及由来》,《商工月刊》1930年特刊号。

(三) 木材的民间自用

清代东北"民间智识未开",民众利用木材,"只伐作房料、木桦、火柴、木炭,以给家需,不知转运他处销售",[①]其日常生活与森林联系紧密,息息相关。当时的城池多为木质构造,如齐齐哈尔木城"周广三里余",城内外住户1 011户。[②] 黑龙江将军恭镗改齐齐哈尔木城为砖城,"取木出土深至丈许,经二百余年,径围朽蠹不过三分之一",官府将这些木材卖给城内百姓,"尚足为架屋巨材"。[③] 一些日常家具皆以木制成,"杉松合抱,大材不可胜用,居人梁栋槽桶,皆于此取足,甚便之"。[④] 人们还用桦树皮制作船只,"大者能容数人,小者挟之而行,遇水辄渡,游行便捷"。[⑤] 有一种独木舟名"威呼",首尾较尖,长二丈余,宽可容膝,可载数人,"中流荡漾,驶如箭,亦可联二为一,以济车马"。另有一种"扎哈",外形比"威呼"小,可承载两三人,更为轻便快捷。[⑥] 此外,"边外文字,多书于木,往来传递者曰牌子,以削木片若牌故也。存贮年久者曰档案,曰档子,以积累多,贯皮条挂壁若档故也"[⑦],"白桦皮,可揭至十余层,薄如通草,可以代纸"[⑧],说明木头还发挥着书写介质的重要功用。

当时人们的日常活动离不开木材,薪材、梁材、家具材随处可见。史载:"吉林为产木之区,家家柴薪堆积成垛。不但盖房所用梁柱、枕檩、炕沿、窗棂,一切大小木植,即街道围墙,无不悉资板片。"[⑨]木材及其他森林副产品成为当时人们日常生活的核心要素,也是维系其社会经济活动的一条纽带。如日本学者指出:"通古斯民族中,如高句丽、勃海、辽、金等,尚采取稍近代国家之型态,发展其集团生活,乃有特异文化之遗留,而其生活型态,仍不能出游牧、狩猎之原始经济领域之外,以森林为摇篮、为坟墓,自幼至于老死处于其间,其余平原上经营农业者极稀。"[⑩]

---

① 杨步墀纂修:《方正县志》,职业门,林业,民国八年(1919年)铅印本,第71页。
② 《黑龙江通省舆图总册》,载柳成栋整理:《清代黑龙江孤本方志四种》,黑龙江人民出版社1989年版,第9页。
③ 〔清〕徐宗亮纂修:《龙江述略》(全一册),丛录,据清光绪十七年刊本影印,台北成文出版社1969年版,第219页。
④ 〔清〕张缙彦:《宁古塔山水记 域外集》,李兴盛点校,黑龙江人民出版社1984年版,第28页。
⑤ 〔清〕萨英额:《吉林外纪》,史吉祥、张羽点校,吉林文史出版社1986年版,第110页。
⑥ 魏毓兰、馨若氏编:《龙城旧闻》,李思乐、张玉春等点校,黑龙江人民出版社1986年版,第78—79页。
⑦ 〔清〕杨宾:《柳边纪略》,吉林文史出版社1993年版,第45页。
⑧ 〔清〕杨同桂:《沈故》卷二,载金毓黻辑:《辽海丛书》(影印本),辽沈书社1985年版,第295页。
⑨ 〔清〕萨英额:《吉林外纪》,史吉祥、张羽点校,吉林文史出版社1986年版,第124页。
⑩ 〔日〕藤山一雄:《满洲森林与文化》,满洲图书株式会社1938年版,第24—25页。

小　结

自石器时代起,直至19世纪前半叶,东北森林一直处于人类的开发利用之下,考古发掘和文献记载均证明了这一点。这一时期森林开发有4个特点:

一、有限性。由于当时整个东北地区人烟稀少,人类活动范围不广,人们对木材的需求并不旺盛,森林采伐量不大,采伐区域也很局促。

二、间歇性。统治者因军事征伐和宫廷营造等需要,征调民众集中砍伐大量木材,但"役起则兴,役罢则消",通常并不持久,因此森林的成规模采伐往往是间断的而非连续的。

三、封闭性。森林产品要么作为封建贵族奢侈性消费之用,要么经平民百姓砍伐后留作自用,一般仅限于小范围内使用,跨地区大规模的木材交易则很少见。

四、偏向性。时人特别"偏爱"某些经济价值较高的林副产品,对作为森林主产的木材反倒并不很重视,这一倾向以清代前中期最为典型。正是因为传统时期森林砍伐的以上特征,加之历代统治者多能注意树木栽植与保护,东北森林得以大体保有其原始面貌。

第二章
近代东北森林资源产业化开发的准备工作

光绪四年(1878年),鉴于森林私伐日盛,东边观察使陈海珊奏请盛京将军衙门"弛禁收捐"①。当时清王朝正值多事之秋,为舒缓财政困难,同意陈海珊所请,允许人民入山伐木,并在大东沟设立木税局,这标志着森林封禁政策的废止,也是近代东北森林开发之肇始。取消森林封禁之初,东北森林开发基本上是普通民众的自发行为。自19世纪末起,朝野不少有识之士目睹时局变化、痛感国势日衰,主张由政府出面,制订计划、完善立法、成立机构,统筹开发东北森林。

第一节　森林开发意识的转变

在清代满族人的思维认知中,东北地区被赋予了比较丰富和特殊的意涵,它既是满人政权的边疆,也承载着他们对"故土"的回忆,是一片安宁、永恒的"精神家园"。对满人来说,东北的森林不仅是神圣故土的重要象征,而且还承担着扈卫王土和进献方物的现实功能,从根本上看仍是传统森林利用模式的延续。虽说森林"封禁"不失为一种保护手段,"然不过迷于风水,保护三陵之龙气而已,并非为产富设想也"②。19世纪末20世纪初,随着时局的变化和西方林业知识的传入,人们对于国家和资源间关系的认识发生了显著变化,森林不再被视作满族统治者的禁脔,而被认定为实业和利源的一种,进入了士人阶层的改革视野。这些顺应时代潮流的新观点、新见解,成为近代东北森林资源

---

① 周宪文编:《东北与日本》,中华书局1932年版,第94页。
② 王大中:《一度沦亡之东北》,萃斌阁军学书局1933年版,第88页。

产业化的思想源泉。

一、士人阶层的林业主张

曾多次出洋考察,被誉为"我国现代博览会事业先驱"的陈琪,是这批先进知识人中的杰出代表,他对东北森林开发有着较为全面、深刻的认识,集中体现在民国初年发表的《东三省林业意见书》一文中。① 该方案开篇指出:东北林产之丰,不可胜用,兴安岭、长白山等地"尤我国森林之宝库,而富力蕴积莫厚之区也",据其估测,这些原生林未经采伐的约十之七八,已经采伐者不过十之二三,且一般作为薪炭之用,"其利有限"。

至于森林之利,"有直接间接二者"。直接利益在于供给民众日常使用,或作为对外贸易"流通金钱,增殖富力"之用;间接利益在于涵养水源,保护水土,"风潮砂砾之损害,可以捍御,裨益保安,蠲除灾厉"。继而指出,富强之国,林业必盛,贫弱之国,林业必衰,林业应与农、工、商业并驾齐驱,共同发展,"而不能为畸形之发达者也"。但凡发达国家,几乎无不重视林业,如日本自1884年起着力发展林业,不过30年,"而大藏岁入之增进,已成一与九之比"。反观我国东北,"坐拥天产,弃利不惜",开发不足、管理不周,乃东北森林利用显而易见的缺陷。究其根本,"不外经济思想之不振于下,而管理机关之不立于上也"。有林学专家断言传统时期东北有森林而无林业,并不为过。

陈琪认为,要想扭转这一滞后局面,必须从"利用""保护"两个层面入手,统筹兼顾,多措并举。

一为利用层面,首先应完成先期准备,以"剔除地理上之障碍",充实林业劳动力队伍。其一,完善林区交通。交通条件便利与否,是影响林产开发至关重要的一个因素,"将来林业日推日广,除河流大道,可通运搬之地,宜敷设线路以为之助,盖綮要已[矣]"。如松花江上游之森林,因"僻在穷壤",交通不便,砍伐成本较高,所以获利甚薄。虽经长期采伐,然合抱之材尤多,"他若洮南海龙诸郡,宜林之野,不知凡几,亦多以地广人稀,不易着手,无非困于交通机关之缺乏"。如能在开、海、锦、瑷诸县之间铺设轻便铁道或铁道干线,必能推动这些地区的林业发展。其二,推行拓殖事业。日本林业从业者大都以农

---

① 以下参见陈琪:《东三省林业意见书》,《东方杂志》1912年第9卷第1期。

耕为副业，砍伐之外兼种杂粮，如此聚族而居，生齿日增，"则林业劳动之供给，不虞缺乏矣"。而我国东北则不然，林业从业者流动性很大，如长白山一带以樵采为生者皆系游民，于隆冬之际携粮入山，"坐食终岁，美哉山林，随刊[砍]随芜，而彼不问也"。所以应效法日本，"非于山林内可耕之地，遍行拓殖不可"。

其次，完善林业职官，行使林政职权，开展森林调查。东北林区广大，欲图林业发达，务必有统一之规划。故应设山林局一所，作为东三省林政总机关；各森林所在地分设小片林区，区内设署，署各分职，"以执行林政范围内一切事宜"。在林政机构准备停当后，着手组织调查课，下辖10余班调查队，每班由技术人员1人、助手1人、苦力2人组成，实施森林勘察，查明全区林况。

再次，提倡木材加工工业，以"诱导人工上之利益"。"木工与林业，其盛衰为正比例"，其倡导之法，大致有三：（甲）设立工艺试验所，附属于工艺官厂之内，旨在研究各种木材之特性，以及木材加工的基本方法，并加以普及推广，增进工人的知识、技能。（乙）广泛罗致世界各国木工用器，"如斧斤规矩准绳之属"，比较优劣，加以借鉴，逐渐改良。（丙）对于能制造性能优良之木器，或以新材种改进木材加工工艺之工匠，颁给发明人或发现者证书，"置诸劝工场"，以示表彰。

二为保护层面，首先应设森林保护机关。日本国有林由森林官负责保护，公有林、私有林则由普通警察兼职保护。鉴于东北地域辽阔，人烟疏密不一，凡冲要繁盛之地，应以城、镇、乡巡警兼任森林保护；凡山深林密巡警无法兼顾之区，则另编保护区，设专员保护之，此为"预防森林内之天然人为诸危害而设"，"以维持现状为其职务者也"。

其次，开展造林工作。其要点有三：（甲）造林之指标。因铁路两旁为森林砍伐的重点区域，故应优先选择铁路沿线荒山原野展开造林，每年至少完成2万亩。责成种树公所、地方农林试验场负责培植树苗，每年至少400万株。（乙）造林之推行。确定一年一度的"栽树日"，"令小学儿童，每人植树若干，以为纪念"。社会团体如欲造林，可提前1年向各分管林区免费申领苗木。（丙）造林之研究与示范。设置林业试验所，择定树种进行各类试验，研究和改进造林方法；划出若干保安林和模范林，供民众参观学习之用，"以为地方人民仿办之标准"。

再次，发展林业教育。其要点有二：（甲）兴办林业高等教育和速成教育，培养专门人才。东北三省各设高等农林学堂1所,培养森林行政官员和林业技师、教习人才。开办森林速成科,修业期限酌情缩短,因"林业经始,需材孔亟",速成毕业生可暂充森林调查生及林官、技师、教习等职务。高等教育、速成教育毕业生,均限制就业,"不准就他项职务"。(乙)推行社会教育,传授林业知识。开办短期讲习会,以2—3个月为期,吸收地方自治会、农会中"有志林业、文理粗通之士"为会员,教授专业知识,襄助林业发展。举办巡回讲话,于每年寒、暑假委派林业学校学生深入村落,向村民讲述林业常识,"以唤起林业思想"。刊布造林法,将造林法编成单行本和白话本,广为散发。

通过以上各节,可以发现陈琪林业开发观的两个优势:一为全面系统。开发、保护双管齐下,短期效益与长期效益兼顾,并非一味开发不及保护,只看眼前不问长远。二为可操作性强。所拟方案细致入微,详尽充实,是一份较为切实可行的林业发展计划书。该方案也存在不足,部分内容缺乏深思熟虑,照搬照抄外国经验,没能结合东北具体情况,如推行拓殖事业一项,一旦监管不力,极有可能演变成毁林开荒等无节制开发的灾难性后果。然而瑕不掩瑜,该方案仍不失为那个时代士人阶层探索东北森林资源产业化之路的代表性方案。

二、各级政府的林业筹划

受到清末民初实业救国思潮的推动,加之日、俄掠取东北林权的刺激,统治阶级也开始意识到振兴林业之重要,"虽于利用森林全无智识之清政府,于是亦渐知注意矣"[①],从中央到地方的各级政府纷纷制订林业发展规划,为大规模开发森林预做准备。清末农工商部所奏《酌拟振兴林业办法折》中指出:"林业为利甚溥,而收效甚迟,若国家无整齐画[划]一之章程,官府无切实营办之责任,而全恃民人自为之能力,则森林[林业]之成立必永永无期。"奏请皇帝允准该部转咨驻外使臣悉心搜集各国森林章程,并由该部遴选"熟习农务之员"派往日本考察造林方法,同时请降旨各省将军、督抚将辖境内适宜造林之区及天然林区"限期详细查明,备具图说,咨报臣部",再由该部"妥订森林专章,奏明请旨颁行,俾资遵守"。[②]

---

① [日]南满铁路调查课编:《吉林省之林业》,汤尔和译,商务印书馆1930年版,第64页。
② 《农工商部奏酌拟振兴林业办法折》,1909年6月2日《申报》。

民国初年,为振兴地方实业,奉天省开通县将兴办林业定为当前"唯一之急务",拟定《提倡林业办法》5 条。① 与陈琪所订方案类似的是,该办法亦将林业之利分为"直接""间接"两个层面:

一为直接利益层面,兴办林业投资少、见效快、收益大。以生长较快的柳树、杨树为例,"约四五年可用为椽,十年可用为檩"。一垧地可种树 1 000 株,按当地时价,每根檩材价值 2 元;每年修剪旁枝一次,所得柴薪亦值 1 元以上。以每株价值 3 元计,种树 1 000 株可得 3 000 元,以生长周期 10 年计,平均每年获利 300 元,"而所费工资仅止种植伊始购秧、掘坑、栽培、灌溉数项,过此以往,惟有看护、修理而已","较之操农业者,工本之重巨,耕耘之勤苦,冀啻霄壤,而收益则远过之"。可见种树收益"尤非操他业者所能企及"。

二为间接利益层面,发展林业有利于繁荣地方经济、改善生态环境。当时开通县共有土地 20 万垧,其中垦熟者仅 2 万垧有余,"弥望荒芜,弃货于地"。欲振兴地方经济,非大力招民垦殖不可。而垦民多远道而来,落户筑屋需要大量木材,境内森林分布不多,童山濯濯无所取材,若从异地购入,则路途遥远,运费昂贵,因此均观望不前,"惮于播迁",可见林业不兴,"为招徕垦户莫大之阻力"。此外,该县境内沙岗纵横,表土疏松,狂风怒吼,沙尘飞扬,动辄淹没田地,且气候干燥,风多雨少,亢旱为灾,"因之秋收恒歉,益滋垦户之戒心"。若林业发展,非但建筑材料不难解决,对水土保持亦大有裨益,"厚生利用,攸往咸宜,农民趋利,如蚁慕膻,襁负来归,邑居相望,可拭目以俟也"。

正是出于以上两种考量,该方案所列五条办法,如建设苗圃、劝导种植、筹造防风林、保护林业、附设森林研究所等,多与造林有关,此处不再详述。

在一些产林区域,地方机关亦积极筹谋森林采伐,发展地方林业。如 1915 年鸭绿江采木公司理事长佟兆元上书奉天巡按使公署,建议省政府组织开发安图、抚松两县森林。呈文开篇指出:"窃惟国家多故,财政维难,司农有仰屋之叹,人民苦供给之繁,设非开濬财源,纵日言节流,终恐补救无方,徒深坐困。矧军事方兴,新政待举,尤非增加岁入,万难措置裕如。而开源之法,现以采取森林,较他种实业为易办。盖其资金省、收效近,而设施简单,披荆棘为种植之场,民生有赖;拾弃材为栋梁之选,国用以免,天然美利,举手可得,计无有善于

---

① 以下参见《奉天行政公署训令第二百四十三号》,《奉天公报》1914 年第 769 期。

此者."较深入地剖析了两县森林开发之利好。而后认为,奉省林区除已划归鸭绿江采木公司专采区域的鸭、浑两江森林外,所余者以安、图两县森林为主,如不及时加以开发,致使利权外流,则"徒悲噬脐""隐痛尤多",阐明了林业开发之于主权维护的意义。

呈文还分析了森林开发的手段和收益前景。提出在安图、抚松、头道江上游及五道白河上游等处设立分局,主持开采,"分自营、贷金两项","年如采木二百万积尺,尚足敷四五十年之采伐"。另在两江口设立总局,负责汇集各分局所采木材,再经松花江下运,"水路可畅销于吉林新城,远达于海参崴,陆路可畅销于长春、哈尔滨,旁及于东清、南满沿线各商埠"。因两县所产木材以红松、杉松、黄花松为主,"均适宜中外人民之应用",故销路极广,如办理得当,"纯益可操左券,税款又必增加,获利之巨,当不让于鸭江木业也"。[①]

在近代欧风美雨的浸润下,人们开始重新审视森林之于国家的意义和功用,各种实业思潮层见叠出,近代意义上的林业开发观念开始萌生。这些规划、方案,吹响了大规模开发东北森林的号角。

第二节　中外各国的调查活动

森林调查是林业发展的重要步骤。传统时期人们对东北森林缺乏有组织的详细踏查,所形成的认识多为概括性的描述,往往失之过简。咸丰年间何秋涛对东北48个窝集的考述,很可能是当时最详尽的调查结果了。东北地区森林资源储量的科学调查,直至清末方才真正起步。随着日、俄两国对东北侵略的深入,对资源的掠夺也日益加剧,因调查工作是掠夺活动的前提,故有关东北森林资源较精确的数据,多出自日、俄两国专家之手。受限于调查技术手段落后(如航拍技术未能得到应用)、人力、财力有限、林区交通梗塞[②]等因素的制约,非但两国专家之间没能形成一致意见,即使日本专家们的统计数据也存在

[①] 《鸭绿江采木公司理事长佟兆元谨将对于采伐安图抚松两县森林意见具书密呈恭请鉴核》(1915年),辽宁省档案馆藏民国奉天巡按使公署档案,档号:JC10-1-2278。

[②] 如鸭绿江森林"为吾国著名之富源,但因地处边疆,天然及人事之窒碍,所在多有,故关于此著名森林之调查,甚属困难",参见《鸭绿江流域森林》,《工商半月刊》1930年第2卷第24期。又吉敦铁路沿线"山脉绵延,野兽繁殖,为人踪罕到之所,故实地调查林况者,异常艰难,日俄人及吉敦路,曾派专员调查,但多无精确之报告,殊为憾事",参见《吉敦路沿线之林产》,《银行月刊》1928年第8卷第4期。

相互矛盾之处。① 可见,对于东北地区森林资源的面积和储量,当时学界没能得出统一的结论。

一、中、俄两国的调查

20世纪初,清政府曾派出专员调查东北森林,由于条件所限,仅在部分林区中展开,其中余树桓等人对松花江上游森林的调查最引人注目。该调查挑选松花江上游"可以兴办林业之处"分别测算,凡人迹可到之处用步测,凡难以深入之地皆用目测,虽不能保证确实,"要皆去真未远"。至于材积计算法,将森林分为针阔混淆林、纯粹针叶林、纯粹阔叶林三种,混淆林下又细分为"一九混淆""二八混淆""三七混淆""四六混淆"等,"就其疏密、大小适中之处,择勘标准地点,将该标准地内所有各种木植之高矮、直径及其材积推算清楚,再由标准材积推及于全林材积"。② 结果表明,松花江上游森林总面积54 335平方尺,蓄积量168.5亿立方尺。较之于同时代国人主持的其他调查,该调查方法更为得当,数据更加可靠,考虑到当时的条件,已经难能可贵了。

吉林巡抚也曾派员查勘吉林东部森林。调查范围包括"东由延吉全境至分水岭与俄界接线,西至长白山哈尔巴岭,南至图们江南韩界,北至老爷岭宁古塔森林区"。调查员将这片林区分为6个大区、18个小区,结论认为:"一小区足资砍伐三年,至六大区则蕴蓄深厚,尤无尽藏。"③ 可见其多为概略性描述和估计,精细程度远不及余树桓主持的调查。

此后,民国政府继续组织森林调查。如1912年农林部认为"筹办林政,应从中国最著名之林区入手",曾派山林司长胡宗瀛,办事员唐荣禧、张传一、张正坊等"于林学林业俱有心得"诸员,与地方官员密切配合,对东北森林展开实地调查,④

---

① 如日本专家们对图们江流域森林面积的估测,"有的概算是二十一万町步,有的竟多到八十三万町步";至于蓄积量,"有的概算是一亿一千万石,有的乃多到四亿三千万石",参见万良炯:《东北问题》(上),商务印书馆1937年版,第51页。满铁和关东厅对东北森林总蓄积的统计也存在巨大偏差:"其发表者一曰九十余亿石,一曰百四十亿",满铁内部人士对此评论道:"孰为可信,姑置不论,而满洲之二大权威,异其发表,博得民间之嘲笑者,盖不外乎调查机关之不能统一,与夫调查员各自尊大之结果也。"参见[日]南满铁路调查课:《吉林省之林业》,汤尔和译,商务印书馆1930年版,第19页。
② 余树桓等:《调查松花江上流森林报告》,载国家图书馆编:《清代边疆史料抄稿本汇编》(6),线装书局2003年版,第95—96页。
③ 《吉东林业纪略》,《奉天劝业报》1911年第6期。
④ 《农林部部令》,《政府公报》1912年第69期。

但历次调查成绩均很有限。

相较之下,俄国人对东北森林的调查起步更早,规模更大,但同样存在不连贯、不深入等问题。19世纪后半叶,俄国学者开始深入东北林区调查植被,"东北树木的研究和其他方面相同,都是俄国学者奠定的基础"[1]。1855年俄人马克西玛维赤、修林克经黑龙江进入乌苏里江开始踏查活动,"一直到1860年他们仍在黑龙江和乌苏里江流域反复地进行调查",后来打算进入松花江流域调查时,被清朝官员阻止,未能如愿。在此期间,他们拿出约10个月的时间专门研究东北植物。1895—1897年,俄国植物学家考马洛夫多次进入东北境内,"在交通不便,极其艰苦的环境中进行调查和采集活动",获取大量植物标本。而后经过大量分析、整理与研究,于1901—1907年先后出版《满洲植物志》1—3卷,"这是对东北植物研究的一部划时代的著作"。[2]

进入20世纪后,俄人对东北森林的调查更系统,目的性也更强。为了逼迫中国政府签订租借条约,乘机掠夺森林采伐权,攫取低价木材,1909—1912年,俄人控制的中东铁路连续7次勘察吉林、黑龙江二省森林。其中,1909年7月向大兴安岭后力格鲁河及毕拉流域的租借林地派出首支勘察队,8月又向大兴安岭派出第二支调查队,同时向东部一面坡车站以南林地派出第三支调查队,随后于1909年9月向岔林河流域林区派出第四支调查队,1910年秋向海林车站附近派出第五支调查队。此后,第六支调查队勘察了一面坡车站以南、以北距离铁道约46华里的林地,第七支调查队踏查了马桥河、细鳞河车站附近林地。[3] 又如俄人在发现吉林挠力沟"为森林极盛处,南端环抱大树,势延蔓于沟之左右,枝叶辅疏,不见天日,每每行人往来,莫辨途径"后,垂涎不已,迫不及待地派出工程师勘察该处森林木质,认为"柞木居十之六,桦木十之三",适宜作为枕木之用。[4]

二、日本的调查

与中、俄两国调查相比,日本的调查持续时间更长,且更为细致、系统,代

---

[1] 王长富编著:《东北近代林业科技史料研究》,东北林业大学出版社2000年版,第31页。
[2] 王长富编著:《东北近代林业科技史料研究》,东北林业大学出版社2000年版,第31—32页。
[3] 李克志:《建国前的森林经理史》,《林业勘查设计》1985年第2期。
[4] 〔清〕姚和锟、汪㮳:《吉林边务报告书》,载李兴盛、辛欣、王宪君编:《黑水郭氏世系录》(外十四种),黑龙江人民出版社2003年版,第2103页。

表那个时代东北森林调查的最高水平。19世纪后半叶至20世纪初,由于沙俄在东北占据绝对优势,日本的森林调查多以隐秘的方式进行。1902—1905年,日本政府派技师宫岛喜一郎对鸭绿江森林进行调查,提出《清韩两国森林视察复命书》,力陈开发鸭绿江右岸森林对日本有利,成为设立鸭绿江采木公司的基本依据。日俄战争期间,为了获得军用木材,在日本吉野林业学校校长今川唯市主持下,对长白山森林展开调查。1905—1906年,由日本山林局技师和林务官组成调查队,对东北森林进行第三次调查,共分4组:第一组调查南至奉天、北至昌图、东至兴京、西至新民一带森林;第二组调查辽阳一带森林;第三组调查凤凰城一带森林;第四组调查通化一带森林。调查成果汇总为《满洲森林调查书》,为日人攫取东北森林提供了第一手资料。①

这一时期,出现了一批关于东北林产的日文著作。如松本敬之对东北森林面积作了初步统计,认为伊勒呼里山一带森林约8 000方里,东兴安岭一带森林约6 000方里,长白山一带森林约5 000方里,小白山一带及西兴安岭一带森林均约3 000方里,完达山一带森林约800方里,帽儿山一带及古朴连山一带森林均约700方里。② 以上各大林区总面积合计27 200方里。这些数据虽不包含森林蓄积量等项,所列森林面积也均为约数,但已可从中窥见东北森林储备之大概。

1906年南满洲铁道株式会社成立后,对东北森林资源的调查更为全面,这些调查一般由专业人士主持,其结果具有一定权威性和可信度。为了便利日本林业资本家投资东北森林,更好地寻找资源和市场,1914年满铁动员林学专家对第二松花江、图们江、牡丹江流域的森林进行调查,并提交《南满松、图、牡流域森林调查书》,"为日本造纸业提供了资料"。1915年满铁筹集资本5万元,从日本国内调集10余名技师组织森林调查队,"拟先赴长白山、白头山二处调查,俟将该处查竣,再赴东蒙各地调查"。③ 1916年又由山林技师田中由十郎主持,对吉林省森林和木材市场展开调研。④

1926年吉敦铁路正式动工,满铁为便利掠夺铁路沿线森林,于同年"派遣三班之大调查队"⑤,"测定树龄,决算材积",认为吉林省北部的三姓森林"材积

---

① 吉林省地方志编纂委员会编:《吉林省志》卷17《林业志》,吉林人民出版社1994年版,第223页。
② [日]松本敬之:《富之满洲》,马为珑译、刘启晴校,政治传输社1907年版,第72—73页。
③ 《长白之森林休矣》,1915年11月16日《益世报》。
④ 李克志:《建国前的森林经理史》,《林业勘查设计》1985年第2期。
⑤ [日]藤冈启:《满蒙经济大观》,吴自强译,民智书局1929年版,第145页。

与面积均富",其总面积为 8 327 942 亩,总蓄积量为 11 848 亿 7 289 万立方尺,"为满洲最大之森林地带"。虽然方正县部分森林屡经采伐,材积甚少,但老爷岭、阿穆达山、龙爪沟等处,以及桦川县南、依兰县界之山岳地带森林蓄藏仍富、良材亦多,"又富锦县西部、中部、东部,及同江县界方面,原始林郁郁蔽日;密山县下之山地,及虎林县之北方山地,郁苍美林,均亭亭直立;又土山奔松子岭等处之林相,尚为处女林,从未施诸斧斤者"。满铁还对其他林区进行调查和估计,认为松花江上游森林总面积为 22 694 093 亩,总蓄积量为 7 960 亿 9 781 万立方尺;中东铁路东部沿线森林总面积为 37 751 930 亩,总蓄积量为 6 809 亿 1 498 万立方尺。其余牡丹江、图们江流域森林只有文字描述,缺乏面积、蓄积量的数字统计。① 由于这次调查的重点是吉林省内之森林,其他林区的数据很难保证准确。

1928 年出版的《满蒙与满铁》一书,对东北部分林区蓄积量做出进一步估测,认为鸭绿江流域及浑河流域森林蓄积量为 34 亿 7 650 万立方尺,松花江、牡丹江、图们江之上游流域森林蓄积量为 131 亿 5 519 万立方尺,中东铁路东部沿线森林蓄积量为 92 亿 4 696 万立方尺,吉林省三姓地区森林蓄积量为 261 亿 8 602 万立方尺,兴安岭地区森林蓄积量为 36 亿立方尺。该书承认对于东北森林面积、蓄积量"因为还没有完全的调查,不很明了",故所列数字均为约数。其中兴安岭地区森林蓄积数据仅限于"已经调查过的范围内","按中日俄三国人的已得采伐权算出来的面积",所以尤为粗略。②

1929 年,满铁推出《一九〇七至一九二八年满洲发展报告》,对东三省林区及蓄材量做出更为全面的统计,详见表 2-1:

表 2-1 满铁发布东三省森林面积、蓄积量统计表(1929 年)③

森 林 区 域	面积(亩)	蓄材量(立方尺)
鸭绿江上游右岸	13 424 758	3 623 326 800
松花江上游	19 670 651	8 740 360 000
牡丹江流域	8 962 852	4 209 509 000
图们江流域	11 396 798	4 204 008 000

---

① 安事农:《满洲之森林》,《森林丛刊》1930 年第 4 期。
② [日]南满铁道株式会社:《满蒙与满铁》,满洲日报社印刷所 1928 年印行,第 18—19 页。
③ 连濬:《东三省经济实况概要》,观海时事月刊社 1931 年版,第 160—161 页。

(续表)

森林区域	面积(亩)	蓄材量(立方尺)
三姓(依兰)附近	72 067 991	26 153 018 000
中东路东段沿线	33 519 996	8 982 965 500
拉林河流域	8 676 092	3 004 898 000
外兴安岭山脉	191 622 643	56 000 000 000
内兴安岭山脉	136 873 317	35 000 000 000
合计	495 945 098	149 918 085 300

正如连濬指出的，此表最主要缺陷是对兴安岭森林统计不确，"内、外兴安岭林区尚无精密之测量，而其统计又尚无适合参考之刊物，故其准确程度应为保留"，[①]这也是满铁系列调查的通病所在。

1930年，满铁又发布《满铁产业统计》，其中对东三省森林的调查结果如表2-2所示：

表2-2 满铁发布东三省森林统计详表(1930年)[②]

森林分布地域	涉及省份	面积(千亩)	蓄积量(千石) 针叶树	蓄积量(千石) 阔叶树	蓄积量(千石) 合计	备考
鸭绿江右岸、浑河	辽宁	9 030	—	—	433 352	1915年调查
松花江流域	辽宁、吉林	14 370	401 584	501 539	903 123	1927年订正
图们江流域	辽宁、吉林	8 330	162 374	271 227	433 601	1917年调查
牡丹江流域	吉林	6 350	211 933	209 018	420 951	1915年调查
拉林河流域	吉林	6 340	103 731	197 419	301 150	1917年调查
中东铁路东线	吉林	24 350	273 883	650 770	924 652	1917年调查
三姓地方	吉林	52 910	904 618	1 713 984	2 618 602	1917年调查
大兴安岭	黑龙江	140 000	—	—	5 600 000	估计值
小兴安岭	黑龙江	100 000	—	—	3 500 000	估计值
总计		361 680			15 135 431	

[①] 连濬:《东三省经济实况概要》，观海时事月刊社1931年版，第161页。
[②] 陈嵘:《历代森林史略及民国林政史料》，金陵大学农学院森林系林业推广部1934年印行，第114—115页。

表2-2充分吸收和借鉴了满铁历次调查所得,是目前能看到的"九一八"事变前满铁对东北森林最为详尽的调查成果。

总的来看,日俄两国出于自身迫切的侵略需要,投入巨资,对东北森林调查十分积极,随着时间的推移、调查的深入,结果也更加全面、可靠,但依然存在着诸多不足。"九一八"事变后,为便于全面掠夺东北森林,伪满洲国利用当时先进的航拍法测量森林面积、估算材积量,"光复前(指抗战胜利前——引者)除大兴安岭之一部分外,其余大部森林均已摄制竣事"。根据航拍结果,结合历年实地调查所得,算出东北森林总蓄积量为36亿5200万立方米。[①] 由于新技术的引入,这一结论无疑最可信。

第三节　森林法规的制定

森林法规和林政管理机构是森林资源产业化的制度保障。鉴于"我国林业,失修已久,林业法制,素无成规"[②],近代以后,政府开始着手林业法规的制定和颁布,以推动森林资源的有序开发与管理。据王长富统计,近代东北森林规章主要有以下7种类型:(一)关于发放国有林的法规共17项,其中由农商部颁发的4项,其余由各省颁发。(二)关于整理民有地上森林的法规共4项,其中由农商部颁发的1项,余为各省所颁。(三)关于保护森林的共5项,均为各省颁发。(四)关于奖励造林的共3项,其中由农商部颁发的1项,余为各省颁发。(五)关于林务机关的法规共4项,大总统、农商部、国务会议和省机关各发布1项。(六)关于森林警察的共3项,均为各省颁发。(七)关于森林公会的共2项,均为农商部颁发。此外,尚有木税章程7件及管理国有林规定等多件,均属各省发放。[③] 以下择要概述全国和地方的森林法规。

一、全国性立法

清末,政府虽有意制定、颁布林业法规,但却一直未能落到实处。民国初

[①] 东北物资调节委员会研究组编:《东北经济小丛书·林产》,东北物资调节委员会1948年印行,第3页。
[②] 陈植:《十五年来中国之林业》,《学艺》1933年百号纪念增刊。
[③] 王长富编著:《东北近代林业经济史》,中国林业出版社1991年版,第121页。

年,宋教仁出任北京政府农林总长后,于 1912 年 9 月颁布《林政纲要》11 条,虽条文极为简单,但实为"我国拟定林业法制之始","顾于我国林政史上,颇有纪念价值者也"。张謇出掌农商部后,于 1914 年 11 月颁布《森林法》,分为"总纲""保安林""奖励""监督""罚则""附则"等 6 章 32 条。其中"总纲"部分提出:"国有、公有及私有森林之经营管理,除法令别有规定外,依本法行之",凡确无业主,及依照法律应划归国有之森林,均应编为国有林,除由农商部直接管理外,地方政府亦有监督保护之责,[1]对国有林、公有林及私有林的经营管理做出明确规定。而后,又于 1915 年 6 月公布《森林法施行细则》20 条。1928 年 2 月,《大元帅公布森林条例令》颁布,其中第 75 条规定"自本条例施行日起,民国三年公布之《森林法》废止之"[2]。以上均系指导民国前期全国林业发展的基本法规。

二、地方性法规

按照农林部的划分,"严格言之,在东三省地方并无所谓私有林之存在",公有林之比例亦不甚大,"森林之大部分系属国有"。[3] 对于东北地区国有林的经营管理,政府方面一直较为重视。1912 年 12 月,农林部颁布《东三省国有森林发放暂行规则》。[4] 此后,农商部认为该规则"尚多疏略"[5],于 1914 年 8 月颁发《修正东三省国有林发放规则》。1920 年 6 月,该部又以前法"关于承领人应遵事项,尚未周密"[6],再次修订重颁,要点如下:

(1) 东三省国有林,除由国家直接经营者而外,其余全部发放,发放内容"以林木为限"。承领人只可采伐所承林地之树木,无权再作其他处置,"若树木伐采既毕,不得在伐采迹地,任意造林开垦"[7]。凡中华民国国民或遵照中华民国法律成立之法人,均可承领森林,每次不得超过 200 方里。

(2) 承领人申领国有林,应将承领书呈请林务局或森林局查核,如经

---

[1] 《大总统申令》(1914 年 11 月),吉林省档案馆藏民国吉林省实业厅档案,档号:J111-1-2552。
[2] 郭春修主编:《张作霖书信电文集》(下),万卷出版公司 2013 年版,第 833 页。
[3] [俄]苏林:《东省林业》,中东铁路印刷所 1931 年版,第 48 页。
[4] 《农林部部令第二十一号》,《政府公报》1912 年第 234 期。
[5] 《农商部示》,《政府公报》1914 年第 814 期。
[6] 《令奉天实业厅吉林黑龙江森林局第五八七号》,《农商公报》1920 年第 6 卷第 72 期。
[7] 徐钟藩:《〈东三省国有森林发放规则〉释义》,《实业浅说》1917 年第 136 期。

核实并无重复发放,再行派员勘测、形成报告,呈交农商部核准后发放部照。同时应缴纳一定勘测费用,"承领十方里者纳现银一百圆",此外每增加1方里追加2圆,不到10方里者按10方里计算。如农商部认为不宜发放,将所缴勘测费之半数退还申领人。

(3) 承领人在领取部照时,须缴纳注册费,按照林区面积,每10方里200圆,不及10方里者以10方里计算。部照之有效期最多20年,"期满应将部照缴销"。在有效期内,每年须呈部查验1次,每次缴纳验照费10圆,延至2年仍未呈验者,"注销原案,另行发放"。部照如需转让,应由转领人缴纳注册更正费50圆,"转让后之有效年期,以继续原承领执照有效之年限为限"。

(4)"承领人于林木出山到埠时",应将所伐林木之数额、种类、大小、长短开列清单,呈报主管官厅查验。木材出售时,除遵照税则缴纳木税外,还要按照木材市价的8%分别缴纳山份和木植票费。

(5) 承领人应严格依照勘定界域采伐森林,倘若查有越界盗伐行为,依照《森林法》罚则办理。在采伐山林时,应注意保留母树,"每地一亩,存留树木二株至三株","以直径在一尺以上,树干正直者为限"。①

从以上内容来看,该规则反复强调"发放",对森林发放规定甚详,却对"管理""保护"不甚重视,如涉及森林保护的只有第17条"保留母树"而已。

1928年6月,北京军政府农工部认为"营林事业日益发达,社会情状亦有变迁",《修正东三省国有林发放规则》已经不能适应形势,亟须修正,遂于原有条文基础上改定《国有林发放章程》28条并正式颁发,同时将《发放规则》废止。② 该章程第1条规定"国有林依森林条例第七条之规定,除政府直接经营并本章程第二条规定限制外,其发放程序依本章程辩[办]理"③,说明其所依据的基本法是1928年2月颁发的《森林条例》。究其内容,较之《发放规则》有所完善,对森林保护的规定更加具体,如第20条规定:"承领人采伐林木时,凡针叶树胸高直径在一尺以下,阔叶树胸高直径在八寸以下者,应一律存留,不准

---

① 《修正东三省国有林发放规则》,《农商公报》1920年第6卷第72期。
② 《呈为厘订发放奉天国有森林章程缮具清折仰祈鉴核示遵事》(1928年12月),辽宁省档案馆藏民国奉天省长公署档案,档号:JC10-1-4559。
③ 《国有林发放章程》(1928年6月修正),载辽宁省朝阳市林业志编委会编:《中国林业法规选编》,1987年印行,第67页。

滥伐。"第22条规定:"承领人于采木或运搬时,不得损害林场内小树,并须负保护之责。"但总体而言,《发放规则》强调发放、疏于管理的弊病依然存在。

鉴于中央法令存在缺憾,各地陆续制定了一批地方森林法规。如20世纪20年代初,奉天省长公署同意督办东省铁路公所呈请,要求省实业厅着手制定《林木保护法》,倡导保护森林,"以维林政"。该厅奉令后,认为"东边道属各县境内,强半系国有林,至辽沈、洮昌两道所属各县境内,概系近年来提倡所种植者","国有与公有、私有森林,性质既不相同","保护与取缔方法,自难强为一律",①分别拟定《奉省保护国有森林规则》12条、《奉省保护公有私有森林规则》13条。以《奉省保护国有森林规则》为例,要点如下:

(1) 宗旨为"保养国有林木,使其永续不绝"。国有林的范畴,除遵照《森林法》第2条应编为国有林者外,"其在人民或团体取得林地所有权以前生长之林木,亦均编为国有林"。

(2) 采伐国有森林者,除应遵照《东三省国有林发放规则》第17条之规定保留母树外,还应对生长未满10年之幼树加以保护,不得砍伐,"但确需幼树作栽植秧苗,及只宜养蚕及薪炭,与采伐迹地确堪耕种,存留幼树有妨农业时,均不在此限"。对于存留树株,该管林区驻在所及警察、保甲负有保护之责,凡违反规定滥砍滥伐者,应处以所伐林木市场价值5倍以下之罚金,并将滥伐林木予以没收,变价充公。

(3) 凡采伐国有林木,必须依照《发放规则》之规定领取林照,否则不得采伐。擅自入山伐木者,应依据《森林法》第21条规定处罚之。

(4) 林区驻在所及警甲发现以上违法情形后,必须送往县署加以审断,不得擅自判罚。县署做出处罚决定后,应呈报实业厅查核,转呈省公署核示。②

可知该规章在部颁《发放规则》的基础上有所补充和变通,总的来看条理清楚、措施得当,如能扎实推行,理应取得较为理想的效果。

各省在制定地方法规时,多能依据各县情况,照顾地方利益,体现出较强

---

① 《呈　民国十二年二月十三日到》(1923年2月),辽宁省档案馆藏民国督办东省铁路公司档案,档号:JC10-1-9114。
② 《奉天省长公署训令第四三五号》,《奉天公报》1923年第3952期。

的变通性和灵活性。如奉天(辽宁)省林业机关"按各该当地现在情形,订定章则,用资遵守",一面"设法开放",将长白、临江、通化、辑安、兴京、辉南、本溪、凤城、桓仁、宽甸等县森林对外发放;一面"择尤封禁",将安图、抚松两县森林封禁,"留备官府将来之砍伐"。对于开放采伐之各县,"并因彼此情况不同,是以其所采取之方法亦异",如长、临、通、辑四县"因维持当地木把生计"之需要,特制定《采伐长、临、通、辑等县国有森林简章》,办理发放较为宽松,而其他各县因无特殊情形,"故规定之报领手续,不得不稍加严也"。①

中央与地方所颁法令,不时存在相互抵牾之处。根据《修正东三省国有林发放规则》规定,凡采伐国有林者,必须先向林业机构报领勘测,由农商部颁发部照后,方可着手砍伐。鸭、浑两江沿岸森林均属国有,除鸭绿江采木公司专采区域外,理应先行报领,再行开采,然而东边道尹所颁《鸭浑两江取缔伐木章程》却规定"领到许可证时,即准设厂开采"。这使得长白等县木把砍伐森林,只知向地方政府申领伐木许可证,不知部颁林照为何物,"《东三省国有林发放规则》公布后,迄今已及五年,报领者仍属寥寥"。② 地方法规之间相互抵触之处就更多了。正如苏林所言:"今日此机关制定一条例公布实行之,明日他机关复制定一规则,呈请上峰批准公布之,所谓条例规则者,又无一定之准则,甚且彼此间互相抵牾之点,亦屡见不一见[屡见不鲜]。"③

可见,政府通过完善林业立法,初步构建了一整套从中央到地方的森林法规体系,为森林的发放、管理与保护提供了准绳和依据。当然,由于起步较晚,经验不够,还存在诸多不足。不仅各项森林法规之间不无扞格之处,以致具体执行时往往无所适从,而且管理者重视发放、轻视管理,片面强调林业收入,却很少在意森林保护,这在一系列国有林发放规则中均有所体现。

第四节　林政管理机构的成立

"林业之兴废,关系国家之盛衰;而林政之修明,端赖专官之治理。"④林政

---

① 《奉省之森林概况》,《东省经济月刊》1929 年第 5 卷第 2 期。
② 《呈　民国九年七月十八日到》(1920 年 7 月),辽宁省档案馆藏民国奉天省实业厅档案,档号:JC10-1-7727。
③ [俄]苏林:《东省林业》,中东铁路印刷所 1931 年版,第 50 页。
④ 姚传法:《请设全国林务局条陈》,《农学杂志》1928 年第 2 期。

管理涉及面广、专业性强、事务繁杂，欲妥善经营东北林业，必须设立专门的管理机构。在各级政府的倡导和推动之下，近代东北林政管理机构经历了从萌蘖、成立到不断完善的发展过程。

一、清末林政管理机构之草创

清末东北森林开禁后，政府设立一批与林业相关的管理机构。如光绪二十三年（1897 年）吉林将军设立吉林交涉局，凡边务、矿税、森林、路电、租占等事务，均由该局办理。三十三年（1907 年）吉林设置行省后，改为吉林省交涉总局，林业仍归其管理。无论是交涉局还是交涉总局，均非专业的林政管理机构。

鉴于森林管理制度不够完备，为加强森林经营、采伐、保护工作，清政府从永衡官贴局借款 200 万吊，设立吉林全省林业总局，掌管全省林业事务。[①] 该局关防于 1907 年 11 月正式启用，由吉林候补道宋春鳌担任首任总理，月支薪水银 200 两，因系兼差，减半发给，"另再酌给车马费五十两，按月请领"。[②] 总局设在吉林府西门外八旗水师营旧址，下辖 2 个分局，一个位于吉林府下的土龙山，一个位于五常厅内的四合川，另设制材厂 1 所于蛟河，归土龙山分局管辖。分局内设正、副委员各 1 人，正委员常驻伐木山场，副委员常驻集材地点。

在林业经营方面，该局雇用伐木工人，进山伐木，所需乌拉（用皮革制成的靴子）、米、面粉、食盐、蔬菜等先由总局或分局垫款，伐木完成后再从工人工资中扣除。这些工人须经介绍人从中作保，若垫款无法归还或有其他违规行为，由介绍人承担责任。私人伐木工人进山采伐前，应先提出申请，将采伐区域四周边界和工人数目呈报该局，经批准后，交付手续费，方能领取采伐许可证。"作业后经林业局检查"，如该局发现越界采伐，"其采伐株数达到十株以上时，对贫穷工人罚其在山上劳动三个月，对富裕工人则按木材估价给以罚款处分"。该局还规定采伐树木时，应尽量选伐大树，保留中小树木。[③]

[①] 《满洲地方志》，李华春译，载吉林市林业局林业志办公室编：《伪满时期东北林业史料译编》（第 4 集），吉林市科技进修学院复印部 1987 年印行，第 75 页。
[②] 《吉林林业总局移知各局所开用关防日期文》，《北洋官报》1907 年第 1549 期。
[③] 《满洲地方志》，李华春译，载吉林市林业局林业志办公室编：《伪满时期东北林业史料译编》（第 4 集），吉林市科技进修学院复印部 1987 年印行，第 75—76 页。

该局设立后的第二年,久旱枯水,木材困山。第三年又逢洪灾,"淫雨成灾,江水陡发,江边存积官商木植,悉数冲没"①,支出垫款无法收回,拖欠永衡官帖局的借款又不断增加,于是债台高筑,难以支撑。为缩减开支,宣统二年(1910年)四合川分局奉命裁撤,"仍由商民自运自销,应收山分并归道署"。②宣统三年(1911年)9月,该局将木质关防和土龙山分局钤记上交吉林劝业道,正式宣布撤销。③

吉林全省林业总局身兼森林经营、发放、保护、收税等数种职责,具备了基本的林政管理职能,但系半行政、半企业性质,仍算不上专业林政管理机构,且存在时间较短,实际影响不大。有研究者据此认为,清末"东北林野行政,并无可观"④。

二、民国专业林政管理机构之设立

民国时期,在中央政府的积极策划和提倡下,东北专业林政管理机构得以设置,并几经变更,在实践中不断改进、完善。民初农林部创设伊始,即认为中国天然林野广阔,"徒以林政不修,致令有森林而无林业","非在林产各地,设立林务专局,不足以促进行而收实效",⑤据此草拟《林务局官制》14条呈送国务院议决,此为民国林政管理专门化之始。

(一)林务局之设置

1912年底,鉴于"东三省为国有林最盛之区",根据《东三省国有林发放规则》的规定,农林部于吉林省城设置吉林林务总局,"奉黑两省亦拟次第添设局",具体管理东三省森林发放事宜,⑥该部鉴于"吉林官山最多,森林最盛,亟应速往筹办,以重国产",特派山林司司长胡宗瀛至吉省筹设林务局,"以为整

---

① 《抚帅会同督帅奏查明吉省前届水灾冲失林业局木植钱文数目折》,《吉林官报》1911年第7期。
② 《林业分局裁撤之先声》,1910年8月21日《远东报》。
③ 《呈 宣统三年七月廿二日到》(宣统三年七月二十一日),吉林省档案馆藏清代吉林将军衙门档案,档号:J1-37-174。
④ 东北物资调节委员会研究组编:《东北经济小丛书·林产》,东北物资调节委员会1948年印行,第24页。
⑤ 《农林部致国务院请将林务局官制草案提出国务会议函》,《政府公报》1912年第85期。
⑥ 《农林部咨 元年农字第七十六号》(1912年12月),吉林省档案馆藏民国吉林省政府档案,档号:J101-1-253。

顿入手地步"。全省所有国有林事务,除征收税捐仍归税局办理外,"其发给票照、入山采木等事,统应由本部设局经理,以一事权"。①

1913年11月,农林部认为吉林林务总局"行政施业尚属单简[简单]",而哈尔滨地处要冲,"为中外木商荟萃之区",决定将该总局移设哈尔滨,改称东三省林务局,管理奉、吉、黑三省国有林事务,同时将原哈尔滨林务分局裁撤。②次月颁布《东三省林务局暂行规程》,规定该局直接隶属农林总长,具体掌管东三省国有林调查、管理、经营、发放及其他事项,内设局长1人、主任技术员1人、技术员4人、事务员2人,如有必要,"得于适宜地点设立分局"。③

1915年8月,东三省林务局改称东三省林务总局,由农商部委派胡宗瀛为局长、韩安为副局长,④同时在吉林设立东三省林务总局吉垣办事处。1917年初,该局为振兴东北林业起见,曾制订三点计划:"(一)调查林区而便保护;(二)提倡栽植而造森林;(三)奖励种植而广林业。"⑤

1917年,农商部又决定在奉、吉、黑三省各设林务局1处,每局设局长1人,⑥将东三省林务总局改组为黑龙江林务局,东三省林务总局吉垣办事处改组为吉林林务局。是年3月,"农商部吉林林务局关防"启用,⑦吉林林务局正式成立,其他二省林务局亦相继成立。

为更好地发挥管理职能,各省林务局于重要林区设立林区驻在所或林务分局。如奉天林务局认为:"局设省城,而产木之区,多在丛山峻岭之乡,实属鞭长莫及,况林地发放既多,强半已着手采伐,设所征收管理费,并实行管理森林,尤为不可稍缓之图。"为加强对已放林区的管理,1918年首先创办兴京林区驻在所,"当创设之始,尤恐财力不支,后难为继",一切事务从简办理。同时派员赴安图、抚松两县着力筹办,但因土匪猖獗、地面不靖,只得缓设。至是年冬季,"该两县林场从事采伐者,既有数起","人民私伐该两县森林者,亦时有所

---

① 《农林部咨吉林都督本部现派山林司司长胡宗瀛前往该省筹设林务局请饬属随时接洽文》,《政府公报》1912年第192期。
② 《农林部部令第一百零二号 民国二年(1913年11月26日)》,载李明勋、尤世玮主编:《张謇全集》(第1册·公文),上海辞书出版社2012年版,第270页。
③ 《农林部公布东三省林务局暂行规程令》(1913年12月13日),载中国第二历史档案馆编:《中华民国史档案资料汇编》(第三辑·农商·一),江苏古籍出版社1991年版,第416—417页。
④ 《农商部饬第六七一号》,《政府公报》1915年第1134期。
⑤ 《林务局之新计画[划]》,1917年3月16日《远东报》。
⑥ 《东三省林务局改组》,1917年2月13日《远东报》。
⑦ 《公函 民国六年三月卅日下午三钟到处》(1917年3月),吉林省档案馆藏民国吉林全省警务处档案,档号:J156-2-250。

闻",该局再度派员前往办理,"艰险不避,期必设置",于年终正式成立安、抚两县林区驻在所。①

再如宁古塔位于吉林省中部,"扼森林要道",境内海龙河、南湖头、二站河等林场均已先后发放,"设局监查,事尚可行"。1917年3月,农商部同意吉林林务局所请,在该区设立宁安林务分局。② 在各方努力下,该局很快初具规模,步入正轨,"创办以来,经济虽云困难,而于此减薪节用之下,实有从权达变之手段"③。

(二)森林局之成立

1917—1918年,为了从经济上进一步侵略中国,日本内阁与段祺瑞主持的北京政府签订了八项借款合同,因由西原龟三经手,故称"西原借款"。《吉黑林矿借款条约》便是其中之一,该条约将吉林、黑龙江两省全部国有林充作林矿借款的担保。在日方要求之下,"为统一吉、黑两省之森林行政,以谋森林事业之发达,而整顿各种之设备,且谋中央政府收入之增加起见",1918年8月,北京政府决定成立"中央政府直辖之森林局",掌管两省森林行政。④ 两省森林局"纯对借款合同谋种种之设备"。"一方面使林业发达,增加收入;一方面保护采伐者之事业,而促其改良,以履行合同必要之事"。⑤

遵照部令,1918年12月,黑龙江林务局着手改组为森林局,原林务局长钱德芳继任森林局长。⑥ 1919年吉林林务局撤销,"各分局事同一律",恰逢宁安第一森林分局于是年7月组织成立,宁安林务分局随即将文牍、器具等移交该森林分局接管,同时办理结束手续。⑦ 1919年9月,未被卷入林矿借款的奉天林务局也宣布裁撤,"一切职权,并归奉天实业厅办理"。⑧ 该局各分支机构亦

---

① 奉天林务局:《奉天林务局办理各项事宜成绩(民国五年至七年报告)》,《农商公报》1920年第6卷第67期。
② 《农商部指令第五一八号》(1917年3月),吉林省档案馆藏民国吉林省政府档案,档号:J101-6-305。
③ 《林务局预备一览表》,1917年5月23日《远东报》。
④ 《北洋政府关于吉黑两省金矿森林借款有关函并合同》(1918年8月2日),载中国第二历史档案馆编:《中华民国史档案资料汇编》(第三辑·工矿业),江苏古籍出版社1991年版,第459页。
⑤ 万福麟修、张伯英纂:《黑龙江志稿》卷二十二,财赋志,森林,民国二十二年(1933年)铅印本,第3页下。
⑥ 《采金森林两局将开办》,1918年12月20日《远东报》。
⑦ 《呈 中华民国八年七月二十日》(1919年7月),吉林省档案馆藏民国吉林省政府档案,档号:J101-6-305。
⑧ 奉天林务局:《奉天林务局办理各项事宜成绩(民国五年至七年报告)》,《农商公报》1920年第6卷第67期。

陆续改组,如辉柳林区第一驻在所改为"奉天实业厅林区第一驻在所"①。

1918年12月,农商部批准《吉黑森林局暂行章程》,其要点如下:

(1) 森林局分设于吉林、黑龙江两省,直隶于农商部。其执掌范围包括国有林经营、发放、监督、测勘、调查、林业试验、育苗、造林、收入征解、警备、承领诉讼等事项。

(2) 每局设局长1人,由农商总长呈请简任,奉农商总长之命,综理全局事务,监督所属职员。另设副局长1人,由农商总长荐任,辅佐局长管理局务。

(3) 局以下设股,处理各项事务。分设之多寡,视事务的繁简而定,但最多不得超过3股。每股设股长1人,由局长委任,股员不超过3人。

(4) 每局置技师2人,由局长分别委任或聘任,承局长之命掌理技术业务。另置技术员3人至5人辅助工作。

(5) 各局局长委任股长、股员、技师、技术员或聘任技师时,均须呈请农商总长核准,并分报省长查核备案。

(6) 各局处务细则,暨各股员额分配、俸给数目,由各该局长详细拟定,呈请农商总长核定,并分报省长备案。

(7) 各局得于适宜地点设置分局,但须呈请农商总长核准,并分报省长备案。②

依照《暂行章程》第11条之规定,各局应分别制定《处务细则》。《吉林森林局处务细则》确定该局分设第一、第二、第三3股,每股置股长1人、股员3人,局内置中外技师各1人、技术员4人,对各股所掌事项及运行程序,亦有详细规定。③

由上可知,森林局的执掌范围几乎涵盖国有林发放、管理的各个方面,其机构设置和人员配置也比较合理。各分局的创设,加强了对县域森林的监管和控制。

---

① 白纯义修、于凤桐纂:《辉南县志》卷二,林政,民国十六年(1927年)铅印本,第43页上。
② 《农商部公布之森林局暂行章程》(1918年12月6日),载中国第二历史档案馆编:《中华民国史档案资料汇编》(第三辑·农商·一),江苏古籍出版社1991年版,第444—445页。
③ 《吉林森林局处务细则》(原件无时间),吉林省档案馆藏民国吉林森林局档案,档号:J114-1-486。

吉林森林局创办之初,经费尚有保障,"每年应需经费,在吉省八年度预算尚未加入前,经省署咨由农商部转咨财政部,现经核准,谓此项经费,部中已有预算,应仍由财政厅支发,以策进行"①。然而,随着北京政府财政赤字与日俱增,森林局事业发展大受限制,甚至能否存续都成了问题。1921年10月,黑龙江森林局致函吉林森林局,提及该局经费"蒙省署裁减一半,计实支江大洋一千二百余元,实属不敷支配",苦于经费无着,"副局长洋技师两员,早经裁去"。②

1927年6月,因经费竭蹶,吉林森林局被迫缩小规模,附设于吉林省实业厅内,③局长一职由实业厅长兼充,"对外文件,仍就主管事项,以各该局名义行之",局内应行办理事项,亦由该厅职员兼办,不再另设专员。同时对经费使用严加限定:"自兼局长及指定兼办两局事件之厅员,只须酌支津贴,毋庸另支薪水,他如纸张、笔墨、邮电、刷印、灯烛、柴炭等费,既不另设专局,所需当亦无多。此后两局经费,每月应以吉大洋六百元为度,由国库支给。一切用途,统归该兼局长,请就领总额内,自行酌量支配,不得再行动支山分,以杜虚糜而示限制。"④各分局也因经费不敷,无法应付开支,只得陆续裁并。1919年吉林森林局尚有宁安、珲春、延吉、方正4所分局,至1928年年底,"仅有延珲分局一处","林业不振,已可概见"。⑤

1929年1月,因吉林省农矿厅所定执掌"已将森林局、采金局应办之事包括在内",吉林森林局正式宣布裁撤,所有款项、文卷、器具等,均移交农矿厅接收。⑥属下仅存的延珲森林分局改隶吉林省农矿厅森林事务所,后改组为"延珲森林事务所",原分局长改称"管理员"。

(三) 东三省国有森林整理委员会

南京国民政府农矿部组建后,认为东北森林很有整理之必要,于1929年

---

① 《森林采金两局之经费》,1920年4月3日《远东报》。
② 《黑龙江森林局为询经费是否裁减半数给吉林森林局之公函》(1921年10月),吉林省档案馆藏民国吉林森林局档案,档号:J114-1-370。
③ 《吉林省长公署训令》(1927年6月),吉林省档案馆藏民国吉林省政府实业厅档案,档号:J111-1-121。
④ 《吉林实业厅兼森林采金局公函》,《铁路公报(吉长吉敦线)》1927年第229期。
⑤ 《据森林局呈为核议整顿林政办法宜择要举办各情形仰祈鉴核由》(1928年12月),吉林省档案馆藏民国吉林省政府档案,档号:J101-17-348。
⑥ 《吉林省政府农矿厅第六八号 函各机关为森林采金两局裁撤日期由》(1929年2月),吉林省档案馆藏民国吉林省政府实业厅档案,档号:J111-1-125。

向国民党"三全"大会提交工作报告,将整顿东三省国有林列为五条林政规划之一。① 为落实此事,该部设立"东三省国有森林整理委员会",委任胡庶华、彭志云、皮作琼、姚传法、吴培、林祐光、周国瑞、李希莲等为委员,姚传法为常务委员。② 委员会章程规定:该会直隶于农矿部,专门负责东三省林业整顿,"于必要时,得派员赴三省执行整理事务",待三省林务机关组织成立时,即行撤销。③ 时人对其抱有厚望,媒体评论道:"向来放任之东北森林,此后当有整理之望矣。"④然而,正当其准备施展拳脚,开展东北各地森林调查之际,"九一八"事变猝然爆发,所有工作只得被迫中止。由于其存在时间较短,实际作用并不明显。

以上专业林政管理机构有两个共同点:其一,均为中央直属机关。其二,均为整理国有林、招商经营、放票收费、防止林利外流而设。与清末相较,民国东北林政管理有了很大进步,主要表现为:其一,组织更为健全、职责更加清晰。这种专业机构是东北林政史上从未有过的。其二,设立派出机构,加强对边远地区国有林的管理。其三,在实践中不断总结经验,改进自身,完善功能。

需要注意的是,除了专业林政管理机构外,地方政府机关亦有林政管理之权。如1914年黑龙江省府分设东南路、东北路、北路林业局,"与东三省林务局相辅进行"。⑤ 奉天省实业厅将林务局归并后,在鸭浑、辉柳、新宾、通桓、抚松、本溪、凤城、宽甸等林区设有驻在所,1928年实业厅第211号训令规定驻在所的职责权限"既重所应办之事项,亦凡关于国林之管理与私伐之取缔,以及育苗、造林、植桑、养柞等等"⑥。

相应地,专业机构的管理范围,也因"非专业机构"之存在而显著缩小。如根据1919年6月发布的《吉黑森林采金局与该两省原有各机关划分权限办法》,森林局只负责管理吉、黑二省"除业经发放暨已由政府指定自办,此外其确无业主而未经发放"之国有林,所有公有林、私有林应一概归实业厅办理。⑦

---

① 《农矿部工作报告》,1929年3月16日《申报》。
② 《饬令整理吉黑两省林政》,1929年6月19日《滨江时报》。
③ 《中华民国国民政府行政院农矿部令法字第四五号》,《行政院公报》1929年第22期。
④ 《国府整顿东省林产》,1929年5月22日《申报》。
⑤ 万福麟修、张伯英纂:《黑龙江志稿》卷二十二,财赋志,森林,民国二十二年(1933年)铅印本,第3页上。
⑥ 《奉天实业厅训令第二一一号》,《奉天公报》1928年第5900期。
⑦ 《吉林省长公署训令第一千七百七十号》(1919年6月),吉林省档案馆藏民国吉林省政府档案,档号:J101-8-261。

专业林政管理机构究竟能在多大程度上发挥其"专业"职能,能否与地方机关密切协作、形成合力,值得深入探究。

小　　结

近代东北森林封禁解除以后,森林利用的政策障碍不复存在,森林开发的力度逐步增强,传统森林利用模式开始向近代转变。知识阶层振兴林业的主张,极大冲击了统治者固有的森林利用思路。受其影响,政府对于森林开发的态度趋于积极,不但着手制订产业发展计划,开展森林调查活动,而且制定森林法律法规,成立林政管理机构,试图效仿西方建立一整套行之有效的林政管理体系。这些颇具创造性的工作,对于东北森林资源产业化的重要意义是不言而喻的。

不过也应看到,时人对西方林业知识及林政管理制度的吸收、仿行还处于较鄙陋、较原始的水平上。如林业立法充斥着急功近利的色彩,各种"专业""非专业"林政管理机构并行存在,极有可能滋生纠葛,为日后林政管理的一系列弊病埋下了祸根。此外,日、俄两国主导的森林调查活动,积累了大量原始数据,对东北森林情况的掌握远比中国政府清楚,在无形中抢得了开发先机,为其攫取森林资源、割裂东北林权的行动提供了极大便利。"风起于青蘋之末",日后东北林政管理和林权保护所面临的诸多缺憾与危机,早在产业化的准备环节即已初露端倪。

第三章
近代东北林政管理的具体举措

所谓林政管理，指国家权力机构和业务部门依靠政权的力量，对林业实行的一种业务管理，其"必须建立在科学的基础上，而不是凭有权者随意行事"①。近代东北林政管理主要包括"国有林发放""森林的管理和保护""林业捐税的征收"等3个方面。本章旨在探讨东北林政管理的具体措施，分析其可取之处，指摘其弊病所在，进而分析近代东北林政究竟是"建立在科学的基础上"，还是"有权者"在"随意行事"。

第一节 东北国有林的发放

清末，政府社会控制能力衰微，加之林政管理机构的缺乏，东北森林发放基本处于无序状态。按照规定，凡入山采伐者，应先向地方官厅请领"斧票"，取得官方发放凭证。依兰府规定"斧票"分为两种，"一曰把头票，一曰小股票，小股者，即把头之帮夥者也，向章把头票每张征钱十吊，小股票每张征钱三吊五百文"②。不过，这种放票机制并无审核，亦毫无节制。当时政府还成立了若干木植公司，如光绪二十八年（1902年）设立的木植公司（又称"中国采木公司"），官商共同出资20万两，③"该公司之业务，为协济林商，保护林场及木排"④，由东边道台负责领导和监督。瑷珲地方官员也筹集官商股本银6 000

---

① 柴恒忠、李清盛主编：《林政管理》，农业出版社1991年版，第1页。
② 《吉林行省批桦甸县禀设立森林巡警并呈章程由》（宣统三年四月），吉林省档案馆藏清代吉林将军衙门档案，档号：J1-37-63。
③ ［日］日本产业调查会满洲总局编：《满洲产业经济大观》，1943年印行，第252页。
④ ［俄］苏林：《东省林业》，中东铁路印刷所1931年版，第167页。

两,在库玛尔河创设木植公司。这些公司或"广招巨商,投输资本,官督商办",或"筹拨借款,官商合办"。①

民国初年,农林部通令各地方机关:"凡无主山林,概归国有,其管理机关,行将次第设立",在专管机关未设以前,应由地方官员暂行保护,"自兹以后,倘有到官呈请领地采伐者,亦不得照准"。② 待专业林政管理机构成立后,即参照《东三省国有林发放规则》着手发放国有林,"实行保护利用","已成林者发放,未成林者封禁,以殖产业,而维林政"。③ 自此以后,"承领森林,始有限制"④。

一、国有林发放之程序

民国时期发放国有林,一般须经过申领、勘测、领照等3个环节。大略如下:

(一) 国有林之申领

按照《发放规则》的规定,凡承领森林者须出具承领书,载明以下事项:承领人之姓名、籍贯、住址、职业、年龄、资本金额,承领区域之界址、面积、木植数目、种类、大小、长短,以及采伐计划、运输设备、制材设备等。承领人如系公司法人,除以上各项外,还须注明发起人和经理人之姓名、籍贯、住址、职业、年龄及公司章程。以下为吉林省森林局受理的一份森林承领书:

承 领 书

(1) 承领人王珍五,年三十七岁,奉天沈阳县籍,现住吉林省城东门里,职业[经]商;

(2) 资本金额吉大洋五千圆;

(3) 界址东至江岸,西至万两河,南至濛江,北至万两河分水,面积贰百方里,并附图说;

(4) 承领区内之株数,约拾贰万棵,大者径长一尺八寸,小者径长六寸;

---

① 《议兴爱珲之木植》,1909年1月8日《申报》。
② 《农林部总长咨》(1912年5月),吉林省档案馆藏民国吉林省政府档案,档号:J101-1-182。
③ 郭葆琳、王兰馨编:《东三省农林垦务调查书》,神田印刷所1915年版,第232页。
④ 金梁编纂:《黑龙江通志纲要》,实业志纲要五,林业,民国十四年(1925年)铅印本,第35页下。

(5) 采伐之计画[划],现用本地土法,俟砍俟[伐]发达时,再购外洋大锯;

(6) 运用[输]暂用木杷[爬]犁,后[改]大车;

(7) 制材之设备,暂以本地之铁锯,制成片板,将来拟购火锯,制板道方[木]等项材料。

除承领书外,承领人还应详细绘具林区地图,一并提交审核。为确保所领林场无冒领荒地、重复申领等违规情形,承领人还须觅人作保,拟具保证书。其样式如下:

保 证 书 样 式

具保证人〇〇〇今保得〇〇〇在

吉林森林局请领某县某处林场〇〇方里,实系无人管业、未经发放之国有林,并无将已放之荒地森林,或不通知荒地业主,冒充国有森林情事,所具保证是实。

请领人〇〇〇
保证人〇〇〇
中华民国　年　月　日　印(铺保图章)具①

收到申请书后,主管机关首先审核承领书和林区图是否符合规范,如有缺项或讹误,发回补充或修正。其次与登记在册之已发放林区相比对,避免重复发放。如1920年商人梁某向吉林森林局请领汪清、凉水泉、延吉、三道沟等处森林,经该局查实"该商所请,与前任东英等所请,事同一律",因而"未便照准,所请应勿庸议"。② 一旦审查通过,各机构随即派出专员,对申领林区进行实地勘察。

(二) 国有林之勘测

勘测国有林,宗旨在于核实承领书中的各项内容是否属实。林政管理机构工作人员是林场勘测的生力军,他们可以申领一笔勘察经费,保障工作之进

---

① 《令实业厅》(1920年10月),吉林省档案馆藏民国吉林省政府档案,档号:J101-9-409。
② 《请领森林未准》,1920年10月29日《远东报》。

行。如依照《东三省林务局勘测林场旅费规则》，勘测员于出发前提交《旅费概算书》，销差时再上交旅费收据、《旅费精算书》和《旅费日记簿》等，经上级批准后可实报实销，包括火车费、轮船费、车马费、民船费、膳宿费、杂费、特别费在内的7种费用均在报销之列。① 为保证行程安全，节约调查经费，勘测员们一般集中执行勘察任务。如1920年夏，吉林边远地区来省报领森林者甚多，该省森林局鉴于各地青纱障起，土匪活动频繁，为确保安全起见，并未立即前往调查，直至初冬匪患肃清后，方才着手筹备勘察之行。②

地方政府亦承接国有林勘测事务。如1916年延吉县知事收到木材商人李钰的报领申请后，随即派员勘测。经过一番调查后发现，虽"所指区域，较报领之数为多"，但"该处可以采伐之林木，并非一气衔接"，且经长期私砍盗伐后，成材大木已所剩无几，故取长补短后，与承领之数"无甚相差"，"似可准为发放"。该知事遂将承领书抄录3份，连同林区图，一面送往东三省林务局核办，一面分送延吉道尹转呈吉林省长公署"鉴核备查"。③ 再如1922年五常县知事接到王显达报领县境东六道河子森林之申请，遂将荒地执据、承领书、林区图等材料一并呈报实业厅查验。该厅随即委派科员高乃赓与五常县知事朱福庚一道，遵照勘测规则实地踏勘，"据称林区界址，确系东至东岭分水，西至孙姓地，南至南岭分水，北至乌金墨岭分水"，且"并无包套情弊，亦无对外关系"，将调查结果编制报告书，经实业厅转呈省政府，再转咨农商部发给林照。④

为使调查结果尽可能准确，农林部对林区勘测手续有较严格的规定。1921年，该部第925号训令对林场测定作出规范，指出："凡测绘林场，以面积、方向为最要，面积因边长以计算，方向因角度以测定，故角度与边长，均须实地详密测量，方得正确之面积。"应选择适当的参考系，"或以天然物体，或以固定物体，如庙宇、铁道、车站、河岸、交点之类"，其相对于林场的方位、距离，均应测量准确、标示清楚。⑤ 即便如此，因各种主观、客观因素作祟，林场勘测不准确之情形仍比比皆是。

---

① 《农商部饬第三百七十五号》，《政府公报》1914年第879期。
② 《林务调查员将出发》，1920年11月25日《远东报》。
③ 《延吉道尹呈一件指令延吉道呈商人李钰承领三道湾森林请鉴核由》（1916年10月），吉林省档案馆藏民国吉林省政府档案，档号：J101-5-700。
④ 《森林局实业厅呈为会呈王显达报领五常县东六道河子林场并呈附件请鉴核转咨》（1922年7月），吉林省档案馆藏民国吉林省政府档案，档号：J101-1-1153。
⑤ 《农商部训令第九二五号》，《政府公报》1921年第1969期。

(三) 国有林之颁照

经农商部查验,并缴足相关费用后,承领人便可获取部颁林照。如 1923 年农商部收到吉林省实业厅转呈林商李兆彭承领同宾县南细鳞河森林之申请,认为"查无不合,前项森林,应准予承领",特颁给第 77 号执照一张。① 如遇特殊情形,亦可便宜行事,吉林省内土匪横行,时局不靖,"各林商赴部(农商部——引者)领照,不无困难",纷纷呈请森林局予以变通,暂由该局颁给临时执照。经省府许可后,该局与省实业厅共同拟定相关办法,自 1922 年 11 月起,先后发出临时林照 17 张。②

按照《东三省国有林发放规则》规定,部照应每年呈部查验一次。据此,农商部 1924 年第 1207 号训令要求所有持有旧照未换新照者,统限于 1924 年 5 月底止"一律将旧照连同应缴之验照费,一并呈部查验,换给新照",凡逾期者吊销执照,原缴之保证金不再发还。③

关于林照和林权,有两点值得注意。其一,地照与林照不可等同,领有地照者,如未照章承领林照,无权将地上森林据为己有并实施采伐。"土地与林木,原系两事,丝毫不容牵混,而现行发放林章亦只规定林木,并不涉及地权"。"取得土地所有权者,不能包括地上林木而并有,犹之乎取得森林采伐权者,不能包括林地而并有"。④ 财政、农商两部核发《领有地照者承领地上森林办法》第 3 条规定:"凡领有地照者,承领地上森林,应备具承领书,并缴纳勘测、领照保证金等费,其承领书应载各事项,以及勘测等费之数目,均依照《东三省国有林发放规则》第五条至第九条之规定办理。"⑤ 其二,实地勘测程序完成后,并不意味着获取林权,只有部颁林照才是获取森林采伐权的唯一认证。根据农商部 1921 年第 1067 号训令,鉴于"吉省商民,凡报领林场,一经勘测,多视为己有,转相租卖,佐[任]意砍伐",该部特别规定:"凡在未经核准填发部照以前,承领人不得视为己有",如仅经勘测、未经颁照,即行租卖或砍伐森林,一律以盗伐国有林论罪。⑥

---

① 《令吉林森林局第五五二号》,《农商公报》1923 年第 9 卷第 107 期。
② 《森林局呈为临时林照拟明定期限以归一律仰祈鉴核》(1927 年 6 月),吉林省档案馆藏民国吉林省政府档案,档号:J101-16-526。
③ 《农商部训令第一千二百零七号》,《法律周刊》1924 年第 27 期。
④ 《奉天财政厅训令第　号(编号空缺)》,《奉天公报》1929 年第 6038 期。
⑤ 《吉林省长公署布告　第卅七号》(1920 年 4 月),吉林省档案馆藏民国吉林省政府档案,档号:J101-8-416。
⑥ 《农商部训令第一〇六七号》,《政府公报》1921 年第 2002 期。

二、国有林发放之数量

民国前期东北国有林发放,并没有连贯、完整的统计数据。以下就部分已有资料,分别统计各省发放情况。

(一) 黑龙江省

根据《黑龙江志稿》记载,该省1918—1925年发放林场情形如表3-1所示:

表3-1 黑龙江省1918—1925年发放林场一览表①

县 别	林商姓名	林区地点	面积(方里)	发照年月
嫩江县	铁嫩公司	不详	5 085	具体不详
	张文湛	库落尔吉山	200	1918年7月
布西设治局	周澄江	属境东北甘河南岸	200	1920年5月
	陶葵举	他库兰山	200	1919年6月
	周士贞	毕拉河	200	1919年5月
	易敦白	嘎尔东河	200	1919年5月
	李德才	博克图大燎沟雅鲁河	200	1923年10月
	李长惠	阿伦河上游	150	1925年3月
	吕大有	巴里木东沟	100	1925年3月
	任德明	火燎沟三道河上游	100	1925年5月
	杜宝臣	博克图东沟火燎沟	200	1925年3月
	黄建勋	雅鲁河西沟上掌桦皮窑沟	200	具体不详
	黄建勋	羊吉利河	200	具体不详
	陈裕宽	都克他等处	200	具体不详
	胡海山	老西店、雅鲁河等处	150	具体不详
	奎新	甘河上游	200	具体不详
	张继祖	插拉拔沁	200	具体不详
	李俊峰	克伊河北岸	200	具体不详

---

① 万福麟修、张伯英纂:《黑龙江志稿》卷二十二,财赋志,森林,民国二十二年(1933年)铅印本,第4页下—8页上。

(续表)

县　别	林商姓名	林区地点	面积(方里)	发照年月
索伦山设治局	祥裕木植公司	不详	不详	具体不详
	刘采南	托申河北上游	200	1924年7月
	马锡图	绰尔河	200	具体不详
木兰县	林君毅	大青山	200	1919年4月
	马英韬、潘烈荣	摸牛顶山	200	1921年1月
	宋寿彭	木兰河流域之马鞍山	200	1921年1月
庆城县	林森	小伊吉密河	200	1924年6月
	于进之	大伊吉密河	200	1924年6月
	明直宗	大伊吉密河西北河源	200	1924年7月
	曾固本	大伊吉密河北岸	200	1924年6月
	包作材	小伊吉密河上游	200	1924年7月
	许栋	大伊吉密河西北河	200	1924年6月
	高凌霄	县东南安邦河东岸	200	1919年10月
	毕树人	县东南安邦河北岸	200	1919年10月
	夏则中、夏用和	摩云岭	200	1924年6月
	匡正	大伊密河北岸	200	1924年6月
	王克榕、何如桂	藕根河上游大磕子山	200	1922年12月
	何如松、朱克甡	县东北乾邦河上游两岸	200	1922年3月
	傅宗渭	小伊吉河上游西岸	200	1924年5月
	王振荣	小藕根河西岸	100	1922年8月
	张锦堂	大藕根河东岸	200	1923年4月
	周干臣、周彤云	木岭附近	50	1922年2月
	张布公	藕根河	150	1922年7月
龙镇县	黎述	讷河东岸	200	1918年7月
	富荆樸	谟莫尔贝河	200	具体不详
	耿觐文	木句河	200	具体不详
通河县	通原公司	不详	不详	具体不详
	刘益侯	县城东北河中部	200	1924年6月

(续表)

县　别	林商姓名	林区地点	面积(方里)	发照年月
通河县	李子初	西浓浓河沟里河东岸	200	1921年11月
	黄恕	西北河东部	200	1918年7月
	熊毅	不详	200	具体不详
汤原县	通原公司	不详	不详	具体不详
绥棱县	通原公司	不详	2 500	具体不详
	孙宸芳	小鸡爪河	200	1924年4月
	赵敏	讷敏河	200	1918年7月
	曾广渊	黑崴子	80	具体不详
	绥北公司	不详	不详	具体不详
通北县	通原公司	不详	2 500	具体不详
	梁子明	讷谟河东岸	200	1921年1月
	吕振邦	讷谟河上游	200	1921年1月
	李维纲	讷谟尔河东朱尔坤河	200	具体不详
	绥北公司	不详	不详	具体不详
铁骊设治局	铁嫩公司	不详	7 275.4	具体不详
	黎俊	大呼兰河南	200	1918年7月
	王毓英	大伊吉密河右岸	200	1918年7月
瑷珲县	赵国栋	奇拉河	200	1920年5月
	李丹林	占河	200	1918年7月
萝北县	马育材	克尔根	200	1924年7月
	李爱苍	大脑山	200	1920年3月
	齐树枂	克尔松河	200	1918年7月
	绥北公司	不详	不详	具体不详
观都金厂	曹振嘉	嘉荫河上游	200	1924年7月
	梁之济	同上	200	1924年7月
呼伦县	中日俄合办札免公司	不详	不详	具体不详
	俄商卧伦错夫	不详	300	具体不详
	俄商义什马果夫	不详	700	具体不详

由表 3-1 统计,8 年之间,黑省共计发放林场 74 片,总计面积在 29 640.4 方里以上。

(二) 吉林省

根据 1930 年的统计,吉林省已放国有林情况如表 3-2 所示:

表 3-2 吉林省已放国有林一览表(1930 年统计)①

县 别	林场数目	面积(方里)	承办人数	资本(元)
吉林	6	430	6	312 000
濛江	3	696	4	400 000
额穆	22	4 430	11	1 120 000
桦甸	31	5 685	31	2 179 000
敦化	12	2 198	12	780 000
敦桦交界	2	400	2	100 000
敦额桦交界	1	83 116	1	不详
延吉	10	872	10	139 000
和龙	6	575	8	170 500
汪清	8	990	8	295 400
珲春	1	200	1	80 000
汪珲交界	1	200	1	80 000
宁安	7	1 315	12	292 000
五常	5	756	5	655 000
同宾	15	1 342	17	1 309 000
方正	7	1 087	8	1 550 000
穆棱	5	175	7	330 000
虎林	1	200	1	300 000
密山	1	150	1	50 000
东宁	2	350	2	50 000
合计	146	106 052	148	10 011 900

① 贾成章:《东北农林业之调查》,《中华农学会报》1930 年第 75—76 期。

其中濛江县所放国有林情况如表3-3：

表3-3　濛江县已放国有森林一览表①

承领人	林　界　四　至	采伐期限	发放时期
高启明	林场坐落县属头二三道花园森林，东界松花江，西界老龙岗，南界大夹皮沟，北界濛江	10年	1916年1月
袁贵等	坐落县属五金顶，东至驼腰子，南至濛江，北至煖木条子沟	5年	1918年3月
李子宾	坐落县属大北山，东至板子河，西至五台山，南至珠子河，北至老龙岗	5年	1918年3月

(三) 奉天(辽宁)省

据奉天林务局统计，"民国六七两年，准予承领兴、桓、安、抚等县大小面积林场约有三四十起，面积共有三千三百方里之多，其发放林地之骤增，实为从前所未有"。具体情形，详见表3-4：

表3-4　奉天林务局1917—1918年发放大片国有森林一览表②

报领姓名	县　分	地　点	面积(方里)	报领年月
刘海泉	抚松	万里河子	200	1917年3月
谈绥馨	安图	头道白河西南岔	200	1917年3月
孙善堂	安图	东南岔西北岔	100	1917年4月
王德香	柳河	大小滩平小金川	110	1917年4月
洪涛	安图	露水河	合计200	1918年1月
	抚松	松香河		
刘伯仁	安图	三四道白河	200	1918年1月
陈绍清	安图	二道白河	100	1918年1月
李书元	安图	娘娘库	190	1918年2月

---

① 《濛江县已放国有森林清单的呈》(1918年6月)，吉林省档案馆藏民国吉林省政府档案，档号：J101-7-296。
② 奉天林务局：《奉天林务局办理各项事宜成绩(民国五年至七年报告)》，《农商公报》1920年第6卷第67期。

(续表)

报领姓名	县 分	地 点	面积(方里)	报领年月
崔安甫	安图	五道白河	193	1918年3月
崔遯农	抚松	松江河	185	1918年3月
力同生	抚松	石头河	195	1918年3月
孙遯如	抚松	东石头河	195	1918年4月
岳云宝	安图	古洞河大沙河	175	1918年4月
昌兴公司	兴京	滚马岭等处	200	1918年6月
郑惠亭	兴京	地车子沟等处	170	1918年8月
吕纯龄	兴京	砍椽子沟等处	200	1918年8月
田应五	本溪	铁叉山	48	1918年11月

以上林场共计18片,总面积2 861方里。

另据1931年统计,辽宁省各县国有林发放面积如表3-5所示：

表3-5 辽宁省各县已放、未放国有林比较表(1931年统计)[①]

县 别	已放面积(方里)	未放面积(方里)
本 溪	900	510
新 宾	440	430
辉 南	310	350
宽 甸	310	350
桓 仁	250	250
临 江	—	210
凤 城	210	160
开 原	20	20
金 川	20	20
沈 阳	—	10
清 原	—	10
总 计	2 460	2 320

① 东北文化社年鉴编印处编:《东北年鉴(1931)》,1931年印行,第1362页。

从表 3-5 可知,因国有林到期收回、政府限制发照等因素,1931 年辽宁省已发放国有林面积较之 1918 年缩减约 400 方里。该省国有林已发放面积超过了总面积的半数,相比之下,受交通不便、人口稀少等因素制约,黑龙江省国有林报领比例则一直较低。据黑省农矿厅 1930 年调查,该省国有林"已经发放者,固属不少","然交通不便之处,仍有大面积天然林存在,因人迹罕到,经营困难,至今仍无人呈领,黑省东北延边一带,到处皆如此也"。[1]

三、"重复包套"之弊病

"重复包套",系因国有林发放时四至界限勘测不确,或多次重复发放,导致林场边界互相嵌套的现象。这既由林政管理机关职权重叠、互相掣肘所致,也与林场勘测人员消极怠工、办理马虎有关。当时"重复包套"情形极其常见,如吉林省政府认为全省已放森林多被包套,以致讼案迭出,"若已往者,尚未勘划明白,而新领者,又复继续不已,势必益滋纠纷,永无清结之一日"[2]。王庆三也认为:"吉省国有林,除少数境界显明者外,多被林商侵占,往往数十倍于承领之面积。又官银钱号与林商之包套,林商与林商之重复包套,在在皆是,互相争夺,钩蔓纷纭,实有难于应付之感。"[3]甚至"九一八"事变后伪吉林省政府仍在为"重复包套"之弊而苦恼不已。1932 年 2 月,伪额穆县长报告境内"以山林辽阔,从未清勘","以致越界侵伐者有之,图赖包套者有之,虽经查禁,奈无显然界域,易致含混,源源靡止,不胜其扰"。[4]"重复包套"问题经久未决,已经积重难返。

林场重复发放,根本原因在于发放权限纷乱不堪,未能统一。清末,工程司洋员巴斯报告奉天行省公署"时有无权发给执照之中国小官,擅自发给砍木执照"[5]。民国初年东北地区森林发放混乱,"或设专局管理发放,或由税局兼任办理,随地自为风气,事权尤难统一,成效未著,积弊丛生"。有鉴于此,1914 年 5 月,农商总长章宗祥通令三省民政长官,凡山林发放,不论领照、换照,均

---

[1] 贾成章:《东北农林业之调查》,《中华农学会报》1930 年第 75—76 期。
[2] 《吉省署令吉林各林场暂停发放》,《农商公报》1925 年第 11 卷第 126 期。
[3] 王庆三:《整顿吉林林业意见书》,《农矿月刊》1929 年第 1 期。
[4] 《为额穆县政府拟由县派员勘丈国有私有森林所需款项请由解省山份开支应否照准祈核示由》(1932 年 2 月),吉林省档案馆藏民国吉林省政府档案,档号:J101-18-783。
[5] 《工程司巴斯条陈吉江两省整顿木植由》(宣统三年八月),辽宁省档案馆藏清代奉天行省公署档案,档号:JC10-1-10914。

应呈送农商部,或经由林务局转呈,"不得任意发放,致滋纷扰",①试图将发放权力集中到专业林政管理机构手中。

1914年9月,农林部又对《修正东三省国有林发放规则》第4条②做出规范性解释。该条所称"禀请县知事及其他林务机关勘测","原以山僻道远,勘测繁难而设",为保持林务局行政权力之统一,仅限奉天省洮南县,吉林省延吉、密山、饶河3县,以及黑龙江省黑河道所属各县知事有权代为勘测。县知事在完成勘测后,须将报告提交林务局备案,"以免分歧"。③ 不难看出,该部一方面希望各县知事对林场勘测予以辅助,一方面又想方设法监督其工作、限制其权力,防止其胡作非为,最大限度维持林政管理的统一。

然而,在实际操作中,专业林政管理机构人数不足、经费拮据,面对所辖广大林区,常有力不从心之感。因"县知事既为地方当局,且为临民之官,对于地方各种事务之管理,亦系近水楼台",故"不得已,只有乞援于县知事",地方政府也就普遍获得了森林发放权。④ 森林局行将撤废之际,因经费受限,力有不逮,连部分基本业务也要地方官厅代为办理。1925年吉林森林局制定的《办理未放国有林暂行简章》第4条规定:"在布告禁止盗伐之林界内,如有木把、木商欲从事采伐,应于秋末入之前,赴主管各县声请,拟砍伐林木地点,经县查明界址,确无纠葛,并不违背森林法各条之规定,然后发给砍[木]执照。"⑤这意味着森林局将林场勘测、发照权完全让渡给各县政府。南京国民政府时期,东北林政仍未实现统一。1929年12月颁布的《吉林省政府农矿厅办理未放国有林暂行简章》第5条规定:各县政府和省农矿厅延珲森林事务所共同受理民众伐木申请,经审核通过后,由农矿厅制作砍木执照,"交各该管官署,随时填发"。⑥

各地方政府获得发放权限后,滥用权力、滥发票照之事时有发生。如吉林各县常以行政费用不足为由,向省实业厅申请发给砍伐照票,以增加政府收

---

① 《农商部训令第三〇一号》(1914年5月),吉林省档案馆藏民国吉林省政府档案,档号:J101-1-182。
② 条文内容为:"承领森林者,须具承领书,禀请林务局勘测,详由农商部核准,或禀请县知事及其他林务机关勘测,详由道尹转详巡按使咨陈农商部核准。"
③ 《咨 第一一四一号 中华民国三年十月五日到》(1914年10月),辽宁省档案馆藏民国奉天巡按使公署档案,档号:JC10-1-4551。
④ [俄]苏林:《东省林业》,中东铁路印刷所1931年版,第57页。
⑤ 《吉林森林局规定国有林暂行章程》,《东省经济月刊》1925年第1卷第9—10期。
⑥ 《农矿厅呈为修改办理未放国有林暂行简章仰祈查核令遵》(1929年12月),吉林省档案馆藏民国吉林省政府档案,档号:J101-18-783。

入,"此种斫伐照票,系一种伐木许可证,其斫伐票期限为一年,注明斫伐四至,领取票费为吉林大洋十元,斫伐面积,为东西方圆二百里不等,一年期满,得继续换领新票"。各县照票发放工作均由税务官员负责,"多任意填写四至及河山地名",至于林场是否已放、有无包套情形,均不闻不问,"纵有因自领林场,复被发行斫伐照票,横遭蹂躏,前往质问,税吏则饰词支吾,拖延不理,以致纠纷终无底止"。一些狡猾林商看到承领部颁林照手续较多、为期较长,而从税官手中领取砍票程序较简、费时较短,且"仅须稍事贿赂,便可得良好林地,遂均从事于此捷径也"。①

因事权不一、政出多门,地方政府在处理林场纠葛时,亦颇感棘手。1920年5月,五常县知事报告,全县积压各类包套诉讼案件不下七八起,"类多奉文饬县调查"。这些案件中,"其无林照者姑不具论,即有林照者,当原领时,并不在县立案,亦未蒙经管发放林照之机关,将原案发县",直到林场纠葛发生时,方才要求县府调查。该知事认为"大凡调查山林地亩,须有案卷,须有山图或地图,方有根据",然而这些材料均存于省城,致使调查工作无从着手。况且知事一职"行政、司法萃于一身,又值兹地方匪患频仍,筹防筹剿日不暇给,岂能自往查勘",势必假手他人办理,如此耗费川资,"亦恐查不明晰,讼争仍无了结之日"。② 事权不一、政出多门,既是林场重复发放的根本源头,也是其难以彻底解决的制度性障碍。

此外,勘测人员不按发放规则办事,或不愿实地勘察,或办理敷衍,所得数据错谬百出,承领者得以肆意扩展界限,加剧了林场包套的多发趋势。按照规定,各林商承领林区面积,最大不得超过200方里,然而实际占有面积"或数倍于报领之面积,或十数倍于报领之面积,纵横侵占,任意滥伐"。之所以如此,当林场发放之际,勘测员仅凭林商陈述,绘出林场图样,标注四至、地名,并未实地丈量林场面积,更未树立林区界标,林场界限模糊不清,"东西可以移动,幅帧随时出入"。③ 时人评价,勘测员"能实际勘查,四至划清界限者,百无一人,大概畏路途之修远,惮胡匪之骚扰,不敢深入"。即便能实地探查,受各种因素制约,其工作实效也大打折扣,"其勉由远处望见,所查森林者,已属难能,

---

① 陈嵘:《历代森林史略及民国林政史料》,金陵大学农学院森林系林业推广部1934年印行,第117页。
② 《五常县呈为控争林案拟定三种办法请鉴核》(1920年5月),吉林省档案馆藏民国吉林省政府档案,档号:J101-9-140。
③ 《签为整顿国有林暨清理私有办法仰祈鉴核采择施行事》(1928年11月),吉林省档案馆藏民国吉林省政府档案,档号:J101-17-348。

余均仅探询山河之名,即据以造图立说,循例呈报。"①主管部门亦不知呈报是否如实,其中有无包套重复,径直发给林照,自然容易滋生纠纷。如民国初年朱茂等人请领长寿县亮子河林场,黑龙江林务分局收到承领书、林区图后,并未加以详细测绘,致使"该照内所开面积、界址、方向、里数诸多不合,且地名、人名亦与图内所列互有歧异"②。再如1921年黑龙江森林局受理林商程福申领通北县安古镇南节地方林场后,所绘林区图内没有标出角度、距离,"似系未经实测,任意划除,诚不足以昭核实"。③

总之,"重复包套"接连发生,林界纠葛争讼不绝,根源在于林政管理分歧不一,林场勘察敷衍塞责。正如苏林所言:"已经出放之林地,又为第二次之出放,即在同一地段之上,发现两个采伐权,此类情事,尝因县知事各欲行使法令所赋予之职权而发生。最奇者,在同一地段之上,尝有数人持有部颁许可执照,各自主张权利,林木未采,而关于权利之争执,迄无已时……颁发许可执照之农商部,远处数千里之外,又无就地调查之可能,故林界之混淆,殆为自然之理,抑且为绝对不能避免者。"④

第二节 东北森林的管理与保护

近代东北森林管理举措,大略可分为取缔私伐、维护治安、兴办教育等3个方面,尤以取缔私伐为工作之重心所在。这些管理举措取得了一些成效,但因政府重视程度远远不够,还存在很多不到位的地方。

一、取缔私伐,维护国有林利

所谓私伐,是指木把未经申领执照,私自砍伐已放、未放国有森林的行为。清末,"因林政紊乱","无票入山中采木者,亦往往有之",⑤"凡失业之流氓、地

---

① 贾成章:《东北农林业之调查》,《中华农学会报》1930年第75—76期。
② 《农商部指令第一百十一号》,《政府公报》1914年第642期。
③ 《农商部训令第七四三号》,《政府公报》1921年第1929期。
④ [俄]苏林:《东省林业》,中东铁路印刷所1931年版,第54页。
⑤ 裴锡颐:《东北林产与日本》,《新亚细亚》1931年第3卷第3期。

痞,罔不视山林为利薮,视木材为无主之物,竞相采伐"①。政府禁不胜禁,索性听之任之。民国以后,政府痛感"若非严令禁止,则执照之采伐权徒为虚文,而商[民]历年经营之血本无所取偿矣"②,为确保国有林税费收入,维护承领人的合法权益,开始重视对私伐行为的打击。

(一)专业机构的缉私举动

各省专业林政管理机构多能重视查缉私伐。如吉林森林局曾迭次敦促属下各分局注意缉私,其所发第60号训令指出:"兴利除弊,为政所先,林政大端,斯乃急务,本局驻珲春第二分局暨驻延吉第三分局,与本局一体同功,均宜力加整顿,所有局务之进行,部留林区之保护,以及查禁盗伐有无弊混……合亟令仰该股长,驰往各该分局,实地确察,详晰具报,以凭核夺而资策励,勿得瞻徇,有负委任。"第68号训令指出:"案查宁安、珲春、延吉各分局所属境域,土地广袤,森林繁蜜[密],比年以还,虽经部留暨发放多处,其未经发放之国有林,各该分局暨地方行政长官,对于保护是否周密,禁止盗伐是否励[厉]行,应即随时具报,毋得滋扰,致干咎戾。"③对缉私的重视程度,由此可见一斑。

如发现私伐行为,一般予以严厉打击。如1917年,吉林宁安林务分局鉴于辖境森林多为国有,而民众私砍盗伐已成习惯,长此以往,"郁郁苍苍者,势必一变而为童山之濯濯",决定将境内森林分为小片林区,先将三道河子划为第一林区,并制定《宁安第一林区管理暂行规则》,设置稽查1人,巡差4人,专司巡察保护之责。④除于伐木场所详细检查外,专业机构还在木材运输通道上设岗盘查。如1920年2月,吉林森林局驻延吉第三分局拟在百草沟、六道沟两地设置临时检木所2处,由该局派员常驻监管,对编簰下放之木料逐一加以检查。该局亦将驻地移至延吉县城,就近监督各检木所工作,"且可检查布哈通河之木料"。如此"罚款加多",希望"来年私伐木把,亦可视为前鉴,无复希图"。⑤

---

① 连濬:《东三省经济实况概要》,观海时事月刊社1931年版,第164页。
② 《额穆县森林局商人王匡承为请求处理严禁盗伐林木一事的有关呈文及吉林省长公署的训令》(1919年10月),吉林省档案馆藏民国吉林省政府档案,档号:J101-8-355。
③ 《吉林森林局关于派员调查宁安延吉珲春等县林业情形的训令》(原件无时间),吉林省档案馆藏民国吉林森林局档案,档号:J114-1-86。
④ 《呈 中华民国六年八月廿二日到》(1917年8月),吉林省档案馆藏民国吉林省政府档案,档号:J101-6-112。
⑤ 《为呈请设立临时检木所稽查出口木料仰祈鉴核事》(1920年2月),吉林省档案馆藏民国吉林省政府档案,档号:J101-8-184。

不过,这些专业机构常因经费不足、人手有限,不得不借力于地方官厅。如据 1921 年 1 月吉林森林局驻宁安第一分局报告,在该局治理之下,辖区木把盗伐曾一度有所收敛,"入山盗伐者实属无几"。不久后因经费缩减,运转困难,"各职员及林警悉数裁撤",不法木把"似觉无人调查之势",纷纷复出蠢动,盗伐者逐渐增多。无奈之下,只得提请宁安县署派出数名警察,协助该局入山查禁。① 又如 1920 年黑龙江省森林局出示晓谕,一面告诫民众"对于官林不得私行砍伐",一面请求当地警团"随时随地加意保护"。②

(二)地方政府的缉私努力

当专业机构困于经费、行动受限时,各级地方政府的缉私作用开始凸显。一般情况下,国有林承领人在取得林照后,应呈请地方政府发布公告,明示林场四至,将所领林区置于地方政府保护之下,以免私人盗砍滥伐。如 1919 年 11 月,林商盛梦琴获准承领额穆县张广才岭西金沙沟森林后,呈请省长公署转令该县发出布告,面向公众声明:"照得乌林沟南山一带林区,东至庆岭,南至大黑山,西至泥鳅沟,北至乌林河,东南到平顶山,西南到富太哈,西北到小青岭沟,东北到张广才岭,业经盛梦琴承领,并经吉林林务局派员勘测报部在案,兹因主权攸关,特派专人看守……一切外人毋得自由砍伐运行"。省府接到申请后,除令县知事发出布告外,并转饬所属警团"随时严禁盗伐,妥为保护,以维林业"。③

各级政府不时发布命令,禁止各类私砍行为。额穆、敦化、舒兰、五常等县林产蕴藏丰富,因清末以来"林政不讲,保护未周",致使"年久腐朽者有之,民间私伐者有之,以至天然大利,消灭无形"。吉林省行政公署有鉴于此,于 1914 年初训令各县知事妥善保护境内森林,严禁民众私伐行为。④ 1928 年,奉天实业厅训令东边道所属长白、临江、通化、辑安等县知事,对于未领采木执照或森林许可证之木把、商民,"应即一律不准砍伐",倘有违反者,即予查拿法办。⑤ 1929

---

① 《吉林森林局宁安第一分局关于派警入山调查请筹拨旅费的呈文》(1921 年 1 月),吉林省档案馆藏民国吉林森林局档案,档号:J114-1-64。
② 《取缔砍伐官有森林》,《黑龙江实业公报》1920 年第 3—5 期。
③ 《吉林额穆县盛梦琴为送抄承领国有森林给照采伐的呈文及省长公署的批训令》(1919 年),吉林省档案馆藏民国吉林省政府档案,档号:J101-8-360。
④ 《训令额穆等县为辖境所有森林妥为保护饬即知照》(1914 年 1 月),吉林省档案馆藏民国吉林省政府档案,档号:J101-3-388。
⑤ 《奉天实业厅训令第九二八号》,《奉天公报》1928 年第 5976 期。

年,吉林全省公安管理处认为各县森林甚多,"虽经林警保护,仍恐不周,难免无人砍伐,有失林权",命令各县公安局对于境内林区加强巡查,以资保护。①

为激发属下实地巡查的积极性,政府专门制定《缉私提成充奖规则》。深入密林稽查私伐,路途遥远且充满艰险,"林密山多,胡匪充斥,查禁盗伐,实非易言,非冒险不足以进行,即任劳亦必有积怨,是以每派一员、遣一警,莫不如入虎穴,视同畏途"。1921年5月,吉林森林局驻珲春第二分局局长建议省政府,于取缔盗伐收入项下提出三成作为奖赏,以资鼓励,如此"费款不过十之三,而收入加增,盗罚加少,似于林政前途,裨益非浅",②经省长批准后在全省范围内施行。

在各方努力下,缉私行动取得了一些效果。如1920年9月,抚松县知事委派巡官查获并封存把头王玉发私自盗砍之木料300余副。③ 1929年6月,辽宁省农矿厅在该县设置林区驻在所后,林木缉私更加有力,"森林得以管理,私伐得以禁止"。④ 然而,东北森林区域广阔,林区交通不便、治安复杂,给查缉工作增添不小困难,各管理机构倍感有心无力。

二、消除隐患,维持采伐秩序

为保证林场的正常采伐秩序,杜绝匪患、火患及垦殖显得非常必要。因"林务局权限,专在发放森林;保护之责,仍在行政范围"⑤,这些工作多由地方政府或驻军承担,专业林政管理机构一般并不插手。

近代东北深山丛林中盗匪出没,打家劫舍,"行旅者有戒心焉,名之曰红胡子"⑥。这些丛林匪帮在严重危害社会治安的同时,也阻碍了林区正常采伐作业的进行。为此,各地政府和军队成立森林警察、保安团队,专门负责清剿林场匪患。清末桦甸县曾组织森林巡警,其《试办章程》规定:"森林山野乃行政

---

① 《令各县保护森林》,1929年6月19日《盛京时报》。
② 《呈为缉获伐木提成充奖以资鼓励仰祈鉴核事》(1921年5月),吉林省档案馆藏民国吉林省政府档案,档号:J101-10-1070。
③ 《奉天省长公署为实业厅呈王玉发盗伐国有林请饬县罚办事》(1920年5月),辽宁省档案馆藏民国奉天省长公署档案,档号:JC10-1-27924。
④ 张元俊修、车焕文纂:《抚松县志》卷四,林业,民国十九年(1930年)铅印本,第27页上。
⑤ 《业字第三百三十二号》(1914年5月),吉林省档案馆藏民国吉林省政府档案,档号:J101-3-1164。
⑥ 郭熙楞纂修:《吉林汇征》,载杨立新整理:《吉林纪略》,吉林文史出版社1993年版,第217页。

巡警中应行之职务,只因本境地势旷阔,巡警查察难周,是以增添名额,分驻各林森密地方,故定名曰森林巡警。"所有森林巡警均从行政巡警中抽调,仍归警务公所督率,以统一事权。森林巡警巡视重点包括境内富尔河、古洞河、头道江、二道江等森林葱郁、土匪活跃之区。每当夏、秋两季,林木最为茂盛,森林巡警更应认真搜查,"务使匪徒无处潜伏,始为不负责任"。如发现隐匿匪徒,"即当捕获送区";若寡不敌众,应请求附近行政巡警或预备巡警及时增援。①

民国以后,一些地区依据实际情况,灵活设置森林保卫团队,积极整编森林警察队伍。如吉林省方正县大罗勒密镇丛林茂密,1917—1918年,有数家木植公司在此招工采伐,获利颇丰,"地面亦因此发达"。然而好景不长,因土匪横行,地方不靖,相继被迫停业。1924年,营口海防练军营长鲍毓材派人经营裕方公司林场,在该镇组设毓材采运处,并拨派海防军30余名"前来保护",地方因此重归安宁。其他公司听闻消息,相继恢复营业,"现已成立者,除毓材、裕方两家外,尚有镜波、阜济、利民等三家"。各公司感戴海防练军实地防卫之功,共同议定自所采木材中提出5%作为粮饷,并以该军"兵力过单,不敷分布",赞助其扩充编制,就地补募至120人,由鲍毓材定名为"吉林陆军森林保安队"。该队扩编后,设大队长1名,其下分为3个中队,各设中队长、排长等名目,分驻各区,保护地方林业更为得力,"各该林场,现正修路设轨,大事伐运,方资该队保护"。②再如长白山一带"原为胡匪出没渊薮",鸭绿江采木公司职员及林场"被其掳掠蹂躏者,已有数起",长白、八道江、通化、帽儿山等地"均曾罹害","虽军警入山剿捕,然地方辽阔,此拿彼窜,肃清无期"。该区林商被迫添设护勇,与军警协同维系治安,并制定奖励、抚恤办法,以资激励。③

为应付愈演愈烈的匪患,部分地方政府也注意扩充森林警察队伍。如1916年黑龙江省警务处长杨霁高有鉴于全省"胡匪素伙","迭次呈请添设山林警察,以清盗源",经省议会批准,自是年冬季起开始增设。④ 1920年,东北地区匪焰正炽,"为保护东边森林起见",当局两度扩编林警。5月,拨发添编费5 000圆,拟增编2个营,派员分赴各县招募警员。⑤ 8月,鉴于"各属匪患蜂起,

---

① 《呈为开送事谨将桦邑办理森林巡警拟具章程开折呈送宪鉴》(原件无时间),吉林省档案馆藏清代吉林将军衙门档案,档号:J1-37-63。
② 《为呈覆事案查前以方正县森林保安队私立名目抽收山分并有包庇种烟等情一案》(1924年8月),吉林省档案馆藏民国吉林省政府档案,档号:J101-13-275。
③ 《鸭绿江采木公司创立第十周年营业汇编》,1919年印行,第61—62页。
④ 《添设山林警察》,1916年11月16日《远东报》。
⑤ 《将实行招募林警》,1920年5月25日《远东报》。

防务紧急,军队无多,警团又不敷派遣",再度筹拨经费 3 000 元,计划扩编林警 500 名,"以协助防务而剿捕匪患"。①

一般而言,凡专设森林警察之区,土匪活动都会有所收敛。如黑龙江省海伦县"乾字八行与正红旗迤东深山大林,向为胡匪出没之地","兵来则入山隐藏,兵去则按户抢劫,是以沿山居民纷纷远逃"。自该县设立林警后,"实地巡查,匪徒绝迹,地方赖以安宁,所有逃民复又陆续搬回,方冀地方可以渐渐发达"。②

除剿匪外,地方政府对森林野火、毁林开垦等天然或人为险情也有所措置。就前者而言,为避免森林火灾发生,1914 年 6 月,鸭绿江采木公司理事长钱鑅、村田重治二人拟就《处置垦荒及火患事宜》15 条,呈请奉天巡按使转饬各地方官遵守。该条例要求地方当局应将森林火灾之危害及防范措施,明白宣示入山木把和周边垦民。主要内容包括:其一,遇到暴风天气时不得点火,并严禁在林区留置烟灰、火柴等引火之物,在林地用火后,必须完全扑灭火苗。其二,动员民众组织消防队,以备不时之需,如遇失火,务必从速扑灭,若一时无法灭火,应尽快报告地方官员或采木公司分局职员。其三,地方警察、巡防营遇有火灾,须极力援救,如遇天干物燥,应赴森林深处反复巡视,对于森林与垦地交界区域尤须格外注意。其四,消防队和巡防营应加强救火演练,提升救火技能。③

就后者来说,1924 年,奉天省长公署接到呈文称:东边道所属各县民众贪图小利,常将林木连根刨掉,开垦种田,致使"山无树根之阻水,每遇雨多,山水冲刷,沙石俱下,良田为沙石流积,变成瘠薄",对生态环境破坏甚巨,这种情况"以通化为最甚,而他县亦当不免"。省长认为"各知事并不知严禁,其咎在知事者,较愚农之无知,尤堪痛恨",训令所属严禁私垦,凡办理散漫、禁止不力者将被惩处。④ 兴京县第九区区长于占洋接到命令后,考虑到辖境地处偏僻,地域辽阔,"虽即不时往查,惟恐查禁难周,势非责成各村长副十家长等,就近稽查,不足以资保护",特别召集各村长、村副等训话,要求随时监视管区内私垦滥伐行为,"分段保管,各负责任",如发现后及时上报,不得有所隐瞒。⑤

---

① 《拟再编林警五百名》,1920 年 8 月 1 日《远东报》。
② 《呈道尹森林警察势难裁撤由》,载《黑龙江海伦县政治报告书》,印行年月不详,第 56 页。
③ 《详为请饬严禁森林区域放火垦荒事》(1914 年 6 月),辽宁省档案馆藏民国奉天省长公署档案,档号:JC10-1-4602。
④ 《呈为具报保护森林遵办情形报请鉴核事》(1924 年 7 月),辽宁省档案馆藏民国奉天省长公署档案,档号:JC10-1-7796。
⑤ 《呈为遵将保护林木办理情形覆请鉴核事》(1924 年 8 月),辽宁省档案馆藏民国奉天省长公署档案,档号:JC10-1-7794。

三、兴办教育,培养管理人才

(一)林业学校之兴办

近代以前,中国并无专业森林学校之建置,林学知识通过口耳相传的方式传布,范围狭小、难成体系。随着近代东北森林产业的迅速发展,林业专门经营、管理人才需求量渐增,传统教育已经不能满足社会需要,以集中授课、系统讲学为特征的林业专门教育机构应运而生。如果说清末是东北林业教育的萌发期,北京政府时期则是东北林业教育的初步发展期。据1927年统计,全国专门(相当于专科)及以上办学层次之农林类院校共10所,均不在东北地区;全国甲种农林学校共74所,其中奉天省2所,吉林省、黑龙江省各1所。[1] 此处以林业教育最为发达的奉天省为例,略作简述。

清末,奉天劝业道黄开文以全省"沃野漫衍,边徼荒陬、地多未辟,山林木材良多委弃","亟思造就垦植人才,以备录用",[2]呈请徐世昌创设林业学校,获得批准。光绪三十三年(1907年),在学堂监督郭宗熙的督办下,奉天省城官立中等森林学堂开工建造,其经费"由学务公所在学务经费项下,拨款八万金"[3],于次年正式成立。学堂内设森林预科、本科及速成班,首批招收60名学生,每年续招,以300名为定额。1911年与省城农业学堂合并,定名奉天官立农林学堂,林科第一级46名学生于1912年毕业。1913年8月,该校改为奉天省立农业学校,次年改称奉天省立甲种农业学校,1919年6月,奉命停办,所余学生并入沈阳高等师范学校。从创办至停办的11年间共毕业学生499名,其中林科学生154名。

近代东边地区盛产森林,有设立森林学校的必要,时人指出"安东一带,山陵起伏,土质膏沃,最宜林业,徒以林学未兴,以致利弃于地"[4]。民国以后,在政府和民间共同推动下,该地创办森林专科学校1所。其前身为1910年创设的安东两等小学,1912年8月更名为安东县立中学校,1917年8月因经费问题不能招生,改归东边道署管理。1919年8月,在安东总商会长王筱君倡议下,政府在道立中学内添置森林科。1920年7月,又将道立中学停办,改为奉

---

[1] 凌道扬:《近年来中国林业教育之状况》,《真光》1927年第26卷第6期。
[2] 辽宁省教育志编纂委员会编:《辽宁教育史志资料》(第1集),辽宁大学出版社1990年版,第316页。
[3] 《拨款修造森林学堂》,1907年6月24日《申报》。
[4] 《奉天筹办森林学校》,《教育周报》1913年第8期。

天省立东边甲种森林学校,"以应地方急需"①,归省教育厅直接管辖。该校常年经费暂定"大洋一万四千五百七十六[圆][每]年,教育厅按年补助奉大洋五千圆",其余部分归安东总商会负责筹措。② 生源方面,从原奉天省立甲种农业学校抽调学生至该校学习,划为一年级生;将森林科在读学生编为二年级;"并续招第三学级,来年秋再招第四学级,即以招足四级为定额,四年后按年毕业一级招生一级,以期级次衔接"。1923年1月,该校因办学效果良好,"历经省视学报告,该校成绩尚优"③,获准升格为奉天省立东边林科高级中学校。1924年,奉天省教育厅的一份视学报告指出:"该校(奉天省立东边林科高级中学校——引者)校址在安东元宝山前,地势幽雅,校舍宏壮,山高林密,景象极佳。操场在院外,平坦适用;教室、宿舍,修治清洁。关于理科仪器、标本、测量器具以及各种设置,均能敷用。又在元宝山前面,辟有学生实习林场一处,由学生分组实习,培植各种树苗,颇见成绩。"④对该校办学成绩颇多肯定之语。

鸭绿江采木公司也曾开办过林业讲习会,每年招收20名中日学生,传授基本林业知识,讲授科目如下:"一、鸭绿江森林及林业;二、木材积尺计算法;三、伐木造材运材法之大要;四、鸭江主要树种识别法;五、简易测量法及制图学;六、语学,华/日生则习日/华语;七、法则惯例;八、簿记;九、卫生谈话;十、护身器使用法。"授业期限自每年12月1日至翌年3月末,学员经考试合格后授予证书,分配该公司各分局充任检查助手。⑤

按照著名林学家贾成章的设想,以东三省面积之广,林产之丰,各省应至少开设林科专门学校1所,"以为造就高等技术人才之需"。学员毕业后,择其成绩优良者进入各林区实习,两年之后"即备位为小林区署长之选"。每省还应广泛设立中等林业学校,"若每校能容学生百余人,则每省设此等林业学校,至少应在四五处以上"。⑥ 显然,就奉省而言,尚未达到这一标准,更遑论林业教育较为落后的吉、黑二省了。即便如此,近代东北林业教育的进步,还是有力

---

① 《咨奉天省长东边道立中学拟改办甲种森林学校准予备案惟应报事项册文》,《教育公报》1920年第7卷第10期。
② 《呈为东边道筹设甲种森林学校请鉴核转咨备案事》(1920年7月),辽宁省档案馆藏民国奉天省长公署档案,档号:JC10-1-2817。
③ 《呈为东边甲种森林学校拟改为奉天东边林科高级中学校恭请鉴核示遵事》(1923年2月),辽宁省档案馆藏民国奉天省长公署档案,档号:JC10-1-29604。
④ 《奉天教育厅训令第三九二号》,《奉天公报》1924年第4449期。
⑤ 李侃:《鸭绿江采木公司事业志略》,《学艺》1918年第1卷第3期。
⑥ 贾成章:《整理东三省森林意见(附表)》,《河北建设公报》1929年第6期。

地推动了各省林业发展,突出表现为一批林科专业人才走上了林政管理岗位。

(二) 专业人才之应用

"凡办理林业者,其科学技术之优良与否,于林务前途有极大之影响。"[1]近代专业林政管理机构成立后,对职员的专业技术素养颇为注重,如农商部强调专业机构聘任人员,应依照该部所颁《附属机关任用人员办法》,"遴用具有林科学识,或于林务富有经验者,以期胜任"。1919年该部审查吉林森林局宁安、珲春、延吉、方正四分局负责人履历,认为除了宁安第一分局局长余家铺系林学专科毕业,"历任该局重要职务,资格尚无不合"外,其余各员,因非林学专业出身,应"仰该局现任局长王景福察核酌办,呈部核夺"。[2]

以下通过对不同时期吉、黑二省林业机构职员履历的分析,考察其专业人才的任用情形。吉林森林局驻方正第四分局工作人员履历如表3-6所示:

表3-6　吉林森林局驻方正第四分局工作人员履历表(1920年统计)[3]

官职	姓名	教育水平	工作履历
书记	陈章焕	1911年由湖南湘乡县自治研究会毕业,1913年由师范养成所毕业	历任浙江萧山县公署司法科员、浙江内河水上警察第十一队书记长、浙江长兴县公署行政科员等
书记	江锦	江苏陆军小学肄业	历任沪军第十师二十旅四十团第二营第八连司务长、吉林双阳县岔路河税捐分局雇员等
技术课主任	赵骍	青岛特别大学农林科毕业	历任湖北荆宜船舶税局总务会计科长、第七师司令部书记官、奉天林务局林务员等
事务课主任	邓阁录	不详	清末历任各县公署幕僚、奉天海龙矿务委员等,民国后历任湖南内务司调查员、奉天海龙朝阳镇税捐分局委员等
技术课助理员	岳运鹏	吉林省立第一中学校毕业	历任吉林县劝学所勘丈员、吉省清丈局绘图员等

同期,吉林森林局驻延吉第三分局共有工作人员4名,其中王在农系北京农政专门学校本科毕业,历任黑龙江省公署教育科员、吉林林务局技术员、吉

---

① 贾成章:《整理东三省森林意见(附表)》,《河北建设公报》1929年第6期。
② 《令吉林森林局第一八八四号》,《农商公报》1919年第6卷第64期。
③ 《吉林森林局驻方正第四分局成立及任用人员履历表的呈文》(1920年1月),吉林省档案馆藏民国吉林省政府档案,档号:J101-8-143。

林森林局股员。刘国藩毕业于奉天甲种农林学校,曾任吉林林务局延和驻在所技术员。①

另据 1930 年统计,辽宁省农矿厅驻抚松林区驻在所共有工作人员 7 人。其中所长黄凤阁、稽查曾庆麟系奉天甲种农林学校毕业,技士刘文蔚系熊岳农业学校毕业,文牍史克仁系宽甸师范毕业,收支李文卿系初级中学毕业,庶务张继纲、检木所主任张金凯学历不详。②

上述各林业机关均聘用了林业专门学校毕业生,其专业技术岗位几乎均由专门人才主持。其中抚松林区驻在所因得风气之先,且成立时间较晚,在专业人才任用方面更占优势。

四、管理疏漏,保护不周

近代东北森林的管理和保护可谓弊端重重,具体表现在:

(一)林区匪患严重,治安问题凸显

广袤森林一直是各路匪徒的"根据地"和"安乐窝",这些"绿林好汉"们以密林为藏身之地,把持林场,滥施淫威。如民国初年,吉林省石头河子、牙巴罗厘、苇沙河站一带林区屡遭胡匪蹂躏,"今日折毁工厂,明日焚烧桦场,华商每因而荡产,洋人恃势而索偿,频年警告,岁无宁日"。③ 1924 年吉林省方正县报告,境内各家林业公司"叠遭匪患,营业前途,殊难发展","甚至勒捐绑票,种种恶行,彼公司实不堪其扰","军队有时追剿,此逐彼窜,兵去匪来"。④

中东铁路东线林场的治安情况亦相当恶劣。每逢盛夏,青纱帐起,丛林匪帮开始大肆活动,其人数成百上千不等,"盖啸聚其间之胡匪,尝系二三百人一帮,在细鳞河附近与沿海省接壤地带内之胡匪,并有啸聚至一千五六百甚或两千左右者"。他们对林商横加勒索,敲骨吸髓,"甚至将业经采得之木材,付之

---

① 《呈 中华民国九年一月二日》(1920 年 1 月),吉林省档案馆藏民国吉林省政府档案,档号:J101-8-184。
② 张元俊修、车焕文纂:《抚松县志》卷四,林业,民国十九年(1930 年)铅印本,第 27 页上—27 页下。
③ 《具联名禀石头河子牙巴罗厘苇沙河站商会等为创办森林保护局公举奉天森林学堂毕业生谭学卫为局长恳恩俯准立案并乞加令委任事》(1913 年 3 月),吉林省档案馆藏民国吉林省实业厅档案,档号:J111-1-2505。
④ 《呈为自募兵丁保护森林仰祈鉴核备案事》(1924 年 8 月),吉林省档案馆藏民国吉林督军公署档案,档号:J102-1-80。

一炬,使林商蒙极大之损失",其行径之横暴"业已登峰造极"。时人认为,如不能将东线胡匪完全肃清,则该处林场均将濒于歇业。①

(二) 森林火灾频发,林木损失惨重

"春风一起,野火时烧,每一发现,焚烧辄数十里百余里不等,火过之处,大树枯焦,小树煨烬,两遭回禄,即成濯濯之牛山,是材木不能继长增高之一大原因也。"1914年4月,在吉林敦化城东南骆驼磝[碴]子地方,有人遗失火种,引发熊熊大火,"从西面起,焚烧五日夜方息",将一片方圆200余里之大森林化为灰烬。②仅仅两个月后,长白境内又燃起大火,"自上流二十三道沟至下流二十五道沟止,火势蔓延,广约四五十里,长至百余里",大量栋梁之材灰飞烟灭,"其中以落叶松为最多"。此次起火原因,与朝鲜民众毁林开垦不无关系,"长白人民约有两万,其中十有七八来自朝鲜……其人皆以耕种为业,无他可耕,则放火烧山,以冀得其实……此次失火,闻系朝鲜人所放"。③ 1927年12月,吉林省安图县地方团体报告,境内野火燎原,毁林甚巨:"安图地旷民鲜,树林阴翳,每届春融冻解,及冬初未雪之际,逐日野火燎原,甚有蜿蜒十里、二十里不等,将葱茏之佳木,半多付炬,殊为可惜。"④中东铁路沿线林区同样火灾频发,"其间小树过多,丛莽满地,被风吹折之枝梢,尤复不少,皆足为着火之源",加之当地居民和伐木工人为驱除蚊蝇,常常点火生烟,稍有不慎即引发大火,酿成巨灾。放大来看,整个"东西两部之巨大森林,因此种原因而毁灭者,为数不知凡几",东北北部"各地由林火所焚毁之树木,其数量并不减于被人砍伐之数量"。⑤

有日本林业专家认为,火灾是造成东北森林损失的主要元凶之一。据其记载:"春天的时候,在图佳线或大兴安岭等地,常看到方园[圆]几十里、连续燃烧几天不息[熄]的大火"。火灾起因较为复杂,部分由自然因素引发,"如落雷、树枝摩擦、落叶发酵或闪电等",但绝大多数由人类活动引起,"如烧野火不做善后处理,随便丢弃烟头、火柴、松树明子或机车喷出去的火星子,还有扫墓烧纸、放牧烧田等,都能引起火灾"。尤其是西北部地区的牧民们为使牧草生

---

① [俄]苏林:《东省林业》,中东铁路印刷所1931年版,第134页。
② 《吉林敦化森林大火记》,1914年4月9日《申报》。
③ 《详为请饬严禁森林区域放火垦荒事》(1914年6月),辽宁省档案馆藏民国奉天省长公署档案,档号:JC10-1-4602。
④ 《呈为据安图县农商教育各会呈恳开采安图封禁森林以清盗源而裕税收转呈鉴核事》(1927年12月),辽宁省档案馆藏民国奉天省长公署档案,档号:JC10-1-7837。
⑤ [俄]苏林:《东省林业》,中东铁路印刷所1931年版,第134页。

长齐整,习惯于放火烧荒,时常波及大兴安岭森林,"由于林内地上着火,把树干下部烧坏,小树当即被烧死,森林逐渐变成荒原"。①

(三)毁林垦殖现象极其普遍,林区不断遭到侵蚀

清末流民涌入后,鸭绿江右岸地区多被开垦,森林逐渐消退,林相发生变化,欲找到原生林,"非深入各道沟内,迄分水岭不可"。② 长期的垦殖毁林之后,右岸森林大致分为4期:第一期为针叶树纯林,位于分水岭附近;第二期为针叶树混生林,见之于各道沟内;第三期为阔叶树散生林,多在近沟口处;第四期则为沟口、江岸的荒山和垦地。

据民国初年陶昌善观察,垦殖活动对东北森林造成了极大危害。"樵夫采伐于先,农民遂就其地而开垦之,亦有不待樵夫采伐,而竟用火焚以开垦者,甚至烧毁全山,不留一木。"怀仁、通化、辑安、兴京、柳河、东平、海龙、濛江、余庆、木兰、长春、滨海、五常等地"无不皆然"。③ 10年之后,这一毁林恶习仍在延续。据林传甲所见,吉林各地樵夫"必先就森林面积极广处,及交通便利之地,择良材而伐之,材尽则更徙",农民紧随其后,就地开垦,"亦有不待采樵,竟焚之而开垦者,甚至烧毁全山,一木不留"。长春、濛江、五常等地仍是重灾区,"毁害森林,莫此为甚"。④

除匪乱、火灾、垦殖而外,东北森林还饱受其他各类天灾人祸的折磨。王庆三在《整顿吉林林业意见书》一文中总结出吉林国有林所受各种损害。其一为虫害。吉林原生林极为茂密,"至间伐期而不能间伐,至利用期而不能利用",甚至有200年以上的"老龄之木",它们往往"中心烧枯",这些枯死之树极易招致虫害,如介壳虫、象鼻虫、天牛虫等,"蔓延繁殖,波及壮林"。其二为采摘之害。如采香者剥取树皮为香料,"皮之不存,树将立槁,是被剥树皮者之损坏"。再如采松子者,为节约工本,不愿爬树摘取,竟将整树砍倒,结实之树均为壮龄大树,"每伐一株,而压折数株","年复一年,靡所底止"。其三为培养菌蕈之害。林区民众为栽植菌蕈(俗称菜营),任意砍伐森林,"每二三年砍一次,满山遍岭,到处皆有"。其四为胡乱砍伐之害。入山伐木者,但念一己私利,不

---

① 《满洲的森林及其自然的构成》,温旭三译,载吉林市林业局林业志办公室编:《伪满时期东北林业史料译编》(第3集),吉林市科技进修学院复印部1986年印行,第10页。
② 东北文化社年鉴编印处编:《东北年鉴(1931)》,1931年印行,第1364页。
③ 陶昌善:《南北满洲森林调查书》,《中国地学杂志》1912年第5—6期。
④ 林传甲编:《大中华吉林省地理志》,商务印书馆1921年版,第169页。

顾国家利益,"择大且高者砍之,于树倒方向,不加审查,故砍一大树,恒压折数株至十数株,经数十年长成之林木,如此摧残,实令人不忍入目"。更有不计树木是否成材,肆意滥伐者,"一县然,各县皆然,一林场然,各林场亦然"。①

东北林业乱象迭出,林政管理机关难辞其咎。各地森林警察并非常态化建制,常因经费所限,或旋设旋废,或裁减职员,实际效果必然大打折扣。据民国《辽阳县志》记载,该县"无森林警察为之保护","故一任山岭濯濯,平沙浩浩,无肯作十年树木之计,而小贩者复取可用之材料,毁作木柴,将来户口日增,需木之途益多,木之来源愈远,诚为可虑"。② 1920 年吉林森林局呈报,其所辖"部苗林区"(系国有林的一种)之所以屡遭民众盗伐,与未设森林警察大有关系,"局长虽迭令分局会县严禁,然地面辽阔,山菁深密,国家未设林警,保护实属难周"。③ 1929 年依兰县政府报告,"欲经营管理,禁止滥伐,必设森林警察,方可以资保护",该县产木之区"地处依、桦交界,向为胡匪出没之区",却无森林警察之设,致使滥砍滥伐无法禁绝。④

林政管理的失范现象,不仅缘于政府经费不足、人手缺乏,也在于办事人员态度不端、敷衍塞责。杜绝私伐事关国有林收益,历来是地方政府认真督办的重点事务,即便如此,疏漏之处仍屡见不鲜。1923 年 1 月,吉林省森林局报告,该省部分地区国有林私砍滥伐司空见惯,地方政府却置若罔闻,不加制止,"甚至经人民控告到局,令县查办,而各该县知事视为具文,延不查覆"。⑤

更糟糕的是,"保护者"往往将自身管护职责抛到九霄云外,与"加害者"沆瀣一气、蛇鼠一窝,助纣为虐,祸害一方。林骙指出,相对于胡匪武装,地方军队装备堪称精良,机关枪、山炮等均为胡匪所无,弹药之丰富亦非胡匪所能企及,"其不能破,实官匪通同一气之故","因之东三省胡匪乃日多一日,而林业因此遂多一人事上之障碍"。⑥

对于近代东北森林的管理和保护,王慕宁评价道:"若现行机关,奉天省以

---

① 王庆三:《整顿吉林林业意见书》,《农矿月刊》1929 年第 1 期。
② 裴焕星修、白永贞纂:《辽阳县志》卷二十七,实业志,民国十七年(1928 年)铅印本,第 7 页上。
③ 《为拟具试办部苗林区计划大纲数则请钧裁由》(1920 年 10 月),吉林省档案馆藏民国吉林森林局档案,档号:J114-1-57。
④ 《吉林省依兰县森林及其产品情状表》(1929 年),吉林省档案馆藏民国吉林省政府档案,档号:J101-18-787。
⑤ 《森林局呈为令县保护国有森林严禁盗伐并实行依法罚办以重林政仰祈鉴核》(1923 年 1 月),吉林省档案馆藏民国吉林省政府档案,档号:J101-12-275。
⑥ 林骙:《北满林业概论(完)》,《学艺》1911 年第 3 卷第 4 期。

外,殆无保护管理机关之设备,即奉天省内者,亦不为完全,其现在之业务,仅不过征收木款耳。是以又欲于各县内按适当数目,设立森林办事处,使其任防止森林之火灾盗伐及办理木款征收事务。"[①]事实上,如不从根本上纠正管理理念上的偏差,即便成立"森林办事处",恐怕也是徒耗公款、无济于事的。

第三节 林业税费的征收

征收林业税费,是政府对东北森林开发进行干预的一种方式,是近代东北林政管理的重要组成部分。然而,由于政府一味贪图利益,以"杀鸡取卵"的方式征收税费,不仅从根本上制约了林政管理的绩效,也对林业发展造成无穷的困扰。

一、林业税费之沿革

东北地区征收木税的历史由来已久。清代前、中期,因森林采伐范围不广、规模不大,其税制较为简单,税额亦不甚巨。如清康熙年间吉林已有木税,唯税率较低,征税地点不多,年收入仅约320两。随着近代东北森林资源产业化进程的加速,木税种类及征收数额均有很大的发展,征税机构和税收制度趋于专门化、精细化,木税收入一跃而成政府部门的重要财政进项,颇受重视。

(一)清末之税费征收

清末,奉天木税分为旗属木税、木植新捐和东边木税等3种。其中旗属木税归旗属衙门征收,先对木材"十五抽一",供修缮"三陵"工事之用,其余14根按从价8%征税。木植新捐在海龙、东丰、柳河、西丰等地征收,征收方法为按料估价,税率在2%—3%。东边木税自光绪三年(1877年)起在东边所属鸭绿江各地征收,分为上、中、下三等,上等木一料收取东钱3 400文,中等木1 920文,下等木1 440文,对于零星木植则采取估价法征收。大东沟木税局成立后,仍然采取分等法、估价法两种方法征收木税,前者规定上等木每料收取东钱3 480文,中等

[①] 王慕宁:《东北三省之富源之二(摘要)》,载黑龙江省林业总局森林资源调查管理局编:《黑龙江省林业史料汇编》(内部资料),1981年印行,第39页。

木 1 920 文,下等木 1 440 文;后者规定"每木价千文收东钱 3 480 文"。① 其征税手续较为简单,由税局人员前往伐木山场,对木材之数量、质量进行检查,具体过程具有很强的随意性,"检查之宽严、税率之高低,悉由税吏之加减"。②

光绪四年(1878 年),吉林将军衙门专设烟酒木税总局,取代吉林厅负责木税征收,木税收入显著增加。二十三年(1897 年)清政府针对俄方越界采伐、盗砍木植及拒交费税等行为,决定在吉林交涉局内附设木植矿务公司(后改称木植票费公司),专办查核、交涉和放票、征费等事宜,自二十四年(1898 年)起,无论中、外木把,一律按木材卖价征收 8% 的木植票费。③《中俄合办铁路公司合同》签订后,俄方林商以合同第 7 条为借口,拒不交纳木税,"旋吉省当局,与俄人再四商榷,谓沿线森林,不尽属官山,多半为民山,实属碍难一体免税,俄人始允纳税"。二十九年(1903 年),"吉当局方委专员来哈,专办木石税征收事宜",④于哈尔滨专门设立木石税局,面向中外林商征收木石税费。此外,清末吉林全省林业总局在"拟定砍木章程,发放大照"的同时,附设山份处抽收山份。⑤ 该局规定,凡未经审查擅自入山采伐国有、民有森林者,应按照以下标准征收采伐金:大过梁、大元木长 5 丈、小头直径 0.8 至 1 尺者每根征收 1 000 吊,改木、中元木长 1.5 丈、小头直径 0.7 尺者每根亦征收 1 000 吊,椽材、檩材每根征收 100 吊,样子(薪材)每根征收 50 吊,木板每寸征收 80 吊。私人采伐者向外运送木材,在经过政府所修道路时,还应按照里数征收道路费。该局开办后的第一年,土龙山、四合川两分局合计收入约 20 万吊。⑥ 松花江流域伐木税费则分为木税、木捐、卡伦税等种类,其中木税归吉林木税局征收,依木材价值抽收 10%;木捐归吉林木植公司收取,根据木价抽收 8%;位于色勒河下游的卡伦则开征卡伦税,"凡木料一条,税四吊文"。⑦

另据《黑龙江志稿》记载,同治二年(1863 年),黑龙江呼兰旗署率先征收木植税,作为官署的办公补助费。光绪二十一年(1895 年)创设木植公司,"按木

---

① 郑树模主编:《辽宁税务志(1840—1989 年)》,辽宁人民出版社 1998 年版,第 158 页。
② 《满洲之木材业》,索ircle译,《湖北省农会农报》1923 年第 12 期。
③ 吉林省地方志编纂委员会编:《吉林省志》卷 30《财政志》,吉林人民出版社 1993 年版,第 106—107 页。
④ 辽左散人:《滨江尘录》,中国青年出版社 2012 年版,第 25 页。
⑤ 《署理吉林劝业道王为移覆事》(1912 年 5 月),吉林省档案馆藏民国吉林全省农务总会档案,档号:J18-3-10。
⑥ 《满洲地方志》,李华春译,载吉林市林业局林业志办公室编:《伪满时期东北林业史料译编》(第 4 集),吉林市科技进修学院复印部 1987 年印行,第 76—77 页。
⑦ 杨志洵:《松花江上流伐木情形》,《商务官报》1907 年第 16 期。

估值,量收银款",另外每两加收火耗2钱,作为公司委员的津贴费。庚子之变后,"民资伐木以生",木税暂停征收。光绪三十年(1904年)将军达桂、副都统程德全奏请恢复木税,"以濬饷源",①因"从前所订税则正款四十七宗、杂款二十四宗,匪特名目过繁,抑且近于苛细",另定《简明章程》22条,规定"不分何项名目,只征大宗,不征零件;所纳之税,无论银款、钱款,统按时价值十抽一,输自卖主"。此外,鉴于"绥化厅城为水旱通衢,排筏云连,销场甚广",命知县陈昶成在该城设立捐税总局,另于巴彦苏苏设立分局,"先后添设总分局、卡二十余处"。这些局所、税卡成立后收效明显:"计自甲辰(1904年——引者)重设木税以来,入款已收成效",②"计自光绪三十年七月初一日开办起,截至三十一年六月底止……共收木植税京钱二十六万一千三百四十七吊零二十九文"③。木税以外,自光绪三十一年(1905年)起征收山本,税则"订为每价一吊抽收山本八成","无论时价多寡,木行涨落,均按此次定章完纳"。木税、山本名目相似,但存在区别,"其实山本出于刊[砍]木之人,木税出于买木之人,斯固并行不悖者也"。④

由此可知,与传统时期相比,近代早期三省征税机制逐步完善,征收数额亦大大增加。

(二)民初之税费征收

民国初期,政府在沿袭清末旧制办理木税的同时,也根据实际需要,适时增加新的税种。这一阶段,征税机构甚为齐备,"木石税局在木材重要贸易区域,均经设立"。如安东设有征收木税总局,其分局设于大东沟;吉林设有省城木石税局;哈尔滨则设有木石税总局。⑤此外,专业林政管理机构亦有权征收税费。据1915年统计,东北北部木材税可归为两大类,除由财政部专设税务机构,按照木材市价征收10%的"国税"外,另由农商部所属专业机构征收"国有森林税",其税率按木材市价征取八分,所征之款"专为支应国有森林事务局之费用也"。⑥

---

① 万福麟修、张伯英纂:《黑龙江志稿》卷二十二,财赋志,森林,民国二十二年(1933年)铅印本,第4页上。
② 〔清〕徐世昌等编:《东三省政略》(下册)卷七,财政,黑龙江省,李澍田点校,吉林文史出版社1989年版,第1193页。
③ 《推广税捐保奖折》(十月二十一日),载李兴盛、马秀娟主编:《程德全守江奏稿》(外十九种·上),黑龙江人民出版社1999年版,第215页。
④ 〔清〕徐世昌等编:《东三省政略》(下册)卷七,财政,黑龙江省,李澍田点校,吉林文史出版社1989年版,第1194页。
⑤ 〔俄〕苏林:《东省林业》,中东铁路印刷所1931年版,第57页。
⑥ 子云:《满洲之木材业》,《中华实业界》1915年第2卷第4期。

民国时期的税收种类较之清末有所增加。如早期中东铁路沿线林场并无山份一说,自 1923 年 12 月起,开始由哈尔滨木石税局征收,不论木样成色如何,每立方沙申一概收费 1 元 5 角,但如为铁路所用,税率则降低不少,每寸圆木征收 4 厘,每立方沙申木样征收 1 元,每根枕木征收 3 分 5 厘。① 警察捐也是新增地方捐税之一,在苇沙河、乌珠河地区,县政府按照如下税率征收该税:每火车方木征收 3 元,每火车圆木木板和枕木征收 2 元 5 角,每火车火柴木征收 1 元 2 角 5 分,每火车电杆矿柱征收 1 元,每火车木样征收 9 角。经松花江运往哈尔滨的木材需要交纳特种水上警察捐,其税则"将木材分成若干种,不按车计算,按每百个计算,譬如上等柴木每百收税二角,橡木片每百收三元,电杆每百根收三元"。② 此外,还有各类运输税费。1928 年 2 月,吉林省税捐征收局开始征收省内木材输出税,为杜绝奸商偷漏起见,特制定征收办法,令属下遵照执行,要点如下:

> 木材转运公司须负代客缴纳捐税责任,立具三人以上之保证书,呈送备案,然后始准代客输送,否则一经查出,定予处罚。但转运公司代客输送时,须持本局发给之三联报条,换取正式税捐票,再赴东大滩稽查处核验,以凭对照。凡货车输出时,该公司须代客缴纳按木材原价百分之二输出税,暨二成军费,统计二分四厘,并将发受之商号名称、木材种类、价目、纳税金额等来局报告,以便查考。③

近代以降,林业税费跻身政府岁入大宗,得到高度重视。在清末,木税为临江县赋税之大宗,"舍此以外,更无巨款","临江地方应办之事,奚止千百,全赖此款挹注"④。据 1928 年统计,吉林全省财政收入,农业税以外,首推木税,年收入约 300 万元,⑤其重要性正如该省财政厅公文所言,"吉林木税,为岁入大宗,抵拨军政用费,至重且要"⑥。因而,各类征税机构特别在意提高收入。吉林省城木石税局所征木植税一般在吉大洋 45 万圆左右。1928 年新局长接

---

① 《满洲之森林状况》,《工商半月刊》1929 年第 1 卷第 11 期。
② 戢武:《东省之林木税及其应兴应革事宜》,《中东经济月刊》1930 年第 6 卷第 8 期。
③ 《木材税征收办法》,1928 年 2 月 4 日《盛京时报》。
④ 〔清〕李廷玉、傅疆:《奉天边务辑要》,黑龙江教育出版社 2014 年版,第 71 页。
⑤ 《为整顿国有林暨清理私有林办法仰祈鉴核采择施行事》(1928 年 11 月),吉林省档案馆藏民国吉林省政府档案,档号:J101-17-348。
⑥ 《吉林省长公署咨交通部文》,《交通公报》1925 年第 1047 期。

任后,改定税章,锐意整顿,自 4 月开始征税,截至 8 月底已征收 100 万圆以上,"长征之数,在一倍以上"。① 宁安县 1928 年全年山份收数超出 1926 年度 2 倍以上,超出 1927 年度 3 倍有余,受到吉林省农矿厅传令嘉奖。②

总之,随着木业的不断发展,政府适时增设税种,专设征收机关,在加强林政管理的同时,也增加了政府收入。可是,各机关贪图眼前利益,一味抬高税率,盲目扩充税源,征收过程中的浮滥、无序、中饱现象极为普遍,很大程度上冲淡乃至遮蔽了税费征收的积极意义。

二、税政之积弊

近代东北林业税种繁多、税价奇昂,饱受时人诟病,严重阻滞了东北林业的正常发展。

(一)税种繁杂

民国东北税费种类之多,税率歧异之大,较之清末有过之而无不及。"盖各省率皆各自为政,税率纷歧,既无一致之规章,复无一定之限制,而一省之中,各区税率亦有差别,额数完全视征收者为何种机关而定","至于林木税,则更不一律"。③ 据奉天省财政厅报告,该省木税名目繁多、规则不一,"核其名称,约分三种,如东边木税、河口木税、木植新捐等,是名称已属分歧,而纳税办法,或按价征收,或按料征收,尤各为风气"。其中东边木税"按料之中又分四项","一料之内有山价、客税、船捐之别,一木之税分正耗、抽丰、余资之名,是歧中又歧,其按价、按料者,亦多系先年估订货币名目,[与]社会需要多不适合"。虽然历年以来"木商请求之案,税局请示办法之文,累牍连篇",然而均未能从根本上解决问题。众多不法林商和贪官污吏"乃得因缘为奸,上下其手"。④

为扭转这一情形,一些政府机关尝试简化税费种类、谋求划一办理。为整顿全省木税,1917 年 8 月,奉天省财政厅拟定《奉天省整顿木税章程》,经奉天

---

① 《吉林采木业发展》,《银行月刊》1928 年第 8 卷第 10 期。
② 《农矿厅呈为查复宁安县十七年度解砍照山份数目业据分呈指令在案仰祈鉴核》(1929 年 3 月),吉林省档案馆藏民国吉林省政府档案,档号:J101 - 18 - 488。
③ [俄]苏林:《东省林业》,中东铁路印刷所 1931 年版,第 59 页。
④ 《呈　民国六年八月四日到》(1917 年 8 月),辽宁省档案馆藏民国奉天省长公署档案,档号:JC10 - 1 - 4875。

省长公署以3821号命令公布,该章程要点如下:

(1) 全省木税一律按时价征收,"值百抽八外收附税一成";

(2) 各县旧有木税估价方法,"乃按件按付征收或量尺各办法均行废止";

(3) 各地征收木税所有抽丰余资及山价客税、船捐、木用等税项名目一律取消,所有木牌票、木料客税票、山价票、木植捐票概予废除,另定一种木税票;

(4) 凡采贩木料,应于起运时,就近赴局、卡照章报税,到指运地点如不再转卖,则免于重征;如需转卖,"仍须在当地局、卡按时价纳税"。[①]

其他省份也有过统一税费的努力。如1914年10月,黑龙江巡按使鉴于"江省木植捐税,名目既繁,税率亦重",请与农商部"会商划一办法",最终议定由税务部门按10%征收木植税,由林务局按8%征收山份及木植票费,"至砍木大照费,核与东三省现行森林发放规则所定砍木照费,似属重复,应予免除以示体恤","其余原有之入山腰牌费一项,仍应照旧征收"。[②] 然而,这些方案和决议,因牵涉方方面面的利益,具体实施起来阻力重重,大多只能停留在纸面上。

因此,东北林业税费征收的混乱状态长期延续,从未得到根本改观。有学者指出:清末,东北"以内忧外患迭作,政治渐行腐化,于是滥发林场权,一任封疆大吏之暴敛横征","关于木材课税,亦混乱不一,除征收消[销]场税或收益税等木税外,并征收出产税"。民国以后,"亦以国家用款浩繁,其征收有木税与山货税两种,税率及征收方法,随省而异"。[③]

(二) 税率奇高

不唯税种繁杂、税制各异,税率亦极为高昂。民国时期,黑龙江省通河县署在岔林河埠头征收"河岸用费",规定"每木百根,抽税值四根之价,其数适当

[①] 《呈送奉天省整顿木税章程》,载辽宁省国家税务局编:《辽宁税收历史资料选编(1840—1948)》,辽宁人民出版社2000年版,第308—309页。
[②] 《指令黑龙江财政厅所拟木植税捐划一办法事属可行惟林务局是否专收山分税及木植票费原有之砍木大照费已否免除入山腰牌费是否照旧征收应呈覆查核文》,《财政月刊》1919年第6卷第63期。
[③] 东北物资调节委员会研究组编:《东北经济小丛书·林产》,东北物资调节委员会1948年印行,第92—93页。

木价之四成","此款全充地方警察之用"。木材如欲运往县城以外,再"征收一成,为县署收入"。此外还应交纳各类国税如表3-7:

表3-7 黑龙江省通河县木材国税税率一览表(1929年统计)①

税　　别	对木价1吊之征收数
寻常直接国税(国库收入)	0.1吊
附加国税(国库收入)	0.018吊
自岔林河往松花江之通过税(国库收入)	0.04吊
同上附加税	0.02吊
营业税(国税为国库收入)	0.08吊
同上附加税	0.02吊
营业税(省商工局收入金)	0.08吊
同上附加税	0.018吊

统计以上各种税金,"适与木价之四成二分相当",这还不算入山砍伐时交纳的许可证费。

嫩江一带林商也要交纳颇为沉重的各类税费。伐木之前,须先向县署或森林局领取"短期伐木票",每张票费大洋7角。木材砍毕,经水路运至卜奎销售,再须完纳两次"河底捐":第一次每籇交纳大洋2元,第二次则按"每百吊纳三吊六,松木每根合三十六吊,杨木每根合二十二吊"之比例交纳。运抵卜奎时,还得上缴2%的水上警察捐,以及21.8%的山份、木税。②一路"雁过拔毛"过后,林商已很难有什么盈余。

东北中、南部税费负担亦极为沉重。据满铁统计,吉林当地主要木税分为7种,税率总计达到31.5%,极其高昂。③另一份报告认为,奉、吉一带林商征税比例竟高达70%—80%:

> 东省上江木商,历年运木至吉垣出售。省城木税局,按照木材卖价,每百元征收木税,暨国有山份二十五元二角;而在采伐地点,如省有林务管理机关(如奉省之林务局之类)又按卖价每百元收管理费十元。该管税

---

① [俄]中东铁路局商业部编:《黑龙江》,汤尔和译,商务印书馆1929年版,第275页。
② 滕国梁:《嫩江森林调查》,《新亚细亚》1931年第1卷第6期。
③ [日]南满铁路调查课编,汤尔和译:《吉林省之林业》,商务印书馆1930年版,第68页。

捐局,又收国有山份暨出产税等,每百元又须十元之谱。间有在各公司领有林照者,复按卖价每百元收山份(或名山价)十元,如不在其林场以内者,亦往往含混收取。其他各警捐如学捐、斧头捐、牲口捐、保卫团捐、特别捐、箅底捐、拢箅落地捐及木厂地皮捐并牙税等项,统计卖价,每百元又须十四五元。综计各项税捐等费,每卖价百元,须去七十元左右,木商所得者,不过十分之三。加以采伐搬运资本,及胡匪勒捐之需用,并钱毛物贵,及本年木植落价之影响,资本稍巨各木商,均赔十分之八(如用款万元者即赔七八千元)。①

以上对税率的估计或有夸张之处,不过仍可印证税率过高这一事实,对地方林业而言不啻为一场深重的灾难。中东铁路地亩处长何孝先指出,中东铁路沿线木税种类"有七十道之多",税率累计超过40%,成为沿线木业发展的一大桎梏,"不但华人不敢投资木业,即外人亦常感受加税损失"。② 据时人观察,整个东北北部的税捐负担"实在太重了",过重的负担增加了木材的产销成本,使得木材售价一路走高,严重影响其市场竞争力,"尤其是出口的时候最甚"。"民国十三年增加林木税的结果,对于木材输出并未有影响,因为那时候日本适在大地震以后,一切建筑正要恢复,对于木材需用是很多的,所以没有什么影响,但是从那时以后,木材输出就渐渐的减少了。"1924 年该区木材输出总额为 228 000 吨,由于税负过重,1926—1928 年急剧跌落至 111 000 至 117 000 吨之间。③ 1929 年 10 月,安东总商会致辽宁省政府的报告中也提到,历年运抵安东之木箅数量逐年减少,1926 年尚到 4 000 余张,1929 年仅有 1 000 余张,"不惟木业状况毫无起色,且愈益凋敝不堪"。④ 究其缘由,林商税负过重,"应纳各项捐税,总计不下百分之二十",因而纷纷"赔累不支"。⑤

各地税官经常巧立名目,滥收税费,违法乱纪,为害一方,使得税负已然很高的林商们更感到难以为继。1922 年 6 月,吉林森林局对属下驻延吉第三分局局长刘玉山滥用职权、违规收捐一案做出处分:

---

① 《吉省木商负担》,《北京实业周刊》1920 年第 29 期。
② 贾成章:《东北农林业之调查》,《中华农学会报》1930 年第 75—76 期。
③ 戢武:《东省之林木税及其应兴应革事宜》,《中东经济月刊》1930 年第 6 卷第 8 期。
④ 《为木业凋敝请缓加特税由》(1929 年 10 月),辽宁省档案馆藏民国辽宁省政府档案,档号:JC10-1-10895。
⑤ 《呈辽宁省政府农矿厅为木业凋敝万分转请缓加特别费仰祈查核示遵由(十八年十月十九日)》,《商工月刊》1930 年特刊号。

乃闻各该分局,时有违背定章,藉端勒索等情,或于僻远村镇搜查建房木料,诬为盗伐而来;或于陆路通衢设卡,堵截木车,私收查验之费,炭窑柴市强行抽分木把,巡差通同舞弊;甚至私发砍木白条,隐匿大宗罚款,种种不法行为,言之殊堪痛恨。除将查明延吉分局局长刘玉山舞弊有据,撤差严惩,并布告禁外,合亟令行该分局遵照,务将以上弊端,严行革除,倘有再被告发,或经查实,必即依法承办,决不姑容![①]

事实上,主管部门反复强调林业税费的重要性,不断要求属下扩大税源、增加税入,各地税官几乎无不竭尽所能,广开财源,诸如随地设卡、私发白条、强行抽分、违规收捐等情形,在当时实为司空见惯之现象。以上"撤差严惩"等处分,难以从根本上起到"杀一儆百"的效果。

归根结底,近代东北税政之乱象,与政府部门对林业收入的一味贪求大有关系。为了便利捐税征收,一些林政管理机构的负责人干脆直接从税务部门调任。如1919年9月,和龙税捐局长赵云浦奉命出任延(吉)和(龙)森林分局局长。[②] 在时人眼中,各林业机关昧于眼前利益,贪图捐税收入,对于本职工作并不上心,与其说是管理机构,毋宁说是税务机关。陈植指出:"东三省之森林局,乃变相之发照收税机关耳,固与普通之所谓林业行政机关无与者也。"[③]曲乃谦也认为,东三省之森林局实为"收税之机关"[④]。

小　结

民国以后,遵照相关法律条例的规定,林政管理机构采取系列措施,针对清末发放、管理乱象展开整治。在国有林发放方面,加大发放力度,强化发放管控,以申领、勘测、领照等程序,规范了森林承领秩序。至1931年统计,辽宁省已放森林超过了总面积的半数。在管理、保护方面,打击民间私砍盗伐国有林的行为,保护承领人的利益。成立森林保卫团,整编森林警察队伍,着手清

---

① 《呈为奉到布告日期请鉴核备案事》(1922年6月),吉林省档案馆藏民国吉林森林局档案,档号:J114-1-109。
② 《组织森林分局》,1919年10月1日《盛京时报》。
③ 陈植:《满洲之农林概况及日人开发满洲农林业之设施》,《东方杂志》1925年第22卷第24号。
④ 曲乃谦:《东三省林业之概况》,《东三省官银号经济月刊》1929年第1卷第4期。

剿林场匪患、扑灭林区火灾、制止毁林垦殖。兴办林业学校,开设林业讲习会,为林业机构输送了一批专业管理人才。在林业税费征收方面,在清末税制的基础上增开新税,还配套成立了专门征税机构,税费收入随之增加,成为政府财政收入之大宗。相较于清末而言,民初森林的管理、保护水平,无疑前进了一大步。

不过,林政管理的实际效果不应估计过高,几乎管理举措的每个环节都弊窦重重。究其根源,除了经费不足影响职能发挥这一因素外,各类管理机构对林政管理的艰苦性、复杂性认识不足,只顾眼前利益、缺乏大局观念,各种措置很难称得上是"建立在科学的基础上"。如各机构对于森林发放、林业课税尤为注意,无不踊跃向前,试图分得一杯羹,不仅使得重复发放时有发生,森林承领纠葛不断,林业争讼绵延不绝,而且导致税种激增、税率高抬,税额与日俱增,林商苦不堪言,林业颇受其害。至于费时费力的管理、保护工作,因不能带来直接利益,各机关多不愿投入太多精力,或草率对付了事,或将其搁置一边,疏漏之处举目皆是,致使丛林盗匪横行无忌、林区火灾此伏彼起、林场包套频频出现、毁林垦殖随处可见。

因此,时人对东北林政管理的评价并不算高:"实际上在东三省内并没有专管森林的机关,就是有也不过是征收税捐的机关。他的经费即令赖此项税收,赍送国库的不过其中之一部分罢了。所以这种机关只知道增加税收,有时各机关彼此竞争,至于保存地方林富和实行种种的计划,却一概不问。"[1]"现在的林事机关就知道竞争税收,今日兴一税,明日添一捐,只知利己,虽然害及大体也是不顾的,照此情形看来,还怎样整顿、怎样改良呢?"[2]

---

[1] 戢武:《东省之林木税及其应兴应革事宜(续)》,《中东经济月刊》1930年第6卷第9期。
[2] 戢武:《东省之林木税及其应兴应革事宜(续)》,《中东经济月刊》1930年第6卷第9期。

第四章

日、俄两国对东北林权的掠夺

"林场发生之原因形形色色,因此,林场权之内容亦千变万化"。近代东北森林发放存在两个模式,一为"由中国法律而成立之中国人林场",一为"根据条约之外国人林场",[①]后者是日、俄两国胁迫中国政府签订的一系列不平等条约的产物。两大强邻仗着条约之庇护,分别占有鸭绿江沿岸和中东铁路沿线大片森林,并以此为依托,不断侵蚀东北森林权益,最终日本势力在东北林业界独占鳌头。

第一节 日本对鸭绿江流域森林的攫取

近代,鸭绿江流域森林是东北地区最早得到开发的林区,清政府曾在此设局收税,鼓励木把砍伐,该区林业有了初步发展。然而好景不长,甲午战后,日、俄两国几乎同时把注意力投向这片林区,双方为此展开了激烈的争夺。日俄战后,日本挟胜利之威,将俄国的势力从鸭绿江流域赶了出去,成为这一地区森林的主宰者,并逼迫清政府签订《中日合办鸭绿江采木公司章程》加以最终认定,采木公司也就成为日本掠夺鸭绿江林权的称手工具。

一、日、俄两国鸭绿江森林纠葛

19世纪后半叶,清王朝日益走向没落,日、俄等国乘势加紧对帝国东北边

---

① [日]园部一郎:《日人眼中之东北经济》,夏禹勋、张其春合译,钟山书局1933年版,第97页。

疆的侵略,均对东北丰富的森林资源垂涎三尺。俄国自沙皇以下,早已盯上这一富产,时任沙俄陆军大臣的克鲁泡特金说过:"满洲者,吾终不能不视为早晚当有一部分入为俄国版图者。"他曾奉沙皇之命,负责掠夺鸭绿江地区森林,回国复命时提交报告称:"臣所不能不剖陈于陛下者,则皇室之经营鸭绿江木业,殆臣民所共喻,抑亦世界所共晓,再难假称普通商业,以掩人耳目,此事迟早终成为政治的重要事件。"①极力主张扩大对鸭绿江森林的侵略。

日本本土面积狭小,人口稠密,资源有限,原料缺乏,"即维持生命之农产,亦患不足,不得不向外拓殖,以维生存"②,对东北森林亦念念不忘,欲先夺之而后快。该国工业发达,建筑繁兴,木材需求量逐年增加,但国内木材年产额仅占其需求量的56%,不足部分只得仰仗外材输入,"而输入额中除由朝鲜、台湾、北海道、桦太岛及美国供给少数外,其大部分都是由我东北劫夺去的"③。日人森俊六有言:"满蒙为日本之特殊区域,成国际中心。故中日两国之国民,为全体人类的共同幸福计,务必竭力开发满蒙。而此事之成败,内则解决日本食粮问题,同时又解决原料问题;外则可试验大和民族对于人类协同生活能有如何贡献。"④其所言"原料问题",自然包括东北森林在内。

甲午战争后,俄国通过与中国缔结条约,取得中东、南满铁路敷设权以及旅顺、大连两个港口的租借权,将侵略魔爪伸入辽东半岛,其在东北的势力迅速膨胀。而后以武力为后盾,借口筹集中东铁路所需枕木,"招募土人为兵,屯驻通化鸭江一带,采办木植",⑤于1902年成立中俄合办木植公司,"其表面虽属会社之组织,而内容以陆军少将充总理,以十二名之军人充事务官,派巡兵六十人,于要所使用中国人百四十人为事务员,规模宏大,隐然一政府气象"⑥。同时在朝鲜境内之龙岩浦设立锯木厂,准备长期经营采伐长白山一带森林。次年又与清政府签订《森林条约》,其第1条规定"中俄森林伐植公司,得有鸭绿江中国境界,并浑江沿岸采伐森林,及培植树木一切权利",第10条规定"公司营业限内,不能以同等利权,给与他国"。⑦此为近代外人侵略鸭绿江森林之始。

---

① 连濬:《东三省经济实况概要》,观海时事月刊社1931年版,第166页。
② 郑世棠:《日人铁蹄下之东北农林》,《三民半月刊》1930年第4卷第7期。
③ 何新吾、徐正学:《国人对于东北应有的认识》,东北研究社1933年版,第68页。
④ 梁敏炯:《满洲之富源——农矿与森林畜产》,《新亚细亚》1931年第2卷第3期。
⑤ 王学来:《奉天中日合办采木公司事业之梗概及其组织》,《东方杂志》1915年第12卷第9期。
⑥ 《鸭绿江之森林》,王舜成译,《新译界》1906年第3期。
⑦ 《中俄交涉》,《外交报》1903年第3卷第18期。

俄人的种种行为,令同样对这片森林抱有野心的日人如坐针毡。为谋与之抗衡,日本拉拢部分中国奸商共同出资,在朝鲜京城设立义盛公司。俄人对此难以容忍,立即予以反制,"为巩固势力范围起见,复订立俄韩鸭绿江森林条约","义盛公司,受条约之制限,因而停办"。① 两国势力在鸭绿江流域的明争暗斗,很快殃及大东沟的木材集散地,木材交易迅速凋零,"从翌年开始只有少数中国人经营伐木事业,竟然到了连朝鲜人也很少从事该事业的地步"。有人认为,两国关于鸭绿江森林权利的纠葛,是致使日俄战争爆发的导火索之一。②

日俄战争中,日本大获全胜,沙俄在东北南部的侵略特权转归日本所有,于是"东北森林事业半入日人之手"③。"日人之在该处者,垂涎林矿,极力经营,开设公司,采办矿产、木植,占我地利,窃我主权"④,并打击鸭绿江沿岸中国木把、林商的势力,加紧对该区森林的控制。日军强行占领安东后,将鸭绿江流域之漂流木作为战利品据为己有,"置战地临时建筑部综理其事",同时下令"无日军政署之许可证,输出木材者,认为有碍军事行动,照军法办理"。⑤ 1905年,日人又设立军用木材厂,"复将一切事务,划归该厂管理"⑥,实行自营采伐,"并强制买收及没收江中漂流字号不一之木材",鸭绿江上游中国木筏有见及此,皆不敢贸然下放。日本当局竟悍然派兵到上游武装押运,在辑安县羊鱼头与中国伐木劳工发生冲突,"我无辜同胞,被其所惨杀者,不知凡几,结果仅以五千元倍[赔]偿了事"。⑦

翌年,日本官兵300名不顾中方劝阻,擅自砍伐鸭绿江沿岸林木,"所伐林木,长逾三丈者,每支仅给日洋二元,物主与争,即被拘至日营管押"⑧致使民怨沸腾,几乎酿出民变。1907年,日、朝双方签订协议后,又设立营林厂,"凡鸭绿江上游朝鲜方面森林及图们江森林之经营权,均归该营林厂管辖处分"⑨。

奉天大东沟一带历来为木材贸易之枢纽。日俄战争后,该地木材交易亦归日人一手操持,"所有该处商人,存储木料,尽打军用火印","其有樵采暨前赴该

---

① 《鸭绿江两岸之森林》,《银行月刊》1928年第8卷第2期。
② 《满蒙全书》,尹太龙译,载吉林市林业局林业志办公室编:《伪满时期东北林业史料译编》(第4集),吉林市科技进修学院复印部1987年印行,第355页。
③ 于润泽:《日伪统制下之东北森林事业》,《中国经济月刊》1937年第5卷第7期。
④ 《日人觊觎林农矿产》,1905年12月26日《申报》。
⑤ 东北文化社年鉴编印处编:《东北年鉴(1931)》,1931年印行,第1372页。
⑥ 《鸭绿江采木公司之事业概况》,《中外经济周刊》1924年第66期。
⑦ 《鸭绿江采木公司合约期将满》,《农声》1930年第138期。
⑧ 《日军在奉天擅伐森林》,《广益丛报》1906年第100期。
⑨ 驻新义州领事馆:《鸭绿江之采木状况》,《南京国民政府外交部公报》1934年第7卷第7号。

处贩木者,必领有日人执据,先行纳税,迨木料出口时,又十抽其一,商民困累不堪"。中国林商生计断绝,走投无路,被迫集结数千人,"势将与日人为难",经人极力劝阻后,方才决定呈请北洋大臣和东三省总督,向日本领事提起交涉。①

日本不但着力侵蚀东北林权,而且百般阻挠清政府组织的林业开发活动。如光绪末季,巡抚周树模曾命幕僚黄兴元筹划开采吉林境内森林,所采木材经鸭绿江运至关内出卖,"木商以质坚度长,干粗圆直,优于他处之杉、舶来之松",很快将其抢购一空。"迨于二批装渡鸭绿江时,已先为日本侦悉,军舰阻不许运,且强将木排夺去……不仅我方难以水运,并继采之权,亦已早被攫夺"。②

清政府也采取措施,防范日人势力向邻近地域延展。如光绪三十四年(1908年),时任督办延吉边务的陈昭常鉴于和龙峪以西之杉松背地区森林繁盛,为抵制日人侵夺利权起见,以"保护官有森林"为名,将该林区封禁,凡入山采伐者,若无边务公署颁发之砍票,一概不得入内。日人大为不满,"妄以地方未定为词,至边务公署交涉数次",经陈昭常等人再三驳斥,未能如愿。是年底,日人唆使朝鲜民众偷砍该区木料300块,被罚充公,"自是日人于该山森林,始不妄行采伐焉"。③

实际上,无论是日本还是俄国势力掌控鸭绿江森林,都免不了从清政府那里索取各种特权,而直接遭殃的是沿江一带的中国木把、林商们。

二、鸭绿江采木公司的成立与运转

日本在鸭绿江流域拓展森林利权的同时,不断与清政府交涉,谋求与之订立条约,急于将所获侵略利益以法律条文的形式固定下来。《中日合办鸭绿江采木公司章程》的签订及鸭绿江采木公司的成立,标志着鸭绿江沿岸森林彻底落入日人掌握之中。

(一)《中日合办鸭绿江采木公司章程》的订立

鸭绿江采木公司缘起于日俄战争结束后签订的《中日会议东三省事宜条

---

① 《日人强据大东沟木植》,《振华五日大事记》1907年第23期。
② 李膂梵:《日攫林产之回忆》,《互助周刊》1932年第13卷第4期。
③ 〔清〕徐世昌等编:《东三省政略》(上册)卷一,边务,延吉篇,李澍田点校,吉林文史出版社1989年版,第84页。

约》(即《中日满洲善后协约》)附约第 10 款："中国政府允设一中、日合同材木公司,以采伐鸭绿江右岸之森林。其地区年限,与公司如何设立,及一切共营章程,另订详目规定,总期两国股东,均分权利。"[1]次年,日本驻京使臣林权助将其所拟《鸭绿江木植公司章程要目》提交外务部,请求约定时间,双方会商。外务部认为"木植一项,关系商民生计,应由奉天将军北洋大臣详查核议",要求其转赴天津,与北洋大臣磋商一切。

1907 年,日本公使携带 11 条草案,与时任北洋大臣袁世凯等人会商,双方意见出现分歧:其一,日方坚持将包括浑江流域在内的整个鸭绿江右岸森林划为采伐区域,中方认为应"限定一部分",将浑江流域森林排除在外。其二,日方意欲取得永久经营权,中方主张将采伐期限定为 17 年。其三,日方认为森林公司所获纯利,应双方均分,而中方倾向于"先以二成纳税政府",然后再行均分。其四,关于公司职员,日方希望中日两国各选一人充当总办,中方则提出"职员全部或一部,均归中国委任"。[2]日本公使所提各条,遭袁世凯"逐条辩驳",因"日本使臣以鸭江右岸牵引浑江,始终固执毫不松动",故"悬岩[宕]经年,屡议屡阻",[3]谈判一度陷入僵局。翌年,外务部会办大臣那桐偕奉天巡抚唐绍仪,与日本公使"磋商再四"[4],最终议定《中日合办鸭绿江采木公司章程》13 条。其要点如下:

(1) 中日合办木植公司定名鸭绿江采木公司,资本定为 300 万圆,由中日两国各出半数,总局设在安东,如公司认为有必要,在呈报督办获准后,可于各处设立分局;

(2) 公司创办伊始,先由两国派员设局开办,待 1 年后公司事务整顿妥当,再由两国招商承办,其专采区域"划定鸭绿江右岸自帽儿山起,至二十四道沟止,距鸭绿江面干流六十华里为界",由中日双方共同勘测,立标为界;

(3) 公司营业期限为 25 年,期满后,"如中国政府视公司经营事业尚为妥协",公司可呈请中国政府酌情延长营业年限;

(4) 公司对华人木把生计应予维护,"除第一条声明划定界内准公司

---

[1] 李执中:《日本外交》,商务印书馆 1938 年版,第 127 页。
[2] 《停议鸭绿江森林》,《振华五日大事记》1907 年第 11 期。
[3] 《清外务部奏报订立中日合办鸭绿江采木公司章程晤商经过》,载通化市政协文史学习委员会编:《东边道经济开发史略》农林篇,文献,1998 年印行,第 325—326 页。
[4] 郭葆琳、王兰馨编:《东三省农林垦务调查书》,神田印刷所 1915 年版,第 92 页。

采伐外,其余界外暨浑江之森林,仍归中国旧业木把采伐",木把所需款项,应向公司借贷,其所采木料,"除江浙铁路公司所需枕木,及沿江人民自用木料直向木把采买外",其余全归公司收买,"公司应按市价发卖,不得任意垄断";

(5)公司应设督办1员,由奉天督抚委派东边道台兼理,监督公司经营事务,另设理事长2员,中、日两国各派1员,"经理公司一切业务",其余理事、技师等员"由理事长会同选派";

(6)公司营业所得,"除一切费用外,以纯益百分之五报效中国国家",所余净利由中日两国股东均摊,至于应纳税项,"俟在奉天商议详细章程时,两国委员查明向章数目,商准地方官酌为减少";

(7)公司限于章程议定后3个月内开办,开办后,日本政府将此前所设木材厂等机构一概撤去。[①]

该章程以法律形式确定了日本在鸭绿江右岸地区的森林采伐、经营特权。从条文上看,中方官员的反复交涉似乎起到了一定效果,林权损失降低了不少。如采伐区域并不包括浑江流域,公司在该流域只有收买之权,华人生计亦以贷款采伐的方式得以保全。然而在实际运行中,日方恃强蛮横,不顾劝阻,不断扩大专采范围,非法掠取森林权益,这些保护性规定并没有得到切实遵行,实为一纸空文。

除该章程外,两国还签署了若干相关文件,如根据《章程》第11条的规定,1908年4月日本使臣冈部三郎与奉天度支司使张锡銮签订《中日合办鸭绿江采木公司办事章程》21条,又于同年8月制定上述办事章程之备考书《中日合办鸭绿江采木公司办事章程副章》7条,兹不赘述。

(二)鸭绿江采木公司的成立与运行

1908年9月,采木公司正式开办、营业,日方遵照合同要求,将木材厂撤废,并将营林厂改组为新义州营林署。开办8个月后,中方以"界外之木把,谣喙纷纷,群忧失业,且迁延不办,将来如有侵越,亦复无从辨证",特通告奉天日本总领事派出委员,与沙河税捐局总办李凤年一道前往划定专采区域界限,并

[①] 鸭绿江采木公司编:《鸭绿江采木公司规则汇集》第一辑《通则及庶务》,安东:仁川活版所支店1917年印行,第1—5页。

"绘图立标","以便彼此遵守"。①

公司遵章设置督办、理事长等职,民国以后,"理事长由本省(奉天省——引者)长官委派"②。日常营业事务为"自营采伐、贷金采伐、收买木材、贩卖木材、贮存木材、保管木材、整理漂木等"。组织架构如图所示：

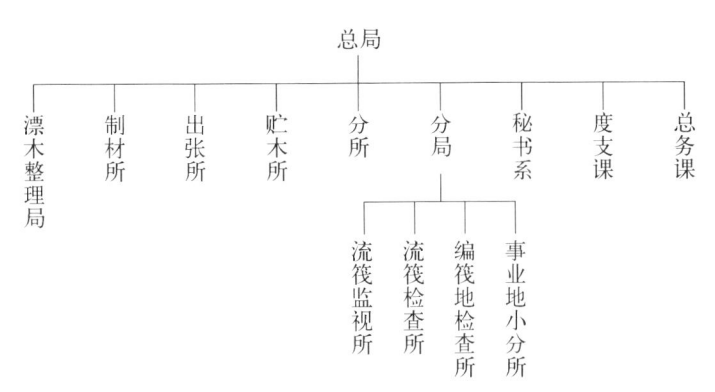

```
                              总局
   ┌────┬────┬────┬────┬────┬────┬────┬────┐
  漂木  制   出   贮   分   分   秘   度   总
  整理  材   张   木   所   局   书   支   务
   局   所   所   所        │    系   课   课
                      ┌────┼────┬────┐
                     流    流    编    事
                     筏    筏    筏    业
                     监    检    地    地
                     视    查    检    小
                     所    所    查    分
                                 所    所
```

图4-1　鸭绿江采木公司组织架构示意图③

该公司于总局内分设4课。其中调查课负责采伐事业的规划、执行,营业课专司木材贩卖,会计课分管"财政、出纳、经济、统筹"等财务工作,秘书课则管理公司内部机密文件。④ 1915年进行改组,将调查、营业两课并为总务课,会计课改为度支课,秘书课改为秘书系。

该公司在鸭绿江流域设置3个分局,在浑江流域设立2个分局、1个分所,另在安东地区成立2个分所、1个贮木所。这些分局的地理方位、管辖区域及主管事务,详见表4-1：

表4-1　鸭绿江采木公司分支机构一览表⑤

名　　称	位置	管　辖　区　域	主管事务
总局	安东县	鸭江右岸自帽儿山起至二十四道沟止,以及浑江流域	区域内之采伐事业

---

① 《奉天行省稿一件为派员勘订鸭江木植公司界限一案咨呈外部查核并分札由》(原件无时间),辽宁省档案馆藏民国奉天省长公署档案,档号：JC10-1-2275。
② 王树楠、吴廷燮、金毓黻等纂：《奉天通志》卷一一八,实业六,林业,民国二十三年(1934年)印行,第7页上。
③ 谢先进：《鸭绿江右岸之林业》,铅印单行本,1927年印行,第26页。
④ 《鸭绿江采木公司创立第十周年营业汇编》,1919年印行,第12页。
⑤ 李侃：《鸭绿江采木公司事业志略》,《学艺》1918年第1卷第3期。

(续表)

名　称	位置	管　辖　区　域	主管事务
通化分局	通化县	浑江流域及柳河县并濛江汤河之森林地域,但指运出浑江者而言	包工采伐、贷款采伐
八道江分局	通化县临江县间	西南以通化分局管辖区域为界,东以鸭浑两江分水岭帽儿山分局之管辖区域为界,北至濛江、汤河之森林接续地,跨连浑江左右两流域	包工采伐、贷款采伐
长白分局	长白县	县境内十四五两道沟之分水岭起至二十四道沟止	自营采伐、包工采伐
帽儿山分局	临江县	浑江口以上绿鸭江干流流域中由辑安临江两县一带地方起至六七两道沟之分水岭,并汤河方面之森林地域,但指运出鸭江者而言	自营采伐、包工采伐、贷款采伐
十三道沟分局	长白县	鸭江干流六七两道沟之分水岭起至十四五两道沟之分水岭止	自营采伐、包工采伐、贷款采伐
浑江口分所	辑安县	不详	查䇹
马市奎分所	安东县	不详	查䇹
沙河镇分所	同上	不详	查䇹、贮木
六道沟分所	同上	不详	查䇹、贮木

根据上表,各分局主要负责管理采伐、放䇹,并按章程规定,收购中国木把之木材。此后,各分局有所变动,因业务减少,十三道沟分局归并于长白、帽儿山两分局之内;通化分局撤销;八道江分局"因匪乱移于通化",名曰"驻通八道江分局",其分所设于距安东30里之马市台。[①]

公司在安东六道沟设有贮木所,主要掌管木材检收、支付、贮存、保管事宜。1912年开始建筑䇹坞,坞中可容纳木材300万立方尺,"虽洪水泛滥,亦无流失之虞",各类水陆设备渐趋齐整。该所不但保管公司自有木材,而且对外承接贮木业务,征收一定数额的保管费,"更应寄主请求,将所有交付保管之木材,估价发给保管证券,可流通于市面"。[②]

---

① 《鸭绿江采木公司之设施》,《农声》1930年第138期。
② 谢先进:《鸭绿江右岸之林业》,铅印单行本,1927年印行,第30页。

漂木管理局系该公司附设机构之一,设于安东六道沟,负责捡拾、整理及返还鸭绿江右岸漂流木,"其经费定为公司特别会计"。该局于长白十三道沟、帽儿山及通化之各分局内附设支局,"浑江口、马市台、沙河镇各分所内亦同时附设焉"。① 自该局设立后,"酌定返还费用,交漂木于原主,鸭江漂木之整理,至是始见绪端"②。

由上可知,鸭绿江采木公司内部机构复杂,功能全面,是一所半官方半企业性质的、兼具经营、管理职能的特殊机构。其权限极大,"该公司森林产业,所开采者,固独得贩卖之权,即非该公司产业,而其所开采之森林,贩卖权亦归该公司所有"③。更何况随着时间的推移,公司不再遵守专采区域60华里界限的约束,"其采伐地点,亦不止远在二百里以外"④,"并侵入浑江流域"⑤。1924年,公司将辑安、临江两县林木采伐殆尽后,又将长白、安图、抚松三县森林纳入专采范畴。⑥

该公司名义上归东边道管辖,但实际经营、管理大权稳操日人手中。公司日籍职员自理事长以下,"皆以出身大学之林学专家充之",而中方除了新聘一名专家外,余皆门外汉,故技术层面日方占据主导地位。⑦ 此外,日方还在交通运输等方面拥有绝对优势,时人指出:"南满地方鸭绿江右岸及浑江一带之林业,与黑龙江省及吉林省林业经营不同之点,即南满林业完全在鸭绿江采木公司监督下,而经营之也。按照条约规定,对于采木公司,中日两方利权均等,但日本方面在鸭绿江林区中具有出路,安东有日本租借地,并有安奉铁路,故日本对于鸭绿江林业之势力,其实远在中国之上也。"⑧

中国政府也曾计划将采木公司改为商办,但因日人在此经营有年,根基已固,哪里肯轻易放弃,最终都不了了之。如1915年农商部鉴于新颁《森林法》第4条规定"国有林有左列情事之一者,应归农商部直接管理,一关系江河水源者,二面积跨越两省以上者,三关系国际交涉者",而鸭绿江右岸森林"既属

---

① 《鸭绿江采木公司创立第十周年营业汇编》,1919年印行,第16页。
② 谢先进:《鸭绿江右岸之林业》,铅印单行本,1927年印行,第32页。
③ 《伐鸭绿江森林》,《万国商业月报》1909年第14期。
④ 《鸭绿江采木公司合约期将满》,《农声》1930年第138期。
⑤ 《安东总商会为呈请饬令实业厅禁发林照以保全国土挽回利权事》(1920年3月),辽宁省档案馆藏民国奉天省长公署档案,档号:JC10-1-7764。
⑥ 《日商拟扩张鸭绿江采木区域》,《农商公报》1924年第10卷第119期。
⑦ 陈植:《满洲之农林概况及日人开发满洲农林业之设施》,《东方杂志》1925年第22卷第24号。
⑧ [俄]苏林:《东省林业》,中东铁路印刷所1931年版,第168页。

水源,又关交涉,不得不首先整理",敦促采木公司尽快兑现"开办之始,由两国派员设局开办,一年后一切事务整顿妥协,即由两国招商承办"之承诺,迅即改为商办,"庶得适用公司条例,不致漫无约束"。① 然而,公司对此置若罔闻,农商部亦无可奈何。

第二节 俄国对中东铁路沿线森林的侵占

近代,俄国对东北森林主权的掠夺,主要有3条进路:其一,成立特殊机构,夺取鸭绿江右岸的中国森林。日俄战争后,这一路径已被日本斩断。其二,在中俄边境地带越境私砍。如清末黑龙江兴东兵备道呈称:"兴东地方森林最称丰富,近被俄人越界私砍,不可胜数,若不及早经营,数年后恐砍伐殆尽,殊为可惜。"②民国时期,俄人继续越境盗伐奇乾、漠河、呼玛、鸥浦等县森林。③ 其三,以修筑中东铁路为名,由铁路公司出面砍伐,或由木把自行采伐沿线森林,此为俄国侵占东北林权的主要形式。

一、铁路沿线森林采伐合同的签订

铁路建设所必需的,除了土地而外,还有工程所需各种原料,尤其是薪炭材和枕木材。近代俄国以"借地修路"为借口,将铁路作为攫取中国东北森林资源的工具,夺取中东铁路沿线大片森林。1896年俄国迫使清政府签订《合办东省铁路公司合同章程》,该章程第4条规定:"中国政府谕令各该管地方官,凡该公司(东省铁路公司——引者)建造铁路需用料件,雇觅工人,及水陆转运之舟车夫马并需用粮草等事,皆须尽力相助,各按市价,由该公司自行筹款给发。"④1898年,又与清政府订立《东省铁路公司续订合同》,该合同第4款进一步规定:"按照光绪二十三年中国政府允准公司开采木植、煤斤为铁路需用,现准公司在官地树林内自行采伐,每株缴价若干,由总监工或其代办与地方官公

---

① 《饬鸭绿江采木公司准农商部咨请转饬制材公司章程改正再行送部核办由》(1915年2月),辽宁省档案馆藏民国奉天巡按使公署档案,档号:JC10-1-2278。
② 《兴东道对于森林之计画[划]》,《广益丛报》1910年第229期。
③ 贾成章:《东北农林业之调查》,《中华农学会报》1930年第75—76期。
④ 宓汝成主编:《中国近代铁路史资料(1863—1911)》(第2册),中华书局1963年版,第353页。

同酌定,惟不得过地方时价。"①这意味着由俄国把持的"中国东省铁路公司"获得了铁路沿线的森林采伐权,此为该国"实行正式染指之始"②。

然而,俄人并不感到满足,为了获得更多森林,反复与清政府交涉。1904年,在东省铁路公司总办霍尔瓦特的威胁利诱下,黑龙江铁路交涉总局总办、湖南候补道周冕与之签订《黑龙江省铁路公司与东省铁路公司订立伐木合同》。其第1条规定:"东省铁路公司,在以下所指地段树木内只有砍备各项木植材料之权:甲、陆路自庆其斯汉站至雅克山站,铁路两旁各卅五华里各树林。乙、水路在呼兰河内之纳敏河东岸至大呼兰河西岸中间一带树林。其界限自此二岔河各至水源为止。丙、水路在松花江之北岸权林河至港湾河中间一带树林。其界限自此二岔河各至水源为止。"第2条规定:"……至江省所属别处树林,地方铁路公司,亦可砍伐木植材料,但须按照地方官颁给各项人等通行章程砍伐,其票费仍照运至铁路木价核算,值百抽八认缴。"第3条规定:"以上所指第一条地段界内树林,铁路公司亦可允给商民砍伐,惟须由铁路公司按运至铁路核算价值,以每百分之八认缴黑龙江省将军衙门官库票费。"第4条规定:"以上第一条所指地段界内树林,其如何砍伐,铁路公司可自行设法布置;惟须多雇江省本地人工作。"③

从内容上看,合同第1条所划林场四周大多模糊不清,例如所谓"水路两岸中间一带",距离尚可测算,而"自河口至水源为止"之距离则实难界定,俄方完全可以借机大做手脚,随意拓展四至界限。第2条规定对于黑龙江省其他林区,铁路公司亦可采伐,这就意味着采伐区域并不仅限于铁路沿线。第3条所定由铁路公司核算木材价值,有可能成为俄方肆意剥削中国木把的合法依据。总之,这是个地地道道的卖国合同,如合同成立,清政府在东北北部的森林权益将荡然无存。该合同公布后,国内舆论大哗,"迭经黑省大吏驳拒,以该合同为周某与俄人私订,应归无效"④。清廷亦认为划出区域过大,感到难以接受,乃由吉、黑两省将军代表杜学瀛、宋小濂分别与铁路公司交涉,经过长达一年的艰苦谈判,才将周冕所定合同废止。

---

① 《东省铁路公司续订合同》(1898年7月6日),载解学诗主编:《满铁档案资料汇编》第3卷《列强势力范围争夺与中东路》,社会科学文献出版社2011年版,第489页。
② 谢次颜:《东北森林概况及俄人染指始末》,《文物月刊》1930年第1卷第3期。
③ 陈嵘:《历代森林史略及民国林政史料》,金陵大学农学院森林系林业推广部1934年印行,第54—55页。
④ 许阶平:《最近之东三省》,辽宁省立第二工科学校1929年印行,第41页。

1907年,吉林省地方官员杜学瀛与霍尔瓦特在哈尔滨签署《吉林木植合同》。合同第 1 条规定了中东铁路在吉林省内的 3 处砍伐地段,包括石头河子、高岭子,"此二段系原领富郎克地一段,长八十五华里,截分为二";一面坡,"其地段宽广均不得过二十五华里,即六百二十五方华里"。第 2、3 两条明确了采伐程序:"铁路公司应于砍备木植以前,及在指明地段内,拟备木料数目、种类,知会铁路交涉总局,领取砍木票照,内应注明拟备木植种类、数目。""此项票照,应俟铁路公司按照所开木植数目,缴纳三成之一票费后,由华官即行照发。其余票费,于木植备齐后,按照票内所注实在木数,一律交清。""每年应于俄八月初一日发给铁路公司砍木票照,以一年为期,所有上届砍备木植票费,至时应结算交清。倘一年期满,实行砍备木植不及票照内所开数目三成之一,则预付票费应归中国官库,例不发还公司。"第 4 条特别强调:"指给公司之砍木段落界址,应由铁路公司自行出资,在当地划分清楚;铁路公司不得越界砍伐木植。华官不得在上开地段内另准他人砍木,如有他人擅自砍木,华官须竭力设法禁止。"第 11 条对砍伐数量作了限定:"按照现在铁路情形,吉省共需用各项木料,如火柴每年以二十万古磅,道木以八十万块,大木以二十万根为度。如日后铁路振兴,并改良一切,应需木料过于上开之数,则华官亦可照允。"①

1908 年,黑龙江省与俄方重新订立《黑龙江铁路公司伐木合同》,其内容基本照抄《吉林木植合同》。不同点主要在于,第 1 条规定东省铁路公司有权在黑龙江省以下 3 处地段砍伐木料:"(甲)第三百八十四号岔道相近火燎沟地方,其地段长不过三十华里,宽不过十华里。(乙)巴林车站相近皮洛以地方,其地段长不过三十华里,宽不过十华里。(丙)沿汊林河,由该河汇入松花江之河口起,自下流往上计,长五十华里,宽由河岸往右二十华里,往左十五华里。以上三处地段,自绘妥地图后,应将当地界线详细划定。"②第 11 条规定铁路公司在黑龙江省每年采伐之木桦不得超过 10 万立方沙申,枕木不得超过 30 万根,圆木不得超过 10 万根,但"如将来铁路业务发达,需要采伐之木材较多时,中国政府亦可予以允许"。③

---

① 《吉林木植合同》,载王铁崖编:《中外旧约章汇编》(第 2 册),生活·读书·新知三联书店 1959 年版,第 421—423 页。
② 缪学贤编:《黑龙江》,东三省筹边公署 1913 年印行,第 53—54 页。
③ [俄] 苏林:《东省林业》,附件十七,中东铁路印刷所 1931 年版,第 48 页。

就以上两个章程划出林区的面积来看,"比周氏所订略小",其四至也较为明确。自两章程签订后,俄国获得了吉、黑二省林场自有权,中东铁路有了直接经营的林场。因章程第12条规定"铁路如须将应用敷余之木植外卖,应按照中国通行税则缴纳税费",故铁路公司不仅可以采伐沿线木材,而且有权将所采木材自由出售。①

此后,俄方又多次要求拓展沿线林场范围。如1910年东省铁路公司"以明年修筑铁路所用之木,恐指定地段之内不敷使用",向清政府申请扩大采伐范围。清政府认为此前所定伐木章程已经"极为公允","所指之处,森林茂密,已足供铁路需用",若果真不敷使用,可以向中国木把购买,据此要求铁路交涉总局"据理阻止,勿稍宽假,以保森林权限"。②

民国初年,俄国借口黑龙江省林区多经长期采伐,林木所余甚少,又与黑龙江省政府交涉,迫使其同意更换林场。1912年,霍尔瓦特的代表丹尼爱尔与黑龙江铁路交涉局总办李鸿谟签署《东清铁路在黑龙江省采伐木材之附加合同》。该合同的主要内容是"以新易旧",其第1、2条规定:

(一)黑龙江省当局根据东清铁路公司之请求,特将前次合同第一条所列之两处林段(即位于霍里果尔地方者及巴木站附近者)易为大兴安岭南绰尔河西岸伊拉尔得支流及五都木果特北岸间之一处林场,其面积不得超过一千五百平方华里。

(二)根据前次合同东清铁路公司所取得之第三处岔林河流域林段,兹特依据该公司之请求,黑龙江省当局代为易以座落八道河附近者,此处林场距离岔林河入松花江口约一百五十华里,其疆界如下:南起八道河与岔林河之汇合处,东为通背河与八道河之分水岭,西为岔林河上游与和兴沟河之分水岭,北界另定,但不得使其总面积超过一千七百五十平方华里。③

根据上述合同,中东铁路获得了绰尔河、岔林河两片林场,共计3 250方里,均为未经开发的原始林区,而退还的两段,历经长期砍伐,已无木可采。俄

---

① 东北文化社年鉴编印处编:《东北年鉴(1931)》,1931年印行,第1376页。
② 《俄人越界砍木之纠葛》,1910年1月23日《申报》。
③ [俄]苏林:《东省林业》,附件十八,中东铁路印刷所1931年版,第49页。

人略施伎俩,再次掠走沿线大量森林资源。后人认为"似此交涉之失败",李鸿谟"显有盗卖之嫌疑"。[1]

二、俄商霸占铁路沿线大片森林

1898年俄人获得中东铁路森林采伐权后,即着手开发沿线森林,铁路修筑到哪里,森林便砍伐到哪里,"中东铁路建筑之初,凡路料所资,汽车(即火车——引者)所用(中东路车向以木桦代炭),以及桥站营建,莫不取之于山林"[2]。待上述《伐木合同》《木植合同》及其《附加合同》订立以后,"东省境内森林,为俄人所攫取者,不一而足,由铁路公司之采集材料,渐变而为私人营业;由中国官厅之授予,渐变而为私人授予……山巅水涯,皆有俄工师之足迹焉"。[3] 俄人对东北森林的侵略方式,开始由铁路公司直接采伐为主,转变为以私人承领、经营为主。公司将手中掌握的绝大部分林场租给私人,一般由俄国把头承领,此为"租借林场",特点有二:其一,地域较大,面积往往超过《东三省国有林发放规则》规定数字的好几倍。其二,期限较长,一般长达20—90年,"实际是无限期的"[4]。这些林场承领人"都是接受东省铁路公司的定货合同后才开始采伐的","不问定货的多少,只要是有利可图,他们就进行生产木材"。[5]

俄国把头"将就近之森林,斫伐净尽"[6]后,为了获得更多木材,决定深入腹地扩大采伐,他们与地方官厅订立伐木合同,承领铁路沿线大片森林。在大兴安岭一带,1906年谢夫谦克与镇守呼伦贝尔等处副都统定下为期3年的采木合同,合同规定:"自免渡河起至兴安岭止,铁路两旁及蒙古地方所有树林,准其益凡舌夫成古(即谢夫谦克——引者)一个人在彼砍伐木植",该商须每3个月缴纳税款一次,"另由益凡舌夫成古呈缴羌钱五千吊永远作为押款,如有短税,准由此款内抽除,至五年期满税款缴清之后,其羌钱五千吊应发还益凡舌

---

[1] 王大中:《一度沦亡之东北》,萃斌阁军学书局1933年版,第91页。
[2] 穆恒洲主编:《吉林省旧志资料类编》(林牧渔篇),吉林文史出版社1986年版,第68页。
[3] 《东三省纪略(摘要)》,载黑龙江省林业总局森林资源调查管理局编:《黑龙江省林业史料汇编》(内部资料),1981年印行,第22页。
[4] 王长富编著:《东北近代林业经济史》,中国林业出版社1991年版,第128页。
[5] 王长富:《沙皇俄国掠夺中国东北林业史考》,吉林人民出版社1986年版,第72页。
[6] 东北物资调节委员会研究组编:《东北经济小丛书·林产》,东北物资调节委员会1948年印行,第96页。

夫成古收回"。① 从此该林商开始承揽大兴安岭一带森林采伐权。

1914年初,谢夫谦克又与蒙古呼伦贝尔(此时该地区处于"独立"状态)政厅签订《大兴安岭地方山林采伐契约书》,进一步明确对大兴安岭森林的采伐专有权。契约第1条规定:"从兴安岭山脉分水岭起迄于扎敦河、乌诺河流域及本河川水源以及支流一带免渡河站西方信号柱地区,贷给俄商人谢夫谦克。"第3条规定,该商所采木材数量,每3个月由蒙古政厅官吏计算一次,"关于采伐木材数量,应据实报告蒙古政厅,上缴相当金额"。第4条规定,该商在承租林区内,有权建设"暂时的、规模不大的"运木铁路、住宅及仓库等,并可利用河流运材。第6条规定,蒙古政厅派出官吏1名、骑兵5名,监督该商采伐木材,"对派遣人员之费用,由谢夫谦克每年交纳1 000卢布"。第8条特别规定,该商承领林区如有他人采伐,由蒙古政厅负责驱逐。② 从划定区域上看,较之原有林区扩大不少,值得注意的是,契约并没有规定采伐期限,实则允许谢夫谦克永远承租。这位俄国把头在大兴安岭林区长期经营,成为中东铁路西线地区最主要的木材供应商。

经长期开发后,中东铁路沿线两侧林场密布,大部分为俄国林商所霸占。据满铁调查统计,截至1924年5月,沿线主要租借林区如表4-2所示:

表4-2 中东铁路沿线主要租借林区一览表(1924年统计)③

租借者	林区所在地	面积(单位:平方俄里)
加瓦耳斯基	一面坡	450
加瓦耳斯基	牙布洛尼	430
加瓦耳斯基	二道海林	505
加瓦耳斯基	横道河子	380
斯基迭耳	九节泡	750
斯基迭耳	苇沙河	1 182
斯基迭耳	柁马沟	600

---

① 《呼伦贝尔为派员往查们图克据称有俄商揽伐大岭一带木植照章交税将原定合同合译汉咨请核办致黑龙江将军咨文》(光绪三十二年六月二十二日),载苏崇明主编:《满铁档案资料汇编》第9卷《农林牧业扩张与移民》,社会科学文献出版社2011年版,第589—590页。
② 《谢夫谦克与蒙古政厅契约》,载苏崇明主编:《满铁档案资料汇编》第9卷《农林牧业扩张与移民》,社会科学文献出版社2011年版,第598页。
③ [日]南满铁路调查课编:《吉林省之林业》,汤尔和译,商务印书馆1930年版,第180—181页。

(续表)

租借者	林区所在地	面积(单位：平方俄里)
斯基迭耳	细鳞河	700
毕丘考夫	牙布洛尼	450
中东制材公司	山石	2 040
中东铁路	石头河子	920
诺夫丁可	不详	300
中东海林公司	海林	1 304
卡新	磨刀石	900
蔡耳加束	穆棱	300
卜包	马桥河	2 400
海林公司	大海林河	1 304
合计		14 915

表4-2中，除了中东海林公司、中东制材公司为日资企业外，其余均为俄人租借林区，共有林场14处，总计面积为10 267平方俄里。

另据1930年统计，哈尔滨木石税总局所辖中东铁路东线林场共有35处，其发放时间、林场四至及营业情况如表4-3所示：

表4-3 哈尔滨木石税总局所辖中东铁路东线
林场一览表(1930年统计)①

序号	林场归属	林场地点及四至	发放年份	营业情况
1	俄商协结斯	地点在帽儿山，由帽儿山站起至乌吉密站止，铁路两旁各40华里，长56华里	1909	因砍伐年久，现已无木，该商已不领票
2	俄商协结斯	地点在乌吉密至一姑娘站，宽长各40华里，北由乌吉密至班达林克岩界址，长20华里，宽40华里	1909	因砍伐年久，现已无木，该商已不领票
3	俄商协结斯	地点在一面坡至九节泡，顺铁路长20华里，铁路南面40华里	1909	因砍伐年久，现已无木，该商已不领票

① 根据厚生：《吉林省已放林场之调查》(《中东经济月刊》1930年第6卷第6期)相关资料整理。

(续表)

序号	林场归属	林场地点及四至	发放年份	营业情况
4	俄商协结斯	地点在细鳞河站,东西各20华里,铁路南面40华里	1906	因砍伐年久,现已无木,该商已不领票
5	俄商协结斯	地点在抬马沟,由西号杆三俄里起,至偏脸子河道岔东号杆止,铁路两旁各40华里	1906	因砍伐年久,现已无木,该商已不领票
6	俄商协结斯	地点在苇沙河站,由鲁克少窝小站起至克展士窝小站止,铁路两旁各40华里,长60华里	1906	该商尚逐年领票砍伐
7	俄商协结斯	地点在鲁克少窝苇沙河林场南界以外,东西长60华里,宽40华里	1912	该商尚逐年领票砍伐
8	俄商协结斯	地点在元宝顶苇沙河林场北界以外,东西长60华里,宽20华里	1911	该商尚逐年领票砍伐
9	俄商葛瓦斯	地点在大亮珠河东西两岸,东西南北宽长各40华里	1911	本段林场逐年领票两张,分大亮珠河左右岸
10	俄商葛瓦斯	地点在大高力山(俗称一面坡场),东西续长87华里,宽24华里,北面宽17华里	1906	本段林场逐年领票两张,分大亮珠河左右岸
11	俄商葛瓦斯	地点在二道海林河,由沿河两岸宽各20华里,长达各支流	1914	本段林场逐年领票两张,分大亮珠河左右岸
12	俄商葛瓦斯	地点在横道河子,东西宽36华里,南北长40华里	1906	本段林场逐年领票两张,分大亮珠河左右岸
13	俄商葛瓦斯车拉卡斯	地点在穆棱河,沿穆棱河流通长80俄里(160华里),西至长岭子为界,东至太平岭,计宽25俄里	1906	已归葛商个人自领
14	俄商葛瓦斯车拉卡斯	地点在穆棱河,沿穆棱河之流通长80俄里,由河岸往东至太平岭为界,计宽22俄里	1906	已归葛商个人自领
15	俄商石佛陈克	地点在石头河子,东至司林钦,西至牙不力林场,南至铁路公司林场,北至葛瓦斯林场	1908	已归葛商个人自领
16	俄商保博夫	地点在乜河站,由车站南四十华里起,长60华里止,东至尼格来也夫林界边,向西15华里	1906	已归葛商个人代领

(续表)

序号	林场归属	林场地点及四至	发放年份	营业情况
17	俄商保博夫	地点在磨刀石站,东西宽七俄里,南北长38.5俄里	1906	已归葛商个人代领
18	东北木材公司	地点在牙不力小站,东界由石头河子站至铁路局及富郎克林场为止,西由克展土窝小站至协结斯林场为止,南至铁路公司林界,北至葛瓦斯林界	1906	已归葛商个人代领
19	中东海林采木公司	地点在账房山子车站,南至山沟口,北至沟里,西至黄花松甸子沟,东至道士帽子沟	1908	已归葛商个人代领
20	中东海林采木公司	地点在海林站北沟,在本公司地段北林场一处,东西30俄里,南北30俄里,又在本公司地段东林场一处,长30俄里,宽10俄里	1911	已归葛商个人代领
21	中东海林采木公司	地点在大海林河两岸,东至小梨树沟界,西至张广才岭东山脚,南面东至荒沟,西至大杨木沟,北至赵辑五林界	1917	已归葛商个人代领
22	华商张玉堂	地点在石山站、黄花松甸子、丁懒子沟、偏脸子等处,东西南北宽20华里,西面斜长40华里,南面长15华里,东西南均至成梦圣林场,北至石佛陈克林界	1917	已归葛商个人代领
23	华商白景桓	地点在三道窝集,南北长共40华里	1918	已多年不领票砍木
24	华商林保祥	地点在横道河子角三道窝集铁路迤东,东至分水岭,南至黄山脚,西至铁路东山分水岭,南宽20华里,北22华里,东20华里,西22华里	1918	已多年不领票砍木
25	华商承泽堂	地点在毕展窝集、小亮珠河上掌等处,面积678方里	1925	已撤销移转
26	华商承泽堂	地点在二道河子宁安县属牡丹江,东西长10华里,南北宽30华里	1925	已撤销移转
27	华商承泽堂	地点在三道河子宁安县属牡丹江西岸二道河子至三道河子,林场处面积1 600华方里	1925	已撤销移转

(续表)

序号	林场归属	林场地点及四至	发放年份	营业情况
28	华商承泽堂	地点在四五道河子牡丹江西岸三道河子至五道河子,林场处面积576方里	1925	已撤销移转
29	震兴金矿	地点在双龙河桦川县属,东至双龙河上源	1918	已多年不领票砍木
30	惠吉林业公司	地点在天马顶子同宾县东北养字北牌,东以老爷岭分水为界,西以大小遂河与葛商林场东界毗连,南以天马顶子为界,北与商子英林场界边毗邻	1919	已多年不领票砍木
31	商子英	地点在黄泥河子,东至老爷岭分水,西至无影山,南至惠吉公司,北至黄泥河子	1919	已多年不领票砍木
32	俄商福鲁布列士	地点在大高力山,由一姑娘站起,向东北与午线作四十度,与阜丰公司林场西界毗连,东北97华里,南界延蚂蜒河右岸,27华里,西界东北行92华里,西南行27华里	1906	自1924年起不再领票砍木
33	杨介臣	地点在驷马河,共396方里	1920	因与葛瓦斯林场重复包套,已不发砍票
34	俄商司林钦	地点在都道一字站,由西号杆起,向东沿铁路10华里,铁路两旁各20华里	1906	于1921年由铁路局领取砍伐
35	中东铁路局	地点在石头河子一段、高岭子一段、一面坡一段	1906	中东路局逐年纳费砍木

从表4-3亦不难看出俄国林商在沿线森林中的优势地位,其占据了35片林场中的20片,如果算上由中、日资本承领,后转归俄商葛瓦斯领取或代领的中东海林采木公司、华商张玉堂林场等,俄商的优势就更大了。就林场四至来看,俄商所领林区面积普遍较大,边界相互衔接,基本连成一片。以上林场承领权处于不断变动之中,有因木材砍伐殆尽不再换领砍票,因而自动放弃者;有因时局不靖、土匪作乱,不能继续作业者;也有因重复发放,被发觉后遭到取消者。长期坚持换票砍木之林区"不过尚有二十四五处而已"。

较之俄人的强势地位，中国林商不免相形见绌，其资本既不及俄商殷实，亦不能享受中东铁路提供的种种便利和特权，在激烈的竞争中往往处于劣势。正所谓"小商已归并于大商，我国商人则归并外商，一则非资本雄厚不办，二则非中东路局予以资助及便利亦不能办也"①。俄方还想方设法排挤、打压中国伐木公司，其手段有二："（一）其林厂凡在中东路范围之内者，俄人即重索运费，使其运出不能得利。（二）其林厂若在松里两江流域内，欲运至欧美销售，一至伯力等埠，俄人即苛勒关税，使其运出亦必大为赔累。"②这使得先天不足的华人公司更为雪上加霜，难以逃脱被兼并的命运，"中东路沿线木材之利遂尽归于外人"③。总之，就中东铁路沿线林区而言，"在九一八前，采伐权多落于俄人之手：或俄人商办，或东铁自办，或中俄合办，总是离不开俄国的势力范围"④。

第三节　日本对东北森林资源的进一步掠取

清末日本在鸭绿江流域夺取了大量森林，"然其范围，不过沿鸭绿江流域六十里，且与中国合办者，固未尝踌躇而满志也"。在"南满之优越权已经攫夺到手"之后，"遂拟乘此机会，大攫森林之利权"，⑤意欲继续扩大森林权益。这一迫切欲望，在满铁所编《吉林省之林业》一书中有所反映。该书先百般指责吉林林政之废弛，而后声称"森林伐木之有效期间，大抵有一定限度，超过年限，则树木以自身活力素之减退，易受虫害及其他侵袭，故或讲防御之道，或乃不如采伐"，尤其是吉敦路沿线森林，如不加以开发，则"必有噬脐之悔"，为侵伐吉省森林摇旗呐喊。最终更是露骨地表达对吉省林权的贪求："日本对于吉林森林，亦有指导之责；况有可以强求之权利，则更属当然矣。"⑥以"中外合资"形式开办森林公司，是日人惯用的扩张手段。

---

① 厚生：《吉林省已放林场之调查》，《中东经济月刊》1930年第6卷第6期。
② 树屏：《东三省森林及日俄经营之势力》，《民铎》1917年第1卷第3期。
③ 厚生：《吉林省已放林场之调查》，《中东经济月刊》1930年第6卷第6期。
④ 王维新：《东北在我国经济上的价值》，外交月报印刷所1934年版，第185页。
⑤ 《长白之森林休矣》，1915年11月16日《益世报》。
⑥ [日]南满铁路调查课编：《吉林省之林业》，汤尔和译，商务印书馆1930年版，第286页。

一、中日"合办"森林公司的开设

(一)"合办"公司的历史渊源

自中日《马关条约》允许外人在华投资设厂后,外国资本开始涌入中国境内。在各类不平等条约掩护下,这些纯外资企业和中外合资企业具有很强的奴役性、侵略性,其宗旨在于控制中国的经济命脉,加强对腹地资源的掠夺。近代日人通过投资创办义盛公司、鸭绿江采木公司,尝到了合资开办森林公司的甜头,于是决定追加投资,"根据公司法也好,根据契约的也好,或者是根据条约的也好,其中多数是属于借贷资本的输出",[①]在森林更为茂盛的吉、黑二省增开合办企业,以进一步掠夺东北森林资源。

日人联合中国政府或商人共同采伐,亦有获取"合法"身份之现实需求在内。遵照《东三省国有林发放规则》,承领三省国有林者,必须是中华民国国民,或"依中华民国法律成立之法人",以此维护国有林权、避免利权外溢。这给野心勃勃的日本林业资本家们造成了不小"困扰",只得由华人出面承领森林、担任公司法人,他们则在幕后出资策划、操纵一切。"中外合资"为这些企业披上了合法外衣,成为日本林商间接掠取东北林利的不二法门。

吉、黑林矿借款为日资进入东北提供了新的契机。日人发起该借款的根本目的是"掠夺吉林省延吉地区的森林资源和黑龙江省的金矿",[②]借款成立后,日方成为债权人,有了对中方颐指气使的资本,不断要求地方政府与之签署合办协议。正如吉林省政府公文所言:"近年以来,欧战告终,时局剧变,远东势力递相转移,嗣因森林借款问题发生,日本官商遂得乘机崛起,藉欲取而代之"[③]。

(二)"合办"公司的密集开设

吉林省是日本林业资本流入的重点地区。1916—1918年,日本各大财阀大举进军该省,掀起一股合资办厂的高潮。据《满蒙全书》记载:"大正七年(1918年——引者)以来,财政连续好转,以富宁、华森、丰材三大日中合办会社

[①] 王长富编著:《东北近代林业经济史》,中国林业出版社1991年版,第173页。
[②] 《"西原借款"(资料)》,载复旦大学历史系中国近代史教研组编:《中国近代对外关系史资料选辑(1840—1949)》(上卷·第二分册),上海人民出版社1977年版,第398页。
[③] 《呈 第一百四十三号 中华民国八年七月七日》(1919年7月),吉林省档案馆藏民国吉林省政府档案,档号:J101-8-419。

为核心,三井、三菱两出张所,南昌洋行及其他个人经营的多达二十余个,以形成支配今日吉林木材界的势力。"①该省南部松花江、牡丹江上游一带林场,大部为日资所控制,"以大仓系统及王子制纸公司系统所投下者为最多",其主要者有丰材股份有限公司、兴林造纸股份有限公司、华森制材公司、富宁造纸股份有限公司、黄川采木公司、合资会社富林公司等,开采面积共约150万町步。②这些公司在申请立案时,"虽有声明,非中日合办者",但深究起来,"无一不有日商之股,且无一而不日商之股居大多数"。③因日人在该省投资采木,设厂众多,原有林场渐至不敷采用,甚至"拟向毗连奉界林区扩充"④。

日方还通过借债注资的方式,在该省成立森林公司。自1922年起,满铁开始利用桦甸地方豪族韩家的资金困境大做文章,先后贷给其91万余日元,将包括韩家全部12个林场在内的财产作为担保,随后将这些林区"作为兴吉公司而独立","计划在该公司桦树林子一带的林场,探伐枕木,作为贷金的偿还"。⑤满铁方面对此高度重视,认为"韩家的资源'开发'是日本发展满蒙的试金石","对韩家资源的森林、耕地和矿区有必要采取全面而积极地加以利用的方法",⑥此为日本对桦甸森林的一次大规模掠夺。总之,在时人看来,当时吉省采木业"几全为日人势力"⑦。

一些具有日资背景、实际由日本控制经营的铁路如吉会铁路等,其两侧林区亦成为日本林商的重点侵渔对象,他们既可获得铁路运输之便利,又可享受各种运价优惠政策。1918年6月,日本通过与北京政府签订借款合同,获得了吉会铁路的修筑权。因该铁路"将会大大拉近日本和吉林的距离"⑧,开发沿线森林变得有利可图,日本林业资本不待铁路完全通车便蜂拥而至。其投资情形如表4-4所示:

---

① 尹太龙译:《满蒙全书》,载吉林市林业局林业志办公室编:《伪满时期东北林业史料译编》(第4集),吉林市科技进修学院复印本1987年印行,第357页。
② [日]园部一郎:《日人眼中之东北经济》,夏禹勋、张其春合译,钟山书局1933年版,第99页。
③ 《吉林之森林与渔业》,《新民报》1920年第7卷第7期。
④ 《闻日人拟在奉界扩充林区电部拒绝由》(1918年6月),辽宁省档案馆藏民国奉天省长公署档案,档号:JC10-1-7891。
⑤ 《〈桦甸县志〉载兴吉公司》,载李澍田主编:《韩边外》,吉林文史出版社1987年版,第129页。
⑥ 《韩家问题方策》,载苏崇明主编:《满铁档案资料汇编》第9卷《农林牧业扩张与移民》,社会科学文献出版社2011年版,第651页。
⑦ 马鹤天编著:《东北考察记》,正中书局1934年版,第162页。
⑧ [日]德富苏峰:《中国漫游记》,张颖、徐明旭译,凤凰出版传媒股份有限公司2014年版,第30—31页。

表 4-4 吉会铁路沿线日本森林投资统计表(1930 年统计)①

投资额单位:日元千元

地　　名	投资形式	投资额	投资年份	投资者
海林附近	中日合办	4 700	1919	东拓会社(日)
吉林省牡丹江流域三道河附近	中日合办	5 000	1922	三井物产(日)
中东铁路东部沿线	中日合办	500	1919	赵守侦、大西库治等
吉林省方正县	中日合办	300	1926	鸭绿江采木公司
牡丹江流域	中日合办	300	1926	裕宁公司植田一夫
吉林省	中国人名义	615	1918	中日丰材公司
吉林省	中国人名义	413	1919	兴材公司
吉林省	中国人名义	1 034	1918	黄川公司
吉林省	中国人名义	2 891	1918	华森公司
吉林省	中国人采伐契约	290	1920	吉林木材株式会社
吉林省	中国人采伐契约	300	1918	三井物产出张所
吉林省	中国人采伐契约	80	1918	三菱合名会社
吉林省	中国人采伐契约	50	1918	吉林采木公司
吉林省	中国人采伐契约	150	1918	日华合资
吉林省	中国人采伐契约	150	1918	石光洋行
吉林省	中国人采伐契约	13	1918	鸭绿江无限公司
吉林省	中国人采伐契约	200	1918	内垣实卫
吉林省	中国人采伐契约	500	1918	吉林省一般日人之小木材商行
吉林省	丹吉公司名义	700	1918	满铁会社
松花江上游	丹吉公司名义	250	1918	满洲制材会社
松花江上游	丹吉公司名义	200	1918	东亚兴产会社

以上投资共计 21 笔,金额总计 18 636 000 日元,单笔投资较大者为三井物产、东拓会社。这些日人资本几乎完全垄断了沿线森林。

---

① 许谨公:《吉会铁路对吉黑的特殊意义(续)》,《中东经济月刊》1930 年第 6 卷 8 期。

吉敦铁路作为吉会铁路一段,沿线情况同样如此,如表4-5所示:

表4-5 吉敦铁路沿线林场承领统计表(1928年统计)①

公 司 名 称	商 人 姓 名
春发木厂	华商李珍
西泽木厂	日商小野
石光洋行	日商佐藤
天海东	华商徐必珍
大河商会	日商中村
河川洋行	日商小林
道木全会	日商浅野
华冒木厂	朝鲜商人
米田商会	日商山田
南冒洋行	日商曾子
金华木厂	日商中村
三合兴	日商佐佐木
鸿花号	日商西善
其荣公司	日商金村
南冒洋行	日商增石
石光洋行	日商洼田
松江林业公司	华商刘文郁

不难看出,沿线木材商人以日本人居多,其中"亦有以中国人出名者",处于垄断地位,华商则显得微不足道,"不免相形见绌"。时人评价"吉敦沿线木业,全为日人所操纵"②,并不为过。

(三) 中日"合办"公司的本质

那么,这些中日合办公司内部实际运转究竟是怎样的,中方管理层又处于

---

① 《吉敦路沿线之大森林》,《农声》1928年第95—96期。
② 贾成章:《东北农林业之调查》,《中华农学会报》1930年第75—76期。

什么地位,对公司经营管理有多少话语权?此处以吉林省桦甸县的丰材公司为例,略窥"中日合办"森林公司的本质。

1921年,吉林省派出的森林调查员报告:"桦甸为产林之区,近年以来,半为外人所垄断,如丰材公司系日人组织,在松江流域上颇占势力。"引起吉林省长的关注,责令所属展开调查。丰材公司获悉后,特向吉林森林局提交申诉书:

> 查公司于民国七年九月间,由中日商人出资合组制材股份有限公司,于是年九月十一日遵照民国公司条例之规定,呈请长春县公署,转呈吉林省长公署,咨农商部注册,当于民国七年十二月三日,奉实业厅第三六九号训令颁发注册执照在案。调查员所称丰材公司系日人组织,是与公司性质有所误会。公司既系民国法人,法律所赋之权利,似应同等享受,惟公司为慎重主权起见,并未承领林场,开业迄今三载有余,而所营事业,限于批买木材、贷款收木两种,凡此事业,与森林采伐权不生直接关系……此种办法,吉林一般木商频年为之,未闻其有干禁令者,故公司亦仿而行之,谅不为过。调查员所称在松花江流域上颇占势力,想系传闻失实之故。①

由以上陈述可以看出,日人打着中国林商的旗号在农商部注册,获得法人地位后,虽然没有直接出面承领桦甸一带森林,但一直牵头从事"贷款收木""批买木材"等事业。具体通过发放贷款的方式组织中国木把砍伐森林,并大量收购所砍之木,从中获取巨利,是桦甸一带森林产业的组织者和控制者,中方职员、木把仅仅充当公司"普通员工""临时劳力"而已。该公司在申诉书中百般狡辩,却掩盖不了其垄断当地林业的事实。

再以1917年签订的《中日合办华森制材公司合同》为例,该合同规定:公司资本共200万日元,中日双方各出半数。设中、日督理各1人,中、日经理各1人,中国督理、经理均由吉林省长委派,"其余公司重要职员,双方各享同等之权利"。公司每年所得纯利润,除"提取百分之二分五"作为农商部造林经费外,其余中日双方均分。公司对于各项木材捐税,"悉照本省向章完纳"。就以

---

① 《呈为遵令声复仰祈鉴核施行事》(1921年11月),吉林省档案馆藏民国吉林森林局档案,档号:J114-1-96。

上内容看,中、日双方的权利、地位似乎是完全均等的,但合同第 3 条却规定"代表人(吉林官办濛江林业局——引者)之采伐制售等事业,均委妥本公司代为办理,代表人仍负监督之责,但不干与[预]营业事务",①事实上将中国官方排除在公司管理层之外,由日方独揽经营管理大权。

总之,所谓中日合办森林公司,其实际权力牢牢攥在日方手中。时人认为日人"利用中日合办之美名,以实行其喧宾夺主之阴谋;故虽名为合办,实无异日本包办"②。对于这一点,一些日人著作亦予承认,如园部一郎认为,就松花江、牡丹江流域中日合资林场而言,"依中国法律,由日本人及中国人合办或中国人名义而设公司着手经营者,因其资金出之日本,经营实权为日本人所握者居多"③。除了创办中日合办公司外,日本还抓住时局变动的有利时机,伺机接手中东铁路沿线的俄人林区,并伙同中国不法木把疯狂盗砍国有森林。如此"多管齐下",意欲将东北森林悉数纳入自己囊中。

二、接手中东铁路沿线林区,盗伐国有林

(一) 接手中东铁路沿线林区

1917 年俄国爆发革命,沙皇的专制政府被推翻了,俄国在远东的统治陷入一片纷乱之中,呼伦贝尔蒙古族上层的"独立"活动失去了靠山。1919 年 11 月,北京政府不失时机地宣布取消呼伦贝尔"特别区",将该地区纳入黑龙江省管辖,并任命了知县。次年 1 月,宣布废除《中俄会订呼伦贝尔条件》,着手收回利权,通知据有大兴安岭林区的伏伦佐夫、依希马科夫等人"同呼伦贝尔政厅签订的合同无效"。④

俄国林商收到通告后,惶惶不可终日,"为自保计,均向日人酌商,或组织日俄合资公司",有的直接将林场让于日人。如 1919 年 11 月,感到情况不妙的谢夫谦克开始寻找新的靠山,"殷切地希望找个有力的合办者,以便使将来的事业能稳若磐石",于是建议满铁哈尔滨公所所长庄司钟五郎成立日俄合办的"西部兴安岭采木股份公司",并通过庄司"向日本资本家提议,拟将该森林

---

① 陈觉:《东北路矿森林问题》,商务印书馆 1934 年版,第 173—174 页。
② 郑苏棠:《日人铁蹄下之东北农林》,《三民半月刊》1930 年第 4 卷第 7 期。
③ [日]园部一郎:《日人眼中之东北经济》,夏禹勋、张其春合译,钟山书局 1933 年版,第 98 页。
④ 《伏伦佐夫林区问题》,载苏崇明主编:《满铁档案资料汇编》第 9 卷《农林牧业扩张与移民》,社会科学文献出版社 2011 年版,第 600 页。

的一切权利核价为 8 000 万日元,请日本资本家出资一半"。① 日本决定抓住这一机会,趁机向中东铁路沿线地区扩展势力。1920 年 12 月,庄司与谢夫谦克签订《关于大兴安岭西部林区契约》,其第 2 条将谢氏所获林权定价 873 万日元,第 1、3 条规定"庄司钟五郎于签署本契约之同时,对谢夫谦克兄弟商会交付上述山林事业价款之一成",其余款项应于 5 年内,即 1925 年 12 月前全部交齐,待交清后,"日本臣民庄司钟五郎以平等权利参加谢夫谦克兄弟商会在兴安岭林区经营之采木事业"。② 这标志着日人势力开始介入大兴安岭林区,成为中方利权收回的障碍。1921 年 3 月,黑龙江省长吴俊升再次重申"取消谢夫谦克木植合同",并命令谢氏"停止林场工作,听候派员接收"。③ 此时日方竟以谢夫谦克保护者的身份跳了出来,公然干涉中方的接收行动。日本外务省指示驻北京公使小幡与各国驻华使臣通气,声称:"取消呼伦贝尔自治不能取消个人私有的既得权益;谢夫谦克的权利已经中国政府承认,并已根据 1915 年 11 月 6 日俄华条约第八条审查完毕",谢氏的权利和庄司的投资合同"都是正当的"。结果,"尽管中国方面提出异议,日本方面对俄人的既得权利和日人的投资利益仍尽力予以保护"。④ 为巩固双方的"合作"关系,1921 年 7 月,满铁会社社长早川千吉郎又与谢夫谦克签订《关于大兴安岭西部森林日俄共同出资契约书》15 条。第 1 条规定满铁投资大兴安岭林区,"按其价格之半数出资",仍以谢夫谦克兄弟商会的名义签约。第 3 条规定双方折半出资,财产"按同一比例"归双方共有。第 4 条规定双方各出资 10 万日元作为事业资金,所需周转资金"由承包贷款及银行借款充之"。第 13 条规定满铁继承庄司在《关于大兴安岭西部林区契约》中获得的权利,"本契约署名同时……原契约失其效力"。⑤ 该契约的签订,意味着满铁最终获得了大兴安岭森林和财产的共有权,日人终于实现了插手中东铁路沿线森林的夙愿。

---

① 《经营大兴安岭森林事业的经过概要》,载苏崇明主编:《满铁档案资料汇编》第 9 卷《农林牧业扩张与移民》,社会科学文献出版社 2011 年版,第 632 页。
② 《关于大兴安岭西部林区日本臣民庄司钟五郎与俄国谢夫谦克兄弟商会之间所订契约》,载苏崇明主编:《满铁档案资料汇编》第 9 卷《农林牧业扩张与移民》,社会科学文献出版社 2011 年版,第 602 页。
③ 程廷恒修、张家璠纂:《呼伦贝尔志略》,载李兴盛主编:《会勘中俄水陆边界图说》(外十一种·下),黑龙江人民出版社 2006 年版,第 2358 页。
④ 《经营大兴安岭森林事业的经过概要》,载苏崇明主编:《满铁档案资料汇编》第 9 卷《农林牧业扩张与移民》,社会科学文献出版社 2011 年版,第 632—633 页。
⑤ 《关于大兴安岭西部森林日俄共同出资契约书》,载苏崇明主编:《满铁档案资料汇编》第 9 卷《农林牧业扩张与移民》,社会科学文献出版社 2011 年版,第 606—607 页。

中国政府看到日本势力的进入已成定局,完全回收利权已不太可能,只得退而求其次,谋求与日本方面合办林业。1921年8月,张作霖致电日本驻奉天总领事赤塚正助,表示"由于已经取消了'谢'的森林合办的权利,我希望日本方面,同我方商定适当的条件改成中日合办,如果日本方面确有同我方合办的意见,关于商定条件方面,我想可以给予各种方便"。日方审时度势,亦开始考虑"以将森林合办改为日中俄三国合办为目的,尽快地开始进行交涉",认为这样才是"解决本问题的归宿"。[1] 1922年4月,中、日、俄代表议定《扎免采木公司办法大纲》(又称《奉天协定大纲》),三国共同出资600万元,合办扎免采木公司。该公司林地面积约合6 600方里,材积量约10亿立方尺,以"在黑龙江省呼伦县札敦河免渡河城内采伐树木及经营关于木材上之附属事业"为业务范围。虽然公司理事长由黑龙江省政府派人充任,"而林地采伐、商场经营,大权均操于日人"。[2]

日人介入谢夫谦克林场是其"经营中东路线森林之始",其最终目的是吞并中东铁路沿线的所有森林,继而将利益范围延展至整个"北满"地区。如驻哈尔滨俄国领事所言:"日人实欲乘我之弱,及中国之不察,而欲遂其吞并之野心。"[3]1924年日本东洋拓殖会社又与吉林省政府签订《中日合办中东森林公司章程》,重新成立中东森林公司[4],设总公司于哈尔滨,"分公司于东铁东线之海林站,此外并在各林区设分所若干处"。[5] 公司资本300万元,中日各半,中方资本先由日方垫付,"由中国按年给予利息六厘"。公司设理事长1名,理事、监事、董事各4名,两国各占半数,理事长以华人充任。不论事业进展如何,公司每年应支给中国理事薪俸2 400元,监事、董事各1 200元,日方每年须报效吉林省政府10万元[6]。其采伐区域位于吉林省宁安县境内,计有两处:一为大海河林区,面积约130华方里;二为大北沟林区,面积约200华方里。[7]

---

[1] 《抄送关于林业合办问题的电报日本驻奉总领事赤塚正助致满铁会社社长早川千吉郎函》,载苏崇明主编:《满铁档案资料汇编》第9卷《农林牧业扩张与移民》,社会科学文献出版社2011年版,第611页。
[2] 傅焕光:《中日合办之东三省森林(续)》,《一农半月刊》1924年第4期。
[3] 《关于中东路林业之秘密报告 第一四九号》(1920年4月),辽宁省档案馆藏民国奉天省长公署档案,档号:JC10-1-23340。
[4] 该公司最初由英、俄、瑞三国人组织成立,后由中国收回办理。第一次世界大战结束后,因经营不善,暂停营业。
[5] 《中东森林采木公司概况》,《农业周报》1930年第56期。
[6] 《中日合办之东三省森林(未完)》,《一农半月刊》1924年第3期。
[7] 周宪文编:《东北与日本》,中华书局1932年版,第95页。

日本势力进入沿线林区后,所办公司不时有停业倒闭者,即便勉强支撑营业,其收益亦不甚佳,如中东海林公司营业"近年殊为不振"[1]、"现在也有忧虑失败之苦"[2],因而暂时无法撼动俄人资本在这一地区的支配地位。不过,日人并没有就此放弃扩张,"其所有企图,均为将来计"[3]。

(二) 盗伐国有森林

如果说创办合办公司尚可称为"合法"行为,那么日本林商勾结中国不法木把,盗买盗卖国有森林,不断蚕食东北林权,则为不折不扣的非法行径,"违犯法令,莫此为甚"。虽然中国政府三令五申以制止,然而在日人的唆使、利诱下,此类行为依然层出不穷,难以禁绝。据奉天实业厅 1919 年 12 月呈报,该省安图、抚松两县森林"有外人暗中投资,令各木把前往砍伐,转售渔利情事",该厅所属抚松林区驻在所亦曾发现吉林黄川公司日籍职员与中国不法木把沆瀣一气,盗伐抚松境内石湖沟、细鳞河等处林木。[4] 同年 5 月,临江县知事报告,境内有两名日本人牛尾、山口雇用华把于洞云、高明珠等人私伐木杆,业经砍伐,"既至江岸者六千二百五十一根",经该知事予以扣留,"变价充公充赏在案"。[5]

另据 1920 年奉天省实业厅本、桓、宽林区驻在所呈称,日本平洋行等 8 家林商,雇用中国木把入山偷采,大量购买私伐木材,间接控制本溪、凤城等县境内国有林区多达 39 片。该所发现后,一面转请东边各县"将该商等所买林区,立即禁止砍运";一面晓谕民众,应遵照法令报领后,方准采伐出售,违者将受严惩。该所预计"该日商等所买木材,一经禁运,难免不起争执",拟请交涉员照会日本领事:凡日商购运木材,"必须该林区业经通例报领,执有执照或省厅征收管理费票据,方准交易",否则无论有无契约、是否支付木价,一经查觉,即行没收,"以重法令而保主权"。[6]

---

[1] 北平燕京大学教职员抗日会:《东北日人经济事业》,出版年月不详,第 50 页。
[2] [日]藤冈启:《满蒙经济大观》,吴自强译,民智书局 1929 年版,第 149 页。
[3] [俄]苏林:《东省林业》,中东铁路印刷所 1931 年版,第 83 页。
[4] 《奉天省长公署为实业厅呈安抚两县林木请禁私伐事》(1919 年 11 月),辽宁省档案馆藏民国奉天省长公署档案,档号:JC10-1-7836。
[5] 《奉天督军公署来报纸 临江来报第 443 号》(1919 年 5 月),辽宁省档案馆藏民国奉天省长公署档案,档号:JC10-1-7745。
[6] 《呈 中华民国九年五月十三日到》(1920 年 5 月),辽宁省档案馆藏民国奉天省长公署档案,档号:JC10-1-7827。

也有一些日本财团试图直接从华人手中违规购买伐木执照,从事采伐。如吉林延边森林允许国人砍伐,"均经官厅发给营业执照,不得擅自售与外人",日人虽垂涎三尺,却一时无计可施。1925年媒体揭露日本朝鲜银行"对于该项森林,现已变更方式谋取,竟私与吉边人民交易,以贱价收卖此项执照,意在间接营业"。中国政府获悉后,特别正式照会日使芳泽,声明:"[中国]人民出售森林执照,并未经政府许可,作为无效。"①

(三) 日人攫取森林权益之统计

日人究竟非法谋取多少国有林利,已经难以找到确切统计数字,不过仅就其通过"合法"途径,以中日合办的形式在东三省创办的林业公司,以及从俄人手中接管的中东铁路沿线林场来看,其掠取的森林权益已经非常可观了。据时人描述,"年来日人在三省所设之采木公司,几如水银泻地,无孔不入"②,主要有东洋拓植会社、满铁株式会社、英泉采木公司、鸭绿江采木公司、中日丰材公司、兴林公司、三井物产会社、富林公司、三菱会社、华森公司、中东海林公司、吉林木材株式会社、鸭绿江制材无限公司、共荣起业株式会社、吉林采木公司等。③

徐嗣同对日人在东北的森林投资情况有着更为详细的记录,详见表4-6:

表4-6 近代日人投资东北森林一览表(1932年统计)④

投资额单位:千元

投 资 者	投资额	投 资 地 域	投资形式	投资时间
东洋拓植株式会社	4 700	中东铁道部沿海林附近	中日合办	1919
满铁会社	5 000	中东铁道部线免度[渡]河附近	中日合办	1922
三井物产会社	3 500	吉林省牡丹江下流三道河附近	中日合办	1919
大西库治、赵守信共同出资	500	中东线东部线小市附近、吉敦线敦化近黑龙江省嫩江上游	中日合办	1919

---

① 《朝鲜银行私买吉边森林》,《实业杂志》1925年第93期。
② 重任:《日本与满洲林业》,1927年3月5日《益世报》。
③ 何新吾、徐正学编:《东北现状》(全一册),首都国民印务局1933年版,第26—27页。
④ 徐嗣同编:《东北的产业》,中华书局1932年版,第64—66页。

(续表)

投资者	投资额	投资地域	投资形式	投资时间
鸭绿江采木公司	3 000	吉林省方正县	中日合办	1920
植田一夫、裕宁公司	300	中东铁道东部线牡丹江附近	中日合办	1927
中日丰材公司	616	吉林省	华人名义	1918
兴林公司	413	吉林省	华人名义	1919
富林公司	1 034	吉林省	华人名义	1918
黄川公司	1 131	吉林省	华人名义	1918
华森公司	2 891	吉林省	中日合办	1918
吉林木材株式会社	390	吉林省	与华人伐采者订约	1920
三井物产会社	300	吉林省	与华人伐采者订约	1918
三菱会社	80	吉林省	与华人伐采者订约	1918
吉林采木公司	50	吉林省	与华人伐采者订约	1920
满铁会社	700	吉林省	丹吉公司名义	1924
日华共同出资	150	吉林省	与华人伐采者订立契约	1918
石光洋行	150	吉林省	与华人伐采者订立契约	1918
鸭绿江制材无限公司	13	吉林省	与华人伐采者订立契约	1918
内垣实卫	200	吉林省	与华人伐采者订立契约	1918
吉林日本木商	500	吉林省	与华人伐采者订立契约	1918
鸭绿江采木公司	3 000	鸭绿江流域	中日合办	1906
东洋拓植株式会社	70	奉天省兴京县	山林伐采权	1920
东洋拓植株式会社	69	本溪湖大边沟	山林伐采权	1924

(续表)

投 资 者	投资额	投 资 地 域	投 资 形 式	投资时间
满铁制材会社、东亚兴产会社、松永洋行、阿川洋行、高桥商会	250	松花江上流	收买林场之投资	1918
三井物产长春出张所、三菱商事长春出张所	1 050	吉林长春	收买林场之投资	1918
合计	27 624			

由表4-6可知，日人在东北投资的主要林场有26处，总资本多达27 624 000元[1]，其投资地域远远超出最初的鸭绿江流域，散布于松花江流域、中东铁路沿线等各大林区，几乎遍及整个东三省。

小　　结

近代日俄对东北森林的多方调查，为随后的掠夺行动指引了方向。甲午战后，两国便急不可耐地侵入鸭绿江流域森林地带，两者发生激烈冲突，终致战场上刀枪相见。日俄战争后，双方初步划定了在东北的势力范围，日本取代俄国牢牢把持鸭绿江一带森林，并创设表面上为中日合办、实则为日人一手操纵的鸭绿江采木公司。俄国势力则退往"北满"地区，通过签订一系列采伐合同，掌握了中东铁路沿线大片森林的采伐、经营特权。然而，日本并不打算就此收手，一方面到处兜售所谓"中日合办"森林开发模式，向中国政府索取各种森林利权；一方面抓住俄国国内革命、势力式微的机会，将扩张的矛头指向俄人在铁路沿线的林场。

日俄根据"特别合同"，披着"合办"外衣谋得承领特权的行为，是对东北森林主权的严重割裂与破坏。原则上中国官方有权管辖所有中外合办林场，如"辽宁农矿厅辖有鸭绿江采木公司，黑龙江农矿厅辖有札免林业筹备处"[2]，但

---

[1] 该数据与梁敏时的估计基本吻合，如其所言："今日采木事业多操诸日人之手，采木公司不下二十余处，投资额达二千七百万元以上。"参见梁敏时：《满洲之富源——农矿与森林畜产》，载《新亚细亚》1931年第2卷第3期。
[2] 东北文化社年鉴编印处编：《东北年鉴(1931)》，1931年印行，第1367页。

其实际权力处于被弱化、被架空的境地,根本无法辖制外国势力。虽然中国政府制定了一些规章条文,试图规范日俄林商的经营行为,然而,不但这些约束性条件常被弃置不顾乃至肆意打破,甚至官方的正常开发行为亦屡屡受其掣肘。

至 20 世纪 20 年代末,整个东北林业界成为日、俄林商的天下,"自中东路通车后,因交通便利,当地无知土著劣绅土豪,以及贪贸[官]污吏等,贪外人目前之小利,多将大好林权拱手让之外人,而吾人自行采伐者,十不及一,如俄之葛瓦里斯基、斯吉迭尔斯基、协结斯等;日之海林采木公司、裕宁公司及业经停业之札免公司等,均属资本雄厚之林商"①。其中,日人处于领头羊的地位,从投资额上可见一斑,史载:"查东省采木事业,日本人投资近三千万元,俄国人二千万元,我国人仅一千万元。"②

---

① 《吉林保护北满林权办法》,《银行月刊》1928 年第 8 卷第 11 期。
② 连溶:《东三省经济实况概要》,观海时事月刊社 1931 年版,第 170 页。

第五章
近代东北森林的采伐、运输和销售

围绕已发放的林场，近代东北森林采伐业兴盛起来。由于东北林权为外力大量渗透，该区伐木业也大多被外人所包办，这些林业资本家们以规模化、组织化的方式采伐东北森林，有力推动了东北森林资源产业化进程。本章首先探讨东北伐木业的发展及其生态后果，继而结合运输、销售两个方面，考察近代东北森林产业链的形成。

第一节　伐木团体的组织及其运作

入山伐木是一项艰苦细致、颇耗时力的浩大工程，资本匮乏、势单力薄的伐木工人一般很难独自胜任，他们自发组成众多伐木团体，选择适当时机集群入山采伐。团体之间又结成同业组织，共同制定和遵守相关规则，维护整个行业的利益。

一、伐木团体的组织

（一）伐木团体的内部结构

东北各地伐木团体，内部结构稍有不同，团体内部分工明确，所有成员各司其职，"各因职务之不同，名称互异"。以鸭绿江沿岸一带为例，其伐木团体内部组织如下页图所示。

图5-1中，把头是团体的首领，其中家把头常驻城市之中，负责调度资金、劳工、牲畜、筹集器具、材料、衣服、粮食等，以及支配所有木材，"自为资本主

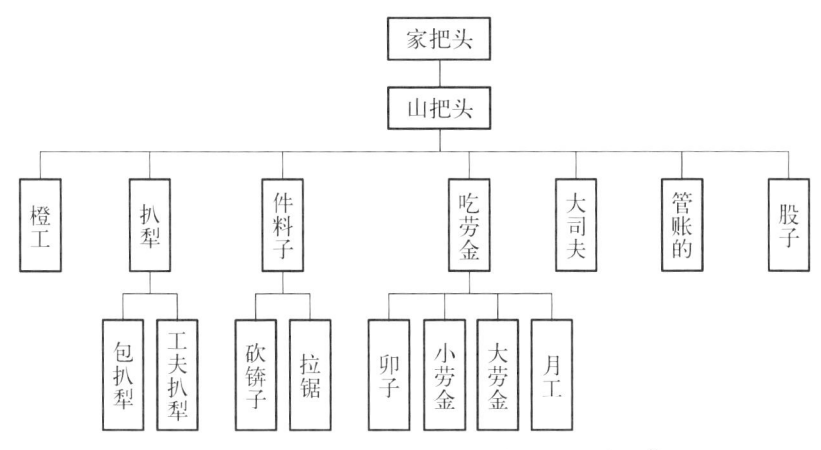

图 5-1 鸭绿江沿岸一带伐木团体组织示意图①

或包工人",他是"掌管每一劳工团体之全权者",也是"每一团体对外之代表人"。山把头则常驻伐木山场,监督指挥一切工作,是家把头的雇员或股子。

从事伐木工作的普通工人称为木把,因利益分配方式的不同,分为"吃股子"和"吃劳金"两种。所谓"股子","与资本主共同经营,以身作股子,视职务之轻重,作股子之大小"。股子在工作期间,伙食和日常用品由资本主(即家把头)提供,不领薪水,待木材运至安东出售后,按"股"分摊利益,因其"与资本主利害相共,故能黾勉作业"。

吃劳金者,分为以下几种:全程参与伐木、运材、编簰、放簰等,工作完毕后领取工薪者为"大劳金"。放簰期间临时雇用者,谓之"小劳金"。按月支付工资者,谓之"月工"。"由木把中特别雇用",熟知鸭绿江江道情况,负责指挥放簰者,谓之"卯子"。以上吃劳金者,"各按能力,从事某种工作"。

扒犁(亦作"爬犁")专司陆地运材,有牛扒犁、马扒犁之分。其中按料(木材之体积单位)支薪者称作"包扒犁",按日支薪者称作"工夫扒犁"。

其余大司夫(亦作"大师傅")负责炊事;管账的"掌会计、书札、雇用或股子";料件子分为砍锛子、拉锯二种,前者职司造材,后者专司割板;橙工则专管木材起卸、堆积。②

"北满"一带伐木团体内部结构与鸭绿江地区大同小异,具体如图 5-2 所示:

---

① 谢先进:《鸭绿江右岸之林业》,铅印单行本,1927 年印行,第 5 页。
② 谢先进:《鸭绿江右岸之林业》,铅印单行本,1927 年印行,第 5—6 页。

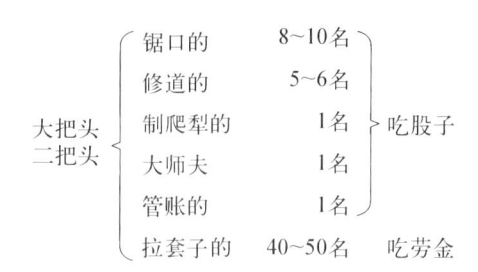

```
               ┌ 锯口的      8~10名 ┐
               │ 修道的      5~6名  │
大把头  ┤ 制爬犁的    1名    ├ 吃股子
二把头  │ 大师夫      1名    │
               │ 管账的      1名    ┘
               └ 拉套子的   40~50名   吃劳金
```

图 5-2 "北满"地区伐木团体内部构成示意图①

其中大把头、二把头分别相当于鸭绿江一带的家把头、山把头。由图 5-2 可知,"北满"一带吃股子、吃劳金者身份较为固定,"普通大把头之下,有二把头一人锯口的股子十人,修道的股子五六人,制爬犁的一人,大师夫一人,管账的一人,均系吃股",此外四五十名拉套子的民夫均为临时雇用,是吃劳金者。

近代以后,伐木劳作趋于繁杂,生产工具有所更新,伐木团体的组织结构也随之发生变动。清末,松花江上游一带伐木团体由"把头者一人;先生者一人;大司务一人;大头的二三十人,或百人内外;老板子及打招的无定数"构成。其中"先生"类同于管账的,负责文书、会计等事;"大司务"专司炊事;"大头的"即木把,先负责搭建窝棚、修整道路,然后从事伐木,"其数之多少,视资本为衡";"老板子""司载木牛车,来往江干";"打招的""司编筏而乘之于水"。② 民国以后,其内部构成有所变更,"较大之劳动组合,常有把头二人",分为"大把头""山把头",把头以下名号、职司亦有变化,"其仅有大锯一座者,计为锯头一人,帮锯一人,转运头目一人,普通转运工人若干人,与司账厨役马夫水手及苦力若干人,总数约在二十左右,若与日工工人一并计之,则共约三十人之谱,因每一组合之工人数目,各有不同,而组合中乃有二锯、三锯甚至四锯之别"。③

虽然各地伐木团体内部构成各不相同,但总体上看差异不大。这些伐木团体将组织松散、势单力薄的木把聚合在一起,发挥出团体的力量。

(二) 伐木团体的外部联结

据统计,位于中东铁路牙布洛尼站附近的加瓦耳斯基氏林区,1924 年伐木规模达到巅峰,此时用工人数也最多,达到 7 350 人,其中华工 7 000 人,余均

---

① 林嶔:《北满林业概论(未完)》,《学艺》1921 年第 3 卷第 2 期。
② 杨志洵:《松花江上流伐木情形》,《商务官报》1907 年第 16 期。
③ [俄] 苏林:《东省林业》,中东铁路印刷所 1931 年版,第 145 页。

为俄人。① 鸭绿江采木公司所属伐木工人曾一度多达 3 万余人。② 另据估计，"三省之恃采伐运输木材以为生者，不下数十万人"。③ 随着伐木人数的迅速扩增，团体之间有了组建行会的需求，木业同业公会应运而生，这一时期的木业团体，多由各地林商根据实际需要，呈请当局批准设立。以下略举几例：

1911 年，兴京县成立奉天省工务总会木商分会，"其组织设总董、协董各一人"。1923 年春，省城工务会撤销，作为其"支裔"的木商分会随之取消。该县同业有鉴于此，重新集会，商议成立"木商会"，次年春自行解散，"木会于以息矣"。④

1917 年 12 月，为"讲求业内损益工，同作事同恤务，要一德一心，始终维持本业"起见，吉林省城林商张详、张振邦、徐秀亭、李子梁等联合同业商人 145 家，联名呈请在吉林总商会内附设采木同业公会。省长郭宗熙收到呈请后，以农商部有令"各业组织公会，每多误会，应候另订施行细则，设法限制，以防流弊"，将申请驳回。⑤ 1918 年 7 月，该县林商徐俊等人又以"入山伐木者，名为木把，品类不齐，资本参差，终岁辛勤，仅堪糊口，偶以雀角微嫌，酿成烧山大患，甚至私砍木排绳索，顺流漂没淹毙生命，时有所闻；或途遇盗贼，纷纷鼠申〔窜〕，且有越界偷伐，但知私利，罔顾公益，势如散砂"为由，筹设吉林县采木同业公会。经吉林总商会和吉林省政府审核批准后，投票选出会董、总董、副董等，于 1919 年 1 月正式成立，其宗旨是"发展营业，维持同业公共利益，矫正营业上之弊害"。⑥

1927 年，中东铁路石头河子站木业代表焦函亭提出："本站商民，与林业交易者，实居多数，商业发达，地面兴盛，亦赖林业所致。然有利者必有害，往往有单人独身，来在本站，包作山活，既无相当实业，且无正式保证，始则宛若资本家，继则设法以欺骗，商家与工人，均被其百计牢笼，至后款项到手，即行潜逃，商家被骗，工人被害。想工人数月工作，不知血汗费尽几许，一旦被骗，善后无策，迫不得已，不流入匪途者几希，若不设法防御，将来何堪设想。"为保障

---

① 〔日〕南满铁路调查课编：《吉林省之林业》，汤尔和译，商务印书馆 1930 年版，第 189 页。
② 周志华：《满洲之经济状况（上）》，《银行周报》1926 年第 10 卷第 15 期。
③ 《东北木材业不振》，《农事双月刊》1931 年第 8 卷第 3 期。
④ 沈国冕修，苏民纂：《兴京县志》第六卷，实业，民国十四年（1925 年）铅印本，第 4 页上。
⑤ 《指令吉林总商会呈为张祥等拟设采木同业公会由》（1917 年 12 月），吉林省档案馆藏民国吉林省政府档案，档号：J101-6-416。
⑥ 《呈 中华民国八年二月廿五日到》（1919 年 2 月），吉林省档案馆藏民国吉林省政府档案，档号：J101-8-1413。

从业人员合法权益,"并为顾全全体名誉起见",与该站木业同行筹备设立木业联合会。该会宗旨"不外乎交涉林业事务,取乎一致;对于新包山活者,如无实业及妥实保证者,则取缔之,以免工商被骗"。①

由上观之,东北地区自清末始有林业团体之设,其成立宗旨无外乎协调内部纠纷、维护行业利益、规范伐木秩序。然而,它们常为少数强有力者所把持,并不代表大部分普通成员的利益和心声,很难为后者真心接受,因此徒具形式,实际作用不大。如通化一带木会内部"并不平等","以资本多少评级,资本大的倒要多得互助金",因此,"木会会员也纷纷退会,木会成了有名无实的会"。②再如哈尔滨一带的森林公会、木业公会"均有名无实","中国人不知团体利益,固不足怪也"。③

二、伐木团体的运作

(一) 资本主和伐木团体的结合

一般情况下,与资本主结成雇佣关系、完成资金注入后,伐木团体随即着手入山砍伐。如鸭绿江采木公司以"自营采伐""贷款采伐"两种方式招徕木把入山,其中"自营采伐"系由公司各分局出面,在专采区域内,与"家道殷实、信用素著"之把头签订契约,指定伐木地点,分期承包采伐,并视其伐木成绩"为发给包价之标准","于既成部分给包价八成,二成留作押金,俟全部竣功,如数发给"。④"贷款采伐"系根据公司章程规定,针对专采区域以外的把头采取的贷款政策,可分为"把头贷款""料栈贷款"两类。前者为避免把头滥用无度,公司在发放贷款时,"亦按其作业成绩,陆续发给",并"预储日常食料应用物品,名为木把供给品,作价贷给,以杜其浪费之弊,而无匮乏之虞"。⑤后者由安东总局直接办理,先由公司贷款给料栈⑥,"其贷与方法,则以信用素著,有同业之

---

① 《吉省木商联合会之新组织》,《东省经济月刊》1927 年第 3 卷第 6—7 期。
② 《采伐业与艚运粮谷 料栈老客与木会》,中国人民政治协商会议吉林省通化市委员会文史资料研究委员会编:《通化文史资料》(第 1 辑),1987 年印行,第 29 页。
③ 林骙:《北满林业概论(续)》,《学艺》1911 年第 3 卷第 3 期。
④ 《鸭绿江采木公司创立第十周年营业汇编》,1919 年印行,第 23 页。
⑤ 《鸭绿江采木公司创立第十周年营业汇编》,1919 年印行,第 26 页。
⑥ 所谓"料栈","为经营木业之商家,其组织与普通之商店略同",它随着近代安东地区木业的繁盛而产生,最初以收买木材、兜揽交易、收取佣金为"唯一之业务",后来兼营木材经纪、贩卖商品、发放贷款等业务,主要充当安东一带伐木团体资本主的角色,并为其提供食品及其他必需品。参见谢先进:《鸭绿江右岸之林业》,铅印单行本,1927 年印行,第 2—4 页。

连环保证,及有不动产作抵者方借与之",大约以 1 分计息,以 10 个月为贷款期限,料栈收到款项后,再转贷给各把头。①

中东铁路沿线的林场承领者,则以"多级包工制"的形式组织木把伐木。每个林场主同时与 10 余个把头签订伐木协议,双方约定"某把头须在林场砍伐一定数目之材料若干,某把头应将砍伐之材料运至车站堆放,其工费系按其预备之材料,及木桦若干沙绳,或圆木、枕木若干根,核算给付",这些把头再以自己的名义,雇用木把组成伐木团体,从事砍伐工作,"按照其砍伐之多寡,给以酬金"。如系俄国把头,因语言不通、交流不畅,一般还需聘请中国工头"从中周旋工作",由其负责招募、管理中国木把。②

除以上地区外,并不受雇于大型林业公司和林场主的中国把头,多选择与木材商人直接建立联系。如吉林省宁安县森林采伐模式分为三种,"系自砍、批砍、包砍是也"。所谓"自砍","所有伐木器具及一切费用均自己筹办"。所谓"批砍",即木把与林商直接订立合同,明确木材种类、价格、数量、交付期限及地点,并"由木把觅有妥保",林商先支付木材全价 1/3 或 1/2,作为木材砍伐的前期经费,"余俟木材交齐时再行给付"。至于包砍者,"大致与批砍相似"。③因为经费难以筹措,自砍并非主流,批砍、包砍才是主要形式。

(二) 伐木之时机、程序

各团体一般选择秋、冬两季进山伐木,这是因为天寒入山,"比春季之利益实多"。其一,树木于冬季去皮,不易爆裂;其二,秋冬木材质量较轻,易于搬动;其三,雪地顺滑,比起雪融后的泥地更易运输;其四,劳动力价格低廉,佣金较省。④ 此外,夏季山中蚊虫叮咬,工人不堪其扰,亦不宜入山。

采伐过程大致分为准备、开山、伐木、造材、集材、陆运、管流、编筏、放箅(牌)等 9 道工序。以下略述前 4 道工序:

每年 8 月中旬至 9 月初是准备阶段。各地团体相继入山,"先修道路,建房屋,以为开山作业之准备"⑤。如东北北部一带把头率领股子进山,"择其所指定斫伐森林之附近,及交通便利之处",修建木把住所,"四五人共作,两周间

---

① 《鸭绿江采木公司创立第十周年营业汇编》,1919 年印行,第 31—32 页。
② 《满洲之森林状况(续)》,《工商半月刊》1929 年第 1 卷第 13 期。
③ 《吉林宁安县属森林概况》,《实业杂志》1924 年第 76 期。
④ 滕国梁:《嫩江森林调查》,《新亚细亚》1931 年第 1 卷第 6 期。
⑤ 王学来:《奉天中日合办采木公司事业之梗概及其组织》,《东方杂志》1915 年第 12 卷第 9 期。

便可盖成一所",外涂以土,内烧热炕,可以抵御极端严寒天气,称为"木营",一座"木营"可住数十人。此外"更用木板修盖粮仓一所",用以堆放粮食。[1]

开山一般选择在11月上旬左右。开山之日停止一切工作,"以酒肉供祀山神,求事业顺利","各人皆痛饮祝前途的成功"[2],随后全队一起开拔,经历10—20天的长途跋涉抵达伐木山场。

伐木阶段,自11月中旬起,前后历时约3个月。每天黎明,木把从宿舍出发,前往山场砍伐,直至"薄暮戴星而归"。至于伐木工具,以中东铁路沿线最为先进,如铁路当局在采伐吉格尔、高岭子两片森林时,"对于采伐工作之设备,感有机械化之必要",专门配置蒸汽起重机、拖木机等现代化设备,工作效率大增,成本大幅缩减,"时间、劳力、金钱均可节省多多","例如从前使用人工运输方法时,砍下之木材,须就地锯成碎块,方能起运,今则无须乎此矣,其他可省之工作,不胜枚举"。[3] 不过总体上看,受成本所限,各大林区机械化程度仍处于很低的水平,如王世燕认为"北满林区斩伐拖运,仍多靠乎天然人力,能利用机械者尚少"[4]。

集材阶段,随着所伐木材渐多,开始着手集材和运材工作。即以牲畜牵引或道岔输送的方式,将伐倒的木材暂时堆积一处,等待运输,"大木材一根,用牛二头,一日可往返"。在堆积地搭建窝棚一处,名为"下窝棚","自伐木地至堆积处,虽因地势而相差,普通距窝棚十里至二十里"。[5]

(三) 伐木工人之生计

伐木一行起早贪黑,备尝艰辛。清代《柳边纪略》记载"俗以伐木为第一劳苦"[6]。民国时期,鸭绿江十二道沟一带的木把"渴则饮雪,饥则食冻硬如石之包米饼子","其忍饥耐寒之情况,概可想见"。[7] 普通木把身份卑微,几乎毫无尊严可言,如鸭绿江一带的家把头领出资本后,"在安东分给各木把一二十元,或二三十元不等",此为"受打搬"。木把"受打搬"成为大劳金之后,即丧失人格尊严和人身自由,在山伐木时必须忍受总把头、山把头的肆意凌辱,"放簰

---

[1] 林骎:《北满林业概论(末完)》,《学艺》1921年第3卷第2期。
[2] 毛应章:《东北问题》,拔提书店1933年版,第56页。
[3] [俄]苏林:《东省林业》,中东铁路印刷所1931年版,第119页。
[4] 王世燕:《北满森林作业一斑》,《农声》1924年第39期。
[5] 毛应章:《东北问题》,拔提书店1933年版,第56—57页。
[6] 〔清〕杨宾:《柳边纪略》,吉林文史出版社1993年版,第58页。
[7] 惺伯:《鸭绿江森林伐木夫之组织及其生活》,《农林新报》1930年第224期。

时,须任卯子之打骂"。① 把头对木把的折磨和虐待是惨无人道的,穷人但凡有条活路,"谁也不愿进木帮卖命"。当时流传的两首歌谣:"破烂工棚望月亮,霉臭窝头就盐汤,累折筋骨饿断肠,鬼门关里血泪淌"②"冰天雪地钻老林,开春往后跑大江,活着挎筐要饭吃,死了光腚见闫[阎]王"③,是木把历经艰辛、挣扎求生的真实写照。

除了言语羞辱、拳打脚踢而外,木把还得遭受各种克扣和压榨。如中东路沿线一带各工头"以平允之代价",从林场附设之食料厂领取食品后,再以高出一倍以上的价格卖给木把,同时高价发卖烧酒,引诱木把赌博,待伐木结束发放工资之时,更不忘上下其手、肆意侵吞,④结果"铁路方面对于采木工作支出巨款,其中半数悉入于居间人之手"。⑤ 木把们长年辛苦劳作,省吃俭用,实际所得却微不足道,"每有于林场内工作极称努力,食用极属俭约,迨至砍伐季节告终,总计所获工资,除去偿付人之粮食,马之刍草之债务而外,所余已属无几者"⑥。

把头、木把大都目光短浅、头脑简单,即便有所收入,亦不知节约,但知挥霍。如鸭绿江一带的贷金把头"有领簰一二十张,获银七八千两至万两者",各木把亦多多少少有所进项,然而这些人一至东沟,或豪赌不止,或寻花问柳,深陷其中,不能自拔。一帮市井无赖趁机设置陷阱,大肆诱骗钱财,"骗人之方法虽不同,而以猎取木把之金钱为目的则一","必罄其囊而后已"。木把终年劳苦所得,往往顷刻化为乌有。⑦ 因此,他们毕其一生都是"吃木帮饭的'死劳金'",只得把伐木一行"一直干到底",⑧而不懂得积累资本,寻找更好的生路。

中国木把还经常受到外国势力的欺凌。如鸭绿江采木公司成立后,虽表面上宣称将"尊重、保护且增大"鸭绿江沿岸中国木把之利益,"务必使[中国]人民之利益与公司之利益并进",⑨但事实上对华把的骚扰和压榨时有所闻,不绝如缕。如1910年临江县报告,因江水暴涨,华人木把之漂流木多被冲散,日

---

① 萧惺伯:《鸭绿江采木业之沿革与安东商业之关系》,《商工月刊》1930年特刊号。
② 姚振德:《木帮仇》,载吉林省林业局政工处编:《血染山川恨满林——林业工人家史集》,吉林人民出版社1975年版,第65页。
③ 丹东市政协文史委员会编:《鸭绿江流域历史资料汇编》(下册),丹东市委印刷厂2007年印行,第679页。
④ [俄]苏林:《东省林业》,中东铁路印刷所1931年版,第126页。
⑤ [俄]苏林:《东省林业》,中东铁路印刷所1931年版,第118页。
⑥ [俄]苏林:《东省林业》,中东铁路印刷所1931年版,第126页。
⑦ 袁蕴珊:《安东商埠之沿革及由来》,《商工月刊》1930年特刊号。
⑧ 曹保明:《木帮》,吉林大学出版社1999年版,第66页。
⑨ 《鸭录采木公司事情》,《东方杂志》1908年第5卷第10期。

方乘机加以打捞,强行据为己有,双方"争执决裂,对垒群殴",华把当场被打死1人,另有1人被逮捕。① 1915年,公司擅自扩大专采区域,禁止华把在新增区域内自由采木,勒令其登记缴费后方可采伐,"经公司查明,准其采伐者,须到公司履行登记手续,如有不领三联单,而在公司专采区域内采伐者,自翌年度起,此等放下木材,无论有无理由,均行充公,不得领回"。② 在公司的苛索下,沿岸木业渐感难以维持,逐渐走向凋零,"本即无利可图,又须受采木公司之剥削,一般伐木劳工皆裹足不前;而经营木业者,十之六七,均行歇业"。③ 可见势单力薄的华人木把常遭欺侮、饱受摧残,公司所称维护华把生计,实乃自欺欺人的无稽之谈。

第二节　对森林采伐量的统计分析

对于东北森林资源的产业化开发,不仅要有"定量"的统计,而且应有"定性"的分析。前者有助于加深对东北伐木业规模和体量的认识,后者有利于看清森林产业繁荣背后的弊害与隐忧。

一、森林采伐的数量统计

这里的数量统计,系针对"集中于一定之地点"且"具有企业意义之大规模森林之砍伐"而言,小片林场、零星砍伐均不算在内。按照苏林的说法,"此中之所计及者,尚仅其出产之一部,而非其全部,盖所有在距离铁路及主要河道较远各处工作之小本林商,以及各地农民土著为供给自身需要而为之砍伐,均未尝计入"。④

(一) 总的概算

据时人估计,东北各大林区木材年产额,吉林东边林区及黑龙江西部林区

---

① 《东边林业互哄隐忧》,1910年6月3日《申报》。
② 《呈为县境木把卢寿清等吁恳转请仍照历年旧惯伐木植以维华把生计谨据情转呈仰祈鉴[核]事》(1915年),辽宁省档案馆藏民国奉天巡按使公署档案,档号:JC10-1-2278。
③ 《鸭绿江采木公司之设施》,《农声》1930年第138期。
④ [俄] 苏林:《东省林业》,中东铁路印刷所1931年版,第29、230页。

木材年产额为 100 万吨,黑龙江沿岸林区木材年产额为 80 万吨,鸭绿江林区木材年产额为 40 万吨,松花江下游林区木材年产额为 25 万吨,松花江上游林区、图们江林区木材年产额均为 20 万吨,以上共计 285 万吨,①折合材积量为 1 亿 8 000 万立方尺。需要注意的是,这"不过东北林产出产总额之一部分","而其距离铁路沿线及重要水路,交通便利,小规模之采木事业,以及地方农民采伐自家用之木材等",尚未包含在内。② 至于东北木材的总采伐量,据邸瑞槐的估算,至 1929 年全境森林"已被采去了一百五十六分之一","常此以往,几百年以后,就被外人采完了"。③

(二) 分区统计

为了弄清东北各主要林区的生产情况,采用近代日本林学界的划分方法,按照出产地域的不同,将东北木材分为"鸭绿江材""北满材""间岛珲春材""吉林材"四大类,分别讨论其采伐量。

所谓"鸭绿江材",系出产于鸭绿江右岸及浑江流域,经由鸭绿江水道运输,并以安东为集散市场的木材,它实际归鸭绿江采木公司控制。表 5 - 1 为 1914—1927 年间运抵安东的木排数量:

表 5 - 1　鸭绿江采木公司历年运抵安东木排数量统计表④　　　单位:张

年　份	浑　江	鸭绿江	合　计
1914 年	459	1 215	1 674
1915 年	4 038	2 228	6 266
1916 年	1 791	1 652	3 443
1917 年	2 364	2 372	4 736
1918 年	2 006	2 923	4 989
1919 年	3 758	3 415	7 173
1920 年	2 425	3 780	6 205
1921 年	1 238	4 043	5 281

---

① 周子明:《东北木材市场之状况》,《中东经济月刊》1932 年第 8 卷第 2 期。
② 周子明:《东北木材市场之状况》,《中东经济月刊》1932 年第 8 卷第 2 期。
③ 邸瑞槐:《东三省森林之调查》,《工业季刊》1929 年第 2 卷第 2 期。
④ 《鸭浑两江历年下放之木排数量》,《银行月刊》1928 年第 8 卷第 2 期。

(续表)

年 份	浑 江	鸭绿江	合 计
1922 年	5 043	5 186	10 229
1923 年	2 430	4 592	7 022
1924 年	1 009	3 338	4 347
1925 年	726	3 331	4 057
1926 年	1 606	3 385	4 991
1927 年	643	2 371	3 014

由表 5-1 可知，自 1914 年起，"鸭绿江材"的出产量总体呈递增趋势，至 1922 年达到顶点，为 10 229 张，此后又有下降，但依然保持较高水平。鸭绿江产材在东北南部乃至整个东北地区都占有重要地位，有人认为其木材输出量"每年达二百万圆至五百万圆，占东三省南部的木材输出量约 90%"[1]，"大概在'满洲事变'以前，鸭绿江地方每年产量，约占全满百分之三五"[2]。

所谓"北满材"，系出产于东北北部地区，并经中东铁路和松花江运至哈尔滨市场的木材。"北满材"的采伐额"以一九一七——一九二一年之五年间平均数为最大"[3]，1921 年以后仍保有较大数量。据满铁调查，1929 年"北满材"输出量为 1 484 724 石，1930 年为 922 700 石，1931 年为 505 000 石。[4]

所谓"间岛珲春材"，系"产于图们江沿岸及龙井之海兰河明月沟一带，延吉之布尔哈通河流域，图佳线之汪清、三岔口之嘎呀河流域，老松树岭中部之密江流域，以及发源于老松岭东部、流向苏联国境之珲春河流域等地方"之木材。民国初年，"间岛珲春材"产额达到 100 万—180 万立方公尺，1919 年更多达 360 万立方公尺。[5] 又据满铁统计，1927 年"间岛珲春材"产量为 336 240 石，1928 年为 478 200 石，1929 年为 370 800 石，1930 年为 267 503 石，1931 年为 320 792 石。[6]

---

[1] 汪子瑞：《东三省的森林资源》，《农林新报》1931 年第 8 卷第 35 期。
[2] 詹自佑：《东北的资源》，上海印刷所 1946 年印行，第 189 页。
[3] 郑光浩、沈嵩华：《满洲林产之研究》，《国立中央大学半月刊》1930 年第 2 卷第 5 期。
[4] 德厚：《东北林业鸟瞰》，《黑白半月刊》1935 年第 3 卷第 7 期。
[5] 东北物资调节委员会研究组编：《东北经济小丛书·林产》，东北物资调节委员会 1948 年印行，第 55—56 页。
[6] [日] 满铁经济调查会编：《满洲产业统计（一九三一——一九三二）》，载沈云龙主编：《近代中国史料丛刊三编》（第七十六辑），台北文海出版社 1993 年版，第 36 页。

所谓"吉林材",系出产于吉敦铁路沿线林区,并经松花江流域运输,以吉林为集散市场的木材。1918年"吉林材"产材量为427 500石[1],1929年为1 032 531石,1930年为1 015 571石,1931年为983 940石。[2] 时人将"吉林材"与"鸭绿江材"合称为"满洲木材之双璧"[3]。

日人的这种划分方法,基本囊括了近代东北森林资源产业化程度最高的几个区域,因而对四大材种产量的梳理,可大致反映这一时期森林采伐的总体情况。需要加以补充的是,考虑到中东铁路砍伐大量木材留作自用,以上满铁对"北满材"输出量的统计,并不能等同于铁路沿线林区的总采伐量,时人记载:"最初中东路所需之木材,什九购诸外方;向自有林区采伐者,为数极微。但自一九二〇年后,路局对于采木一事,提倡奖励,不遗余力,曾几何时,全路木料,已可自行供给,而不必仰人鼻息矣。"[4] 表5-2为1921—1924年中东铁路自有林区产木数目:

表5-2 中东铁路自产各种木料数量表(1921—1924年)[5]

	1921—1922年	1922—1923年	1923—1924年
燃料(立方尺)	3 775 000	4 116 000	10 075 000
梁木(根)	53 631	65 920	63 609
枕木(根)	69 626	35 000	20 357
电杆(根)	275	——	627
车柱(根)	63 347	44 500	45 000
矿柱(根)	15 000	8 000	30 000

以上各类木材,为数甚巨,不仅满足了火车运行之需,而且支援了铁路沿线基础建设。此外,铁路部门还大量收买、使用沿线各林场的产材,只有在确保铁路自用的前提下,才将多余木料输出、售卖。因此,欲得出铁路沿线林场的准确产量,必须将铁路"自用之材"计算在内,仅考虑"输出之材"还远远不够。

---

[1] 杜嘉瑜:《论东三省之木材》,《中华农林会报》1920年第6期。
[2] 德厚:《东北林业鸟瞰》,《黑白半月刊》1935年第3卷第7期。
[3] 哲民:《收回东北森林权问题》,《革命外交周刊》1930年第5期。
[4] 《中东路对于北满农林业之贡献》,王显廷译,载《新纪元周报》1929年第1卷第25—27期。
[5] 《中东路对于北满农林业之贡献》,王显廷译,载《新纪元周报》1929年第1卷第25—27期。

二、森林采伐的两个特征

(一)采伐地域的集中性

但凡河道两岸、铁路沿线等交通便利地区,均为森林砍伐的重点地带,体现出明显的地域集中特征。

中东铁路沿线森林很早便遭到砍伐。民国初年,据陶昌善的实地调查,位于宾州府、五常府和长寿县交界处的庙尔岭森林"中央有东清铁道,东西横贯","铁道附近,采伐已尽,其尚存森林之处,皆系交通不便、铁道远隔之地,且无良美林木存焉"。① 另据缪学贤观察,汤旺河流域森林原本极为茂盛,中东铁路通车后,下游地区首先获得开发,"近渐及上流地方,于中流以下之地,有交通便利处所,大抵伐采殆尽,非达数十百里外难得良材矣"。② 陈表也认为,"自俄人东渐,木材之需要日增",该流域凡交通便利之处,森林已被伐取殆尽。③

河流两岸森林同样优先得到采伐。如富尔河流域森林"在沿河一带者,业已伐尽","今欲伐木,必入腹地,非自富尔河及古洞河合流处至上游百余里之羊草沟附近,不能达其目的"。④ 松花江"上游河岸之森林,良材已伐尽,目下所行者,惟本支流沿岸二十里乃至三十里之地"。⑤ 产材之地是否沿河,其砍伐情形差异甚大,"即林区之优劣,亦全视河流为转移","如岭北得河川之利,森林砍伐已尽;而岭南仍为树海,每有一株亦无从搬出者"。⑥

交通不便之林区则很少得到开发。如清末吉林森林茂密,"惟运输不便,遂至弃置于地"。⑦ 民国时期拉林河流域森林"因运输不便,尚未经充分采伐"。三姓森林"距中东路甚远,虽有河流而都注入俄境,因运搬不便,当未经相当的采伐"。⑧ 中东铁路通车后的20年间,虽然采伐不断,但采伐范围"不过路线两旁三十至百华里以内之森林,仅占全面积百分之二三",长白山、兴安岭等边远地区仍有大片林木"尚未稍试斧凿"。⑨ 有人总结道:"东北地方之森林,偏在于

---

① 陶昌善:《南北满洲森林调查书》,《中国地学杂志》1912年第5—6期。
② 缪学贤编:《黑龙江》,东三省筹边公署1913年印刷,第54页。
③ 陈表:《中国林业发展之现状》,《时月月报》1931年第4卷第4期。
④ [日]南满铁道调查课编:《吉林省之林业》,汤尔和译,商务印书馆1930年版,第87页。
⑤ 殷良弼:《吉林之森林》,《国立北京农业专门学校杂志》1918年第3期。
⑥ 魏声龢:《吉林地理纪要》,载杨立新整理:《吉林纪略》,吉林文史出版社1993年版,第581页。
⑦ 《吉东森林之报告》,《奉天劝业报》1910年第5期。
⑧ 万良炯:《东北问题》(上),商务印书馆1937年版,第52—54页。
⑨ 《日本侵略北满森林之主权》,《银行月刊》1928年第8卷第7期。

长白山以及大小兴安岭一带,地处边陲,人烟稀少,区域既广,而生产林木之重量又大,致运搬上非常困难,采伐之时期,又常受气候之限制,实较开发其他资源,困难为多。"①

就整个东三省来看,由于交通相对不便,与吉、奉二省相比,黑龙江省森林开发较为滞后。徐嗣同指出:"黑龙江是现在东北诸省中森林蓄积最富的地域,但林业直到现在,尚未见发达;除小部分交通便利的所在,已实行采伐外,其余都是一望千里的原生林。"②当然,该省伐木业不发达,与当地人烟稀少等因素也有关系。苏林认为:"黑龙江沿岸之森林采伐事业,因人口稀少之故,不能尽量发达。盖人民或从事农业,或以采金为生,均较伐木利益为大,即在农事告终之期,人民亦多另寻其他较伐木利益优厚之副业。"据调查,在黑龙江沿岸一带从事伐木,每天获利大洋3圆,而收割羊草转售俄人,所获之利"较之伐木多至三四倍"。因此,比起伐木,沿岸民众更热衷于淘金、打猎及采集蘑菇等生计。③ 如距漠河约百里的开库康卡盛产皮张,当地只有猎户10余家,猎人100余名,"虽亦产木柴,为数甚微"。境内有2家小型桦厂,每年冬季入山采伐,除供当地民用,以及江中船只燃料之用外,"出口无多"。附近额穆尔、安罗两卡民众多以打猎为生,无暇顾及砍伐烧柴,"皆赖开库康供给燃料,然销数亦属有限"。④

(二) 取材种类的偏向性

据近代林学论著估测,东北天然林中针叶林比例在四至六成之间,有人认为阔叶树占60%、针叶树占40%⑤,也有人认为阔叶树占40%、针叶树占60%⑥。而依据陶昌善的调查,北至大兴安岭、南至长白山南麓,凡经"拔大毛"式砍伐之林区,"其松类缺乏颇甚","询诸该地土人,亦以少对,松类仅居十分之一二,其余则皆杂木而已",针、阔叶树比例处于严重失衡状态。⑦

另据柯马罗夫1910—1914年的实地调查,黑龙江省东部小兴安岭、张广

---

① 东北物资调节委员会研究组编:《东北经济小丛书·林产》,东北物资调节委员会1948年印行,第57页。
② 徐嗣同编:《东北的产业》,中华书局1932年版,第62页。
③ [俄]苏林:《东省林业》,中东铁路印刷所1931年版,第102页。
④ 《黑龙江华岸木料木柴产销状况》,《中外经济周刊》1927年第222期。
⑤ 《东三省之富源与南满铁路》,李吟秋译,《新北方月刊》1931年第1卷第5—6期。
⑥ 《满蒙之林产》,《东省经济月刊》1928年第4卷第10期。
⑦ 陶昌善:《南北满洲森林调查书》,《中国地学杂志》1912年第5—6期。

才、完达山各林区针叶林面积占森林总面积的62%。此后经长期的掠夺式采伐,这些林区树种结构发生了根本性变化:"森林采伐使针叶树消灭了……而在生长针叶树的地方生长起柞树、山杨、桦树丛林和灌丛。此时植被的特性发生了变化,而愈来愈接近达乌尔植物区系。"①

这种不良采伐习惯,与一些林业资本家的大力鼓动和诱导有关。如1920年以后,中东铁路为了满足自身需要,"对于采伐圆木及木样所定之价,至为参差,对于包工人以采制圆木最为有利"。所谓"利之所在,人争趋之",在铁路方面的政策鼓励下,"一般包工人均开始采制圆木",大量松木遭到砍伐,而"对于由铁路方面所接受之包工,凡关于供给木样者,几无人愿予履行",普通阔叶林近乎无人问津。伐木者对于砍下之木,如认为不宜制造圆木,或发觉略有瑕疵,往往就地抛弃。一两年后,这些遗弃之材渐渐腐烂,此时"虽欲从事于木样之砍伐,亦将极不经济,且有种种困难"。②

在这种采伐制度的作用下,铁路自有林场之森林"无全部充分利用之可能"。据统计,石头河子林场总蓄积量不下1亿7500万立方尺,"而实际上之采伐量(木样、枕木等均在内),仅不过四千五百万立方呎,即占可能采伐量仅约百分之二十五也"③。长此以往,沿线森林林相必然发生巨大改变。

鸭绿江一带的森林采伐与之类似,从木材输出种类上看,"红松、杉松,各居其什四,黄花松及其余之杂木,占其什二"④。

即便没有林业资本家的政策引导,因针叶材种市场前景广阔、经济价值较高,伐木者亦往往将其作为首选砍伐对象。"凡有输运木材出口可能之区域,则其最为人所注意者,即为寻求出口价格最称贵重之红松,尽先采伐"。至于其枝蔓部分,以及其他阔叶树种,均弃置不顾,"其运出之部分,且仅为其最大之枝干,所有树身之头尾,及硕大之树皮,常可用充重要材料者,均任意弃置于砍伐之地点,任其枯萎朽坏"。⑤

总之,近代东北森林的偏向性采伐,是极为普遍的现象。满铁一针见血地指出:"现在满蒙的木材事业,简单的说就是针叶树的采伐。"⑥这种采伐习惯,

---

① 董智勇主编:《中国森林史资料汇编》,中国林学会林业史学会1993年印行,第11页。
② [俄]苏林:《东省林业》,中东铁路印刷所1931年版,第117页。
③ [俄]苏林:《东省林业》,中东铁路印刷所1931年版,第117—118页。
④ 徐笃恭:《鸭绿江林业状况》,《清华周刊》1917年第102期。
⑤ [俄]苏林:《东省林业》,中东铁路印刷所1931年版,第29页。
⑥ [日]南满铁道株式会社:《满蒙与满铁》,满洲日报社印刷所1928年印行,第20页。

不利于林业的长久健康发展。

三、森林采伐的生态后果

地球上所有生态系统都是由生物因素与非生物环境共同构成的,各要素之间相互作用、相互依存,形成统一的整体。其间,森林充当"调度师"的角色,促使周边自然因子向好的方向发展,森林与周边环境的良性互动,是自然生态和谐之美的一种体现。近代以后,随着东北森林采伐力度加强,林区生态逐渐失衡,环境趋于恶化。

(一)森林滥砍滥伐之严重

俄人对中东铁路沿线森林"采伐无法,且且而伐之"[1],"任意采伐,毫无限制"[2]。有人指出:"俄人经营之林场,对于扶植幼树,培养山林,均无丝毫注意,只知以利器昼夜砍伐,惟恐其出数之少,而当局对于林业既不知讲求,将来外商满载而去,所留者一片秃山而已。"[3]

沿线森林经长期采伐后,面积不断缩小,"凡东省铁路附近及河边之可以顺流运送林木县境,曩年繁盛林区,今则多成旷野,昔为千余方里者,不越十余年,仅为百余里矣"[4]。据民国《珠河县志》记载,该县境内原本遍地森林,自俄人敷设铁路后,所有成材树木已被砍伐一空。[5]

因俄人只事砍伐,不事培植,"昔日林业家于每一地段内,将良材砍伐后,即移转于他处,而道岔亦随之,向日砍伐处,即不复过问",砍伐后之林段,很快退化为秃山旷野。据时人对哈尔滨至绥芬河铁路沿线森林的观察,"二十五年以前之所谓林海者,今则极目远望,偶见三五杂树而已,丛林茂木,杳不可寻,虽山巅之上,间有丛生幼树,然此种景象,亦仅距铁路二三十里之地见之"。[6]另据外人调查,"东铁沿线之森林,因斫伤过甚,及不讲求人工培植法,一经伐

---

[1] 徐鼐霖主修:《永吉县志》卷二十七,实业志一,农业,民国二十年(1931年)铅印本,第18页上。
[2] 万福麟修,张伯英纂:《黑龙江志稿》卷二十二,财赋志,森林,民国二十二年(1933年)铅印本,第1页上。
[3] 《东北森林近况》,《中行月刊》1930年第1卷第6期。
[4] 《满洲之森林状况》,《工商半月刊》1929年第1卷第11期。
[5] 孙荃芳修,宋景文纂:《珠河县志》卷十一,实业志,林业,民国十八年(1929年)铅印本,第18页上。
[6] 《满洲之森林状况》,《工商半月刊》1929年第1卷第11期。

采罄尽,则开垦土地为山荒,幼树不及长成,老株即已斩伐净绝"。①

与之类似的是,鸭绿江一带森林经过长期滥砍滥伐后,林区面积迅速锐减。据日人1909年调查,该区森林面积为1 030 593华亩,总储量约445 950万日本立方尺。采木公司成立后,每年采伐量在1 000万日本立方尺以上,"经每年之苛烈采伐"后,从数字上推算,"现所余者,已寥寥无几"。② 至1929年,整个鸭绿江上流一带,除长白县二十四道沟尚存大片森林外,"其余皆属零星数株"。西方林学家估测,若照此进度再继续采伐20年,安东市场将有木材短缺之忧。③ 亦有人预测该区森林将在10年内开采一空:"若此后采伐事业,仍如以前之剧烈,则不出十年,鸭绿江森林,可以完全消灭,变而为一片平阳。"④

其他地区森林毁坏也较为严重。据民国《辉南县志》记载,该县境内森林面积最初不下1 000余方里。设治以后,历经20年的采伐,据1919年勘测,仅余400多方里,"较之原有,已损三分之一也"。这一年,境内森林由私有转为国有,经民众陆续报领、采伐后,至1927年已不足100余方里,"较之十年以前,又损三分之二矣"。⑤ 可见在短短30年内,县境森林遭到大量砍伐,已所剩无几。

(二) 森林砍伐的生态后果

森林犹如一座天然的蓄水库,具有很好的涵养水源、保持水土的功用。降雨时,茂密的树冠可以截留降雨量的15%—40%,降雨量越小,截留的比例越大。林地上松软的枯枝落叶层,可以吸收雨量的50%—80%,使大部分雨水渗入土壤里,减少地表径流和水土流失。一次降雨后,从林地上流走的雨水一般只占1%左右,最高不超过10%,可见森林蓄水防害能力之强。因此,森林的存在有助于水土保持,"河川上游有森林,可以涵养水源;山坡有森林,可以保持水土"。⑥ 正因为"东北有四分之一的地面掩盖着森林",所以"东北的河流大大地减少了泛滥的灾害"。⑦

如果失去森林的庇护,地表将暴露在暴雨的冲刷之下,最终导致水土流

---

① 《北满森林斫伤殆尽》,1930年8月10日《申报》。
② 《鸭绿江采木公司之设施》,《农声》1930年第138期。日本1立方尺约合中国0.849 195立方尺。
③ 许阶平:《最近之东三省》,辽宁省立第二工科学校1929年印行,第78页。
④ 莘庵:《鸭绿江之林区及其经济上之地位》,《中东半月刊》1930年第1卷第3期。
⑤ 白纯义修、于凤桐纂:《辉南县志》卷三,林业,民国十六年(1927年)铅印本,第9页上。
⑥ 中华人民共和国林业部教育局编:《林业知识》(上册),中国林业出版社1981年版,第1—2页。
⑦ 陈史坚:《中国的河流》,生活·读书·新知三联书店1950年版,第19页。

失、河道决堤等严重后果。"一旦遇雨,使之骤然澎涨,则结合力失去,再加以最大之打击,最猛之冲刷,于是始而沙土泥砾,随雨下注,继而岩骨土阜,亦偕雨俱往。""夫山崩土陷,堤决川泛,虽属一时之暴雨所致,淫霖为患,而缺乏森林,实为最大之一原因也。"①

近代东北森林的大规模采伐,使得森林防风固沙、稳定水土的功能严重衰退,旱涝灾害随之频频发生。清末"奉省山多童秃,市缺薪材,春夏之际,大雨时行,平原变为泽国,禾稼易为摧残"。②民国时期,新宾县森林滥伐严重,境内林木"砍伐将尽",采伐后的迹地又被刨去树根,垦为农田。结果每遇大雨,山水冲刷,沙石俱下,水土大量流失,沃土变成瘠壤。③

鸭绿江流域一带亦复如是。"昔日林木茂密之时,鸭绿江水,澄清如鸭头色",故得名"鸭绿江"。近代鸭绿江沿岸森林遭到砍伐之后,地表裸露,泥水下冲,江水变色,所谓"鸭绿"之名,早已名不副实,④森林"含水之效"亦荡然无存,下游水患日益严重。时人记载:"今试一察沿江林相之分布状况,则森林已日就荒废,林地裸出,下游各地,三年之内,必两遭水灾,似此日益滥伐,不加制止,即将来国土保安上,亦必受重大之影响也。"⑤

各地采伐情况互不相同,生态环境也因此歧异甚大。如"黑龙江西部山林未启之地,腐植[殖]黑土深厚积数尺,野草竞长,民不知壅肥,而岁岁丰登",生态环境总体较佳。相比之下,吉林省东部中东铁路东线地区则"触目童山",铁路两侧被砍之区"表土不盈寸,草短而细弱",水土流失严重,水灾频繁发生。当地人民为逃避水患,"有舍平畴而为梯田者"。⑥

当时已有学者对生态恶化现象有所关注,并郑重发出警告。如"我满洲之森林与中国黄土地带略相同,一旦滥伐其结果归于荒废,于气象、风土之关系上求其复原,实非易事"⑦,"东三省文化之发源在水利,黑龙江环其北,松花江横其中,辽河流其南,一旦森林摧残殆尽,此数大河流者,亦变为黄河淮水,则

---

① 《论近日各省水灾之剧烈缺乏森林实为一大原因》,《东方杂志》1917年第14卷第11期。
② 《详覆整理林政呈文》,载明志阁编:《满洲实业案》(上卷),广智书局光绪三十四年(1908年)初版,第58页。
③ 郁丛、房守志、曹文奇:《新宾地区林业史料》,载中国人民政治协商会议辽宁省抚顺市委员会文史委员会编:《抚顺文史资料选辑》第7辑,1986年印行,第111页。
④ 《鸭绿江采木公司之设施》,《农声》1930年第138期。
⑤ 《鸭绿江流域之森林》,《农业周报》1930年第58期。
⑥ 傅焕光:《中日合办之东三省森林(续)》,《一农半月刊》1924年第4期。
⑦ [日]藤山一雄:《满洲森林与文化》,满洲图书株式会社1938年版,第101页。

其流域所经,易膏朕[腴]为瘠壤,水性泛滥,年费数百万不能治,即欲恢复目前状况,恐不复可得"①。然而,言者谆谆,听者藐藐,砍伐者利欲熏心、一味求利,这一恶化趋势并未得到根本改善。

第三节 东北木材的水、陆输送

传统时期,木材的短距离运输可由水、陆两途进行,而长距离输送则非水路不可。近代引入轨道运输方式后,长途运输能力大为提升,木材输送有了更多样的选择。

一、木材的陆路运输

木材完成集材后,即着手陆运出山,一般分为林道运输、滑路运输和轨道运输等3种形式。林道运输"须择南向易受日光之所,俾道路干燥清洁",运道应随时清扫,保持通畅,运输工具多种多样,"有用木马者,有用橇者,有用牛马及车辆者"。滑路运输,则适用于"林地倾斜不便敷设林道之所",主要依靠木材自身重力,"于冬季积雪,或道上冰结之时,俾其滑而易行"。轨道运输即敷设轻便铁道,以人力、畜力或由火车牵引运输木材,这是最为便捷、节省的陆运方法,不过前期投入成本较巨,"非富有资本者不办耳"。②

(一) 林道运输、滑路运输

林道运输、滑路运输是东北各大林场木材出山的主要途径。在北部地区,水曲柳、柞木等硬木,或由爬犁载运,或由大车装运,"一车视材之大小,或装一二根,或装五六根,其径一二寸之什木小材,有装三四十根者"③。吉林一带木把在伐木结束后,即将木材以铁环连缀,堆置雪橇之上,"使牛马等牵引于最适宜流材之江岸",这项工作"大抵始于十二月中旬,终于翌年三月半间"。④

---

① 傅焕光:《中日合办之东三省森林(续)》,《一农半月刊》1924年第4期。
② 王学来:《奉天中日合办采木公司事业之梗概及其组织》,《东方杂志》1915年第12卷第9期。
③ 林鹨:《北满林业概论(未完)》,《学艺》1921年第3卷第2期。
④ 《吉林木材与其将来》,叔章译,《实业杂志》1912年第3期。

木把雇用爬犁运木,应负责供应饭食,并支付一定报酬。据那尔轰河沿河一带木帮把头孙喜廷所言,其所雇爬犁,经双方约定每天须行 80 里地,如距离 40 里,每天往返 1 次;如距离 20 里,则每天往返 2 次。每张爬犁包含 5 匹马 2 个人,故名"七头马爬犁"。其费用"每头每人每日小洋八角,并供草料、饭食","所食包米每石价小洋六元五角小米,每石十三元,元豆每石八元五角,每斗重四十斤,草每千斤十二元"。运至吉林后,平均每根大梁运费成本约在小洋 27 元至 28 元之间。①

(二) 轨道运输

林道、滑路运输有其局限性,一旦距离过远,运输大号木材"则为不可能之事","即木桦、木炭及短小之建筑材料,亦不能超过平原地面五十至六十公里之远近"。② 有鉴于此,日、俄两国开始在各自势力范围内投资修建森林铁路,借助于轨道输出木材。

中东铁路当局发现绰尔河、岔林河及东部沿线三大林区交通梗塞,木材输出不便,于是大力修筑支线,与铁路干线衔接。1920 年各林区铁路支线总长度为 16.4 英里,1924 年已达 41.0 英里,③较之 1920 年增加 2.5 倍。可知这五年间支线里程增长迅速,运输条件极大改善,"运材所需之时间极少,木材之损伤亦小"④。

"为扶助私人采木公司起见",铁路部门还以极为低廉的价格,向各林区出售钢轨和货车等,"以便筑造轻便铁道,直达私有之林区"。⑤ 在中东铁路的资助和扶持下,"东区之林场,凡系已投巨资者,设备均极完全,各重要林场,多已铺修大道,敷设宽轨支线"⑥。"各站附近林业发达之区,无不敷设铁路支线,以为运抵车站之用。查支线之长度,在民国二年不过四百一十三里,至民国十五年,已增至六百五十五里。且有森林伐尽后,复将岔道移设他站者,不然当犹不只此数也。"⑦ 如俄国林商在一面坡林场修建的森林铁道"从一面坡驿向北,

---

① 《濛江林业局调查员罗宝珍赴濛江调查森林情形的呈》(1919 年 3 月),吉林省档案馆藏民国吉林省政府档案,档号:J101-8-399。
② [俄] 苏林:《东省林业》,中东铁路印刷所 1931 年版,第 29 页。
③ 《中东路对于北满农林业之贡献》,王显廷译,《新纪元周报》1929 年第 1 卷第 25—27 期。
④ 殷良弼:《吉林之森林》,《国立北京农业专门学校杂志》1918 年第 3 期。
⑤ 《中东路对于北满农林业之贡献》,王显廷译,《新纪元周报》1929 年第 1 卷第 25—27 期。
⑥ [俄] 苏林:《东省林业》,中东铁路印刷所 1931 年版,第 76 页。
⑦ 《满洲之森林状况》,《工商半月刊》1929 年第 1 卷第 11 期。

纵走二十一俄里,直达林区中央"①。表 5-3 为 1930 年满铁对东部沿线森林铁道的统计:

表 5-3 中东铁路东部沿线森林铁道一览表(1930 年统计)②

林 区	持有者	里 程	轨道类型
一面坡	加瓦耳斯基	23.5 俄里	5 尺轨道
九节泡	斯基迭耳	67 俄里	5 尺轨道
牙布洛尼	加瓦耳斯基	70 俄里	5 尺轨道
牙布洛尼	加瓦耳斯基	7 俄里	2 尺轻轨
石头河子	中东铁路	60.5 俄里	5 尺轨道
石头河子	中东铁路	6.5 俄里	2 尺轻轨
横道河子	加瓦耳斯基	7 俄里	5 尺轨道
横道河子	加瓦耳斯基	6.4 俄里	索道
横道河子	加瓦耳斯基	7 俄里	2 尺轻轨
梅林	中东制材公司	15 英里	5 尺轨道
梅林	中东制材公司	20 英里	2 尺轻轨

可知东部沿线林区森林铁道多达 11 条,其里程数达到 254.9 俄里又 35 英里。轨道类型以 5 尺宽轨为主,偶尔使用 2 尺窄轨或索道。

交通条件向来较为落后的西部沿线林场,森林铁道建设亦略有起色。1926 年,东方建筑公司与永利公司签署协定,承租该公司所有林场,次年着手敷设宽轨道岔,"由霍里果勒小站起,西南行沿霍里果勒河至该河与绰尔河上游之分水脊,再转而至费拉托夫喀小河,然后至林场账房",长 50 千米。道岔修成后,"林场工作即行发达"。③ 此外,西部沿线林场道岔还有两条:一条由牙克什站起至海拉尔河岸,由海敏公司于 1917 年敷设,长 8.5 千米;一条由伊列克都站北向,由扎免公司于 1921 年敷设,长 45 千米。以上三条道岔总里程达到 103.5 千米。④

除中东铁路沿线林区外,日本人也在鸭绿江右岸修建森林铁路。鸭绿江

---

① [日]南满铁路调查课编:《吉林省之林业》,汤尔和译,商务印书馆 1930 年版,第 181 页。
② [日]南满铁路调查课编:《吉林省之林业》,汤尔和译,商务印书馆 1930 年版,第 210 页。
③ [俄]苏林:《东省林业》,中东铁路印刷所 1931 年版,第 98 页。
④ [俄]苏林:《东省林业》,中东铁路印刷所 1931 年版,第 89 页。

采木公司开办之初,"仅长白分局,有木材厂移交前来之轻便铁道三英里余"①。伐木事业大有发展后,这些铁道明显不敷使用,如文献记载:"现在上江运输木材,除轻便铁道外,均用牛马拖曳,但每年牛疫甚烈,于运输上,大有妨碍,将来如能逐渐改用轻便铁道,则其利益尤溥。"②

1915年冬,公司与临江县政府协商,从三岔子起至老龙冈止,修筑1条手推式轻便铁路,"规定路长二十英哩",并设运木局1所,由县知事担任督办。③铁路建成后,木材运输大为便利,"于是搬运方法,渐有把握,不必专恃天然河流积雪之活动"④。这以后,森林铁路持续发展,至"九一八"事变前,公司共修筑铁道143千米,⑤但均为窄轨铁道。

由于建设费用及运转费用高昂,森林铁道成为日、俄两国大林商们的专享,普通中国林业家们无福消受。如珲春一带木材外运,"除用牛马外,无他种运输机关,故其运搬困难"⑥。

(三) 铁路长途运输

木材转运出山后,下一步将运往木材交易市场。传统时期东北木材运输"向以河道",近代铁路兴建以后,木材运输有了新的选择,如1912年吉长铁路建成通车后,"则此木料的运道,可免由河之必要"。⑦ 再如吉敦路沿线一带伐木团体,先将木材运出伐木山场,"一在冬间结冰后,用骡马曳送;一在夏期江河水涨时,直放而下,运至吉林及九站",再由吉长铁路装车运送出境。⑧ 一些地区因无河运之便,不得不选择铁路运输,"沿江各森林均利河川而运出,独中东沿线者无川流之便,均以铁路出运"⑨。如"北满"一带"木材之运输,极感不便,其与国外市场之联络,尤感缺乏","木材之运输,除经由铁路以外,别无他途,不但运费奇昂,而且行程极远"。⑩

---

① 《鸭绿江采木公司之事业概况(续)》,《中外经济周刊》1924年第67期。
② 王学来:《奉天中日合办采木公司事业之梗概及其组织》,《东方杂志》1915年第12卷第9期。
③ 李侃:《鸭绿江采木公司事业志略》,《学艺》1918年第1卷第3期。
④ 《鸭绿江采木公司之事业概况(续)》,《中外经济周刊》1924年第67期。
⑤ 根据相关数据统计得出,参见东北物资调节委员会研究组编:《东北经济小丛书·林产》,东北物资调节委员会1948年印行,第97页。
⑥ 姚晓艇:《珲春檀木材状况》,《河南实业周刊》1926年第4卷第22期。
⑦ 《东三省森林国有之赠言》,《协和报》1913年第3卷第15期。
⑧ 《吉敦路沿线之大森林》,《农声》1928年第95—96期。
⑨ 《东北之产业》,《中华农学会报》1930年第80—81期。
⑩ 二戈:《东三省木材之水陆运输》,《中东经济月刊》1930年第6卷第12期。

经铁路运送木材,须遵守一定运费计价规则。中东铁路运输木材,有"零运"与"整车运"之别,前者运费相对较高,后者较为低廉,"故对于价值较为低廉之木材,恒应用整车运之运则"。① 吉长铁路则将木材列为三等,其中"制棺材料"归为第二等;制作支柱、木板、方木、制车材料及其他直径2寸(0.2米)以上之大圆木归为第三等;制作枕木、木板材料及其他直径不及2寸之小圆木归为第四等。木材类别不同,运费也有所差别。②

东北铁路运费普遍较高,"例如自吉林至安东之运费,每石约为日金二圆"③,运费的居高不下,直接影响林商们的运道选择。据1915年报道,欧美各国木材商人所购"北满材",起初均由中东铁路运至海参崴装船出海,"今则改道由松花江经尼科来夫斯克运往欧洲"。究其缘由,中东铁路运费过高,"计每立方呎取价洋七分七厘",而经松花江运至尼科来夫斯克"仅须洋四分六厘",商人们权衡一番后,纷纷改道运输,以求节省成本。为了便利水运,进一步缩减开支,一些林商还计划修建窄轨铁路,将林场木材直接运达松花江畔。由此观之,"若东清铁道,不减轻运费,则木材之运输,必永经此途矣"。④

在满铁看来,吉敦铁路通车后,究竟能在木材运输中起多大作用,取决于运费的高低。据其记载:"试为考究铁路通后出材量几何,全视乎本路之运费与夫南满洲需用木材之程度。若其运费较高于现在松花江之流送费时,本路纵以森林铁道自命,其结果必相反,此为至明之理。"⑤

二、木材的水路运输

水路运输是一种古老的木材运输方式,在近代东北木材转运中占有重要地位。东北地区河流众多、流量充沛,对于木材运输意义甚大。1928年,吉林省政府公文中提到,全省拥有松花江、牡丹江、拉法河、嘎牙河、二道河、朱尔多河、二站河、马鹿河、漂河、三道河、莫泥河、冲河、拉林河等水路之便,兼具中东、吉敦两条铁路陆运便利,此后砍木者必然"有加无已"。⑥ 就松花江流域来

---

① 二戈:《东三省木材之水陆运输》,《中东经济月刊》1930年第6卷第12期。
② [俄]苏林:《东省林业》,中东铁路印刷所1931年版,第202页。
③ [日]园部一郎:《日人眼中之东北经济》,夏禹勳、张其春合译,钟山书局1933年版,第103页。
④ 子云:《满洲之木材业》,《中华实业界》1915年第2卷第4期。
⑤ [日]南满铁路调查课编:《吉林省之林业》,汤尔和译,商务印书馆1930年版,第160页。
⑥ 《签为整顿国有林暨清理私有林办法仰祈鉴核采择施行事》(1928年11月),吉林省档案馆藏民国吉林省政府档案,档号:J101-17-348。

看,该江本、支各流大多适宜流放木簰,"松花江上下流左右岸,均富有森林,更有各种支河灌注其中,如松花河、二道江、辉发河、拉发河等,皆其上流之大河;如嫩江、呼兰河、蚂蜒河、牡丹江等,皆其下流之大河,多可赶放木排者也"。① 此外,嫩江大部分河段均宜放运木材,如由卜奎至墨尔根一段"河流宽敞,放木甚易"。自墨尔根至嫩漠路之十二站,河道渐窄,"然尚可放木"。"惟九道石梁,永〔水〕小时甚属困难,水大之年,无甚妨碍",至十二站以上,河道愈发狭窄,汊流渐多,"放木时须另编短簰"。② 一般而言,水运较之陆运成本更低,"运送木料用费最廉之方法,莫过于利用河流"③。如鸭绿江沿岸一带以其地濒海,"凡所采伐之材料,可缚为木筏,以运至海岸,所费并不甚多也"④,因此颇受小本经营之中国把头欢迎。

(一) 管流和筏流

木材水运一般分为管流和筏流两个环节。所谓管流,俗称赶河、赶羊,即于春水泛滥之时将木材放入沟中,借助于水力顺流下运,"因之此项工作,乃必须迅速准确,一年间把头之全部愿望,即在能不将此项时机失却","早则等清明融雪之水,迟则在初夏降前后,投溪放流"⑤。木材下放时,"工人均须手执篙杆,以便撑驾",另一人驾驶小艇,如下放过程中遇到障碍,则设法排除。⑥ 管流运送速度极为缓慢,"一日只能赶十数里",但管流的距离一般较长,"由数十里至数百里不等"。⑦

在鸭绿江一带,管流十分重要,除了"已敷铁道处之外","全恃此种溪流以运材"。鉴于"溪流天然之形势,未能完全适用",采木公司投入一定人力物力,维护河道、排除障碍。如在管流容易崩坏之处修建护岸工事,"用木材数本横列,或用乱石堆集以防护之"。为求"涨高水位,以便于木材之流下",公司修筑堰堤工事,分为"铁砲堰"及"放流堰"两类,使其横断于水面,"可以依时启闭,整齐水位,使木材流下及六七里之远"。另于管流分歧之处修造"偏闸","用木

---

① 林骙:《北满林业概论(未完)》,《学艺》1921年第3卷第2期。
② 滕国梁:《嫩江森林调查》,《新亚细亚》1931年第1卷第6期。
③ 《满洲之森林状况》,《工商半月刊》1929年第1卷第11期。
④ 莘庵:《鸭绿江之林区及其经济上之地位》,《中东半月刊》1930年第1卷第3期。
⑤ 毛应章:《东北问题》,拔提书店1933年版,第57页。
⑥ [俄]苏林:《东省林业》,中东铁路印刷所1931年版,第146页。
⑦ 林骙:《北满林业概论(未完)》,《学艺》1921年第3卷第2期。

材纵列于歧点,埋固下端",用以防止木材漂入支流。①

所谓筏流,俗称穿䉱、编䉱,待管流木材汇集至沟口编䉱地点,用麻绳将木材牢牢拴住,"以防木材被水冲散"②,随后开始穿䉱。在松花江上游一带,一般以大圆木 15 根或普通圆木 20 根为一捆,3、4 捆圆木联结为 1 个"小排","运行于头道江之小排,常系由三捆组成者,二道江则为四捆之小排"。5 个"小排"组成 1 个"大排",10 个小排结成 1 个"并排"。木排编好后,"再于其上搭制窝棚,置备柱棒,装载碎小木材,购买食物,并雇用舵工水手",待江水上涨,即行下运。③

鸭绿江一带穿䉱方法分为中式、日式两种,中式䉱一般叠加双层圆木,仅适用于深水流送,需要 6 人方可操作,"烦费需时"。而日式䉱只有单层圆木,"载轻故浅水亦能下放",仅需 2—3 人即可办妥。从运送效率上看,"中国式木筏约五十日可到者,日本式则仅需二十日,如是则木筏下放一次,木把将筏事办毕,仍可再往上江运木,一年之中约可往返二三次矣"。④

由于日式䉱优势明显,1914 年,采木公司聘请 5 名日本教习,配备 25 名助手,以 2 年为授业期,实地教授中国䉱夫编䉱之法,"期可逐序改良",然而授业期满后发现"效绩弗彰","亦以练习人夫,为数仅十,分途着手,断难敷用"。为谋扩大施教范围,1915 年,公司"特咨由督办转请省署展限两年",专门成立练习所,招募名额以 40 人为限,授课时间为 50 天。期满后,因学员们"分科考试,成绩尚佳","当派往编放木䉱之处,实行练习,其邻局十三道沟分局之自营材,亦拟以东式编䉱下放"。⑤ 新法推广取得了初步效果,时人发现"[近]年来鸭绿江已有中国人驶放日式木䉱。"⑥

鸭绿江流域塔甸子以下,以及浑江流域东岔以下水流湍急、礁石林立。为排除险情,"维护木业",公司遣人使用炸药,"将大小岩石,一律毁除","第八会计年度内,系就帽儿山、通化、八道江三分局境内行之。帽境毁除之数,系三千一百一十个;通境毁除之数,系七十八个;八境毁除之数,系三百七十七个"。⑦ 此举有效改善了鸭、浑两江运道情况,保证了公司的营业收益。

---

① 谢先进:《鸭绿江右岸之林业》,铅印单行本,1927 年印行,第 38—41 页。
② 驻新义州领事馆:《鸭绿江之采木状况》,《南京国民政府外交部公报》1934 年第 7 卷第 7 号。
③ [俄]苏林:《东省林业》,中东铁路印刷所 1931 年版,第 146 页。
④ 王学来:《奉天中日合办采木公司事业之梗概及其组织》,《东方杂志》1915 年第 12 卷第 9 号。
⑤ 李侃:《鸭绿江采木公司事业志略》,《学艺》1918 年第 1 卷第 3 期。
⑥ 《鸭绿江采木公司之事业概况(续)》,《中外经济周刊》1924 年第 67 期。
⑦ 李侃:《鸭绿江采木公司事业志略》,《学艺》1918 年第 1 卷第 3 期。

在中东铁路沿线一带,由俄商伏伦佐夫兄弟经营的乌尔吉赤汗林场利用伊敏河顺流放簰。伊敏河自该林场以下直至海拉尔之间均为"平原大河",河道平均宽约20—25米,深约0.75米,水流蜿蜒,河岸较低,"常有沙滩之险",放送木料时,只能小批量为之,"若大批木排,则非大水时不可也"。为确保运道顺畅,自1923年起,伏伦佐夫兄弟开始着手清理河道中阻碍放送之石块,"并筑围栏于左右各河口及容易被水之浅滩"。由于"由伊敏河放送木料,至为困难",主持放簰者需有丰富的经验和坚强的意志,方能胜任这一工作。①

(二) 水路运输的特点

水路运输是一种靠天吃饭的营生。其能否进行、何时进行,主要取决于河流水量的多寡。如清人记载:"浑河水流,不便于运木,缘此河惟雨泽是赖,得雨则水涨,无雨则水浅,无大江深源以济其缺乏也。"②苏林指出:"查放送木排之运输方法,极为奇特。其运送之速度,纯视水量之大小为定。如遇冰雪融化,或夏雨连绵时,则水量充足,如在最短时间内,水不下退,则送放木排,即可得手,用费甚微。如水量甚小,则放送木排,须待来年。但水量过大时,亦不便放送,盖水过大,则有出汛之虞,而放送之木排,势必被水冲至一处,不能顺流而下。"③裴锡颐也认为,木材水运之通畅与否,"须依江水之涨落以为断","江水涨时,上流之木材,始可顺流而下;水浅时,则木材必停滞上流而不能移动"。④

据《泰东日报》报道,奉天兴京一带"向称产木之薮,各木商每际春融购运者甚多"。1919年春季,木料贩运更比往年增加数倍,不料久旱不雨,春水不旺,"致所运木料停滞,沿河一带,堆积如山,专候水发输运"。⑤ 1926年,松花江上游一带久不降雨,亢旱为灾,河水干涸,运道阻塞,"所有上游木材,除前乘桃花水,少数运省者不计外,其余未能串排之木材,固已无运省之望",其余停泊江中之木簰,亦因水浅滩多,难以启运。⑥ 而一旦雨季来临,江水上涨,水运障碍随即消失,如哈尔滨一带"去岁因秋雨连绵,山水时发,所有下游山中砍伐之木料,运输极便,毫无阻碍","本年自开江后,复因江水盛涨,运输木料最称便捷"。⑦

---

① [俄]苏林:《东省林业》,中东铁路印刷所1931年版,第96页。
② 《伐鸭绿江森林》,《万国商业月报》1909年第14期。
③ [俄]苏林:《东省林业》,中东铁路印刷所1931年版,第93页。
④ 裴锡颐:《东北林产与日本》,《新亚细亚》1931年第3卷第3期。
⑤ 《沿河之木如山积》,1919年4月12日《泰东日报》。
⑥ 《吉林木商之厄运》,《兴业杂志》1926年第2卷第1期。
⑦ 《木商赔累》,1916年8月11日《远东报》。

水路运输也是一份高风险工作。据调查,濛江至那尔轰河口间险要之处有二:一名"上紧坎",距河口50里;一名"下紧坎",距河口5里。两处水流湍急、巨石密布,如"下紧坎"河段水下暗藏"楞额河石""烟甬石""马辟火石""仁义碴子石""牛心石""张口石"等6处巨型石块,险象环生,"撑簰人稍一不慎,即出危险"。① 鸭绿江一带礁石虽经采木公司大力整修,然未加处理者尚多,史载"鸭浑两江中之伏礁甚多,最危险者有十余处,不易通过",木把"顺江流运放,偶一不慎,即致簰散命丧",险要河段如"门坎哨""蟒牛哨""阎王鼻子""阴魂阵"等两岸附近"无不荒冢累累,均往年被灾之木把也"。② 失事木把即便保全性命,亦难免落下残疾,"偶一失慎,性命休矣,或偶落水中,被后至之木簰所挤,即性命苟全,而必骨拆筋断,残废终身"。③

第四节　东北木材的销路与市场

按照功能类型的不同,东北木材市场大致分为集散市场、消费市场与转运市场等三大类。时人一般将吉林、安东归为集散市场,将哈尔滨、沈阳、大连等划为消费市场,"木材市场,以出产言,则推吉林、安东;以消费言,则推哈尔滨、长春、沈阳、大连等处;盖吉林、安东固南满仅见之木材集散地焉"④。"最著名之材木市场为吉林、安东两处,其销货中心为哈尔滨、长春、沈阳、大连"。⑤

一、南部木材市场

(一) 安东市场

近代,鸭绿江上游长白、抚松、临江、辑安等地产材"均编筏直放下游之大东沟,木客与筏主直接交易"⑥,既据有鸭绿江水运之利,又可经海路远航的大东沟一带木材贸易最先繁荣起来。以大东沟集散地为代表的安东市场,是典

---

① 《濛江林业局调查员罗宝珍赴濛江调查森林情形的呈》(1919年3月),吉林省档案馆藏民国吉林省政府档案,档号:J101-8-399。
② 袁蕴册:《安东商埠之沿革及由来》,《商工月刊》1930年特刊号。
③ 萧悒伯:《鸭绿江采木业之沿革与安东商业之关系》,《商工月刊》1930年特刊号。
④ 陈植:《满洲之农林概况及日人开发满洲农林业之设施》,《东方杂志》1925年第22卷第24号。
⑤ 《东三省之富源与南满铁路》,李吟秋译,《新北方月刊》1931年第1卷第5—6期。
⑥ 东北文化社年鉴编印处编:《东北年鉴(1931)》,1931年印行,第1372页。

型的集散外销型市场,时人指出,东北木材市场"首推安东,吸收鸭绿江区域出货,以销天津及朝鲜、日本"①。安东市场不仅是东北地区首屈一指的木材市场,在当时全国木材市场中也占据重要地位,与汉口、福州并称中国三大木材市场②。随着时间的推移,输入大东沟的木材有增无减,市场地面难以容纳、渐显狭小,加之河道淤塞,木排运进困难,集散市场逐渐移至沙河镇,"渐渐地,大东沟的木排就越来越少了"。到1923年前后,"大东沟进的几张木排主要是当地用的,大东沟的木材集散地已被沙河子取代了"③。

安东木材销路经历了不断扩张、逐步打开的过程。早期由安东出口的"鸭绿江材""以天津为第一销路,山东诸埠次之,东三省及朝鲜方面又次之,至上海等处为数颇微"④,其输出对象主要是环渤海、黄海沿岸的北方诸港口,虽然在中国北方木材市场中颇有分量,但迟迟未能撬动南部中国木材市场。第一次世界大战爆发后,各国对华木材输出量暴跌,"鸭绿江材"需求量随之大增,安东木材市场为之一振,"过去依靠美材的上海木材市场,也只有仰赖于鸭绿江材"⑤。如1916年春,上海木业巨头祥泰、久记、义昌、鼎丰以及天津华昌等公司"均相继着手采买朝鲜方面之建筑用材,及安东一带之制材原料"⑥。"一战"爆发成为安东市场扩展销路的绝佳时机,据时人观察:"欧战事起,外国木材不能进口,向求外国木材供给之地,亦着手采购鸭绿江材,此为鸭绿江材贩路最广之时期。"⑦

此后,虽然安东木材出口总量"颇有起落",1925—1927年的出口量在200万—400万美元间徘徊不定,⑧但总的来看出口甚巨,销路纵贯南北、涵盖中外,市场空间非常广阔。时人总结道:"鸭绿江木材之贩路,以天津为最广,而渤海沿岸诸港次之,北自营口锦县南及龙口威海卫烟台青岛诸港,二十年来所需木材,亦以鸭绿江所产为最多。盖以天津为近畿之地,故需用木材较多,而青岛营口烟台诸港,亦日臻繁盛,故木材之用途,亦日益加多。近年贩路

---

① 周映昌、顾谦吉:《中国的森林》,商务印书馆1941年版,第80页。
② 唐焘源:《中国之木材造纸问题》,《国立中央研究院院务月报》1930年第1卷第11期。
③ 鲍天福:《大东沟早期的木材市场》,载政协东沟县委员会文史资料研究委员会编:《东沟文史资料》(第2辑),1988年印行,第100页。
④ 《鸭绿江采木公司之事业概况(续)》,《中外经济周刊》1924年第67期。
⑤ 王长富:《中国林业经济史》,东北林业大学出版社1990年版,第423页。
⑥ 《鸭绿江采木公司之事业概况(续)》,《中外经济周刊》1924年第67期。
⑦ 谢先进:《鸭绿江右岸之林业》,铅印单行本,1927年印行,第54页。
⑧ 莘庵:《鸭绿江之林区及其经济上之地位》,《中东半月刊》1930年第1卷第3期。

之扩张,渐次及于上海、南京、汉口、大连、旅顺、奉天、朝鲜等处,将来事业之发展,正自无量。"①

虽然这一时期"鸭绿江材"行情走俏,安东市场一片繁荣,但值得一提的是,木材交易实际由日本把持的鸭绿江采木公司控制,时人指出:"大东沟等木市,多由安东支配,而安东之木市,复见支配于鸭绿江采木公司。"②这种支配地位主要体现在,采木公司不仅对鸭绿江一带森林有专采特权,而且"对鸭绿江右岸所属木材有全部买回及买收之特权"。公司规定,木材在运往市场销售前,必须到公司办理"买回"手续。所谓"买回",即料栈(或贷款把头)之木材,"由料栈与雇客论价交易",双方谈妥价格后,报请公司派人检查、估价,"看与料栈所报之价是否相符"。若两者相符,公司征收相当于木材价格9%的"买回费",而后料栈可以自由出售木材。如果料栈报价低于公司估价,则"公司依其报价实行买收(强制买收)"。③ 无论是"买回"还是"买收",都是采木公司对中国木把强行控制和无理垄断盘剥的手段。当代学者王长富认为:"采木公司成立后,安东市场的贸易权完全操于'鸭绿江采木公司'之手,实际享有专利权,该公司向各商号买木材,再由该公司销售。"④该公司巧取豪夺,坐享其成,赚得盆满钵满,因而市场营销之利,大多落入日人腰包之中。据公司财务统计披露:"至于纯利之见于决算报告者,则七年以来,两国政府所得,共百零七万元,加以中国政府报效金总数七万余元,计共百十四万元余。"⑤

(二) 长春市场

长春处于东北南部的北端,是"南满铁路"的最北端、中东铁路的最南端,也是吉长铁路的起点。这种区位优势和交通条件,使长春成为东北地区最主要的木材转运市场,相当一部分"北满材""吉林材"需经长春转运南部各市场。如1913年所产"北满材"中,经海参崴运往欧洲市场者共20万立方尺,哈尔滨本地市场自身消化了54万立方尺,而运往长春市场者多达100万立方尺,⑥运

---

① 郭葆琳、王兰馨编:《东三省农林垦务调查书》,神田印刷所1915年版,第95页。
② 江波:《东三省林业概况》,《中东经济月刊》1931年六周年纪念专号。
③ 刘贵黔:《日本帝国主义侵略下的产物——中日合办鸭绿江采木公司》,载中国人民政治协商会议辽宁省丹东市委员会文史资料研究委员会编:《丹东文史资料》(第2辑),1986年印行,第57页。
④ 王长富编著:《东北近代林业经济史》,中国林业出版社1991年版,第249页。
⑤ 《鸭绿江采木公司详表》(1915年),辽宁省档案馆藏民国奉天巡按使公署档案,档号:JC10-1-2278。
⑥ 霆:《满洲之木业》,《协和报》1914年第5卷第1期。

往长春市场之"北满材"占其总数的 57.47%。满铁也认为,长春市场"不仅[为]吉林材木,且为北满材之集散地,占有数之地位","南满各处所需,大半均在此购办,即腹地之林业家,在此地发卖;南满各地需要者,亦于此地经商人之手而买进是也"①。表 5-4 系 1920—1929 年经长春市场中转之木材总量:

表 5-4 1920—1929 年运经长春之木材数量一览表②　　单位:千吨

年　份	由中东路运来者	由吉长路运来者	共　计
1920	31	160	191
1921	49	245	294
1922	104	130	234
1923	150	198	348
1924	252	160	412
1925	166	176	342
1926	107	105	212
1927	120	159	279
1928	155	138	293
1929	186	110	296

大体上看,由中东铁路运经长春之木材数量总体呈上升趋势,而由吉长路运经长春之木材则呈下降态势。由转运总数观之,自 1925 年起,运经长春之木材有所缩减,中转功能处于衰退之中。究其原因,随着东北地区"交通及通信机关,渐次发达,腹地之事情,为一般所知","需要者与供给者渐次接近,以至直接交易,此地(长春——引者)商人,置诸度外",长春市场的中转作用因而"与年俱退"。③ 另据调查,长春本地木材年消费量在 9 000—12 000 吨,为数不多,这"完全因地方之习惯使然","如当地之建筑完全用砖石,建筑木材则徒供建筑物内部装饰及制造各种器具之用,燃料则全用煤炭,木柈不过供引火之用而已"。④ 总之,正如时人所评价的,"长春在今日,其市场之价格,业已减退"。

---

① [日]南满铁路调查课编:《吉林省之林业》,汤尔和译,商务印书馆 1930 年版,第 49—50 页。
② [俄]苏林:《东省林业》,中东铁路印刷所 1931 年版,第 269—270 页。
③ [日]南满铁路调查课编:《吉林省之林业》,汤尔和译,商务印书馆 1930 年版,第 50 页。
④ [俄]苏林:《东省林业》,中东铁路印刷所 1931 年版,第 271 页。

(三) 吉林、大连、奉天(沈阳)市场

1. 吉林市场系集散性质

据当地木石税局之统计,1920 年运往该市场之木材数量为 1 355 万立方尺,1921 年为 1 004 万立方尺,1922 年为 6 49 万立方尺,1923 年为 667.6 万立方尺,1924 年为 604.5 万立方尺,1925 年为 1 209.5 万立方尺,1926 年为 452.1 万立方尺。① 七年之间木材平均输入量为 850 万立方尺。吉林本地木材需求并不旺盛,"在最近数年中,每年不过两万吨左右","此外则有若干生木沿松花江下行至伯都讷,而木材及枕木中之一部则供给正在修筑中之吉海铁路之用"。吉林市场上的大部分木材,均由吉长路运至长春,再经长春发往南部各地市场。② 该区"华商经营的贸易商号有数十家,主要是转卖或转运小批小材而已"③,日商在木材交易中占据主导地位。

2. 大连兼具中转市场和消费市场两个特质

输入大连市场之木材,不仅有"北满材"和"吉林材",还有海运而来的美国、日本木材。1928 年国外木材进口量达到峰值,其中日本材占据压倒多数,进口材与东北地方材的比例是 7∶3,④ "日美木材输入大连后,一部分留于大连本市,一部分则复北行,直达沈阳"。据统计,每年由铁路和海路运抵大连之木材总量约 8 万吨,其中 4 万吨供大连本地需要,约 0.9 万—1.4 万吨继续由海路转运中国北方各港,其余 3 万余吨运往南满铁路沿线销售,"直至沈阳为止"。城内华人开设之木材贸易商号共有 25 家,资本额 4 万—10 万元。⑤

3. 奉天(沈阳)是东北南部重要木材消费市场之一

奉天市场的任务"不但在供给沈阳本城以需要之建筑材料,且将制出木料之一部分,发运南满其他各地,如抚顺、黑山、辽阳、营口、洮南等均[地]是也"⑥。1922 年奉天市场木材需求量在 4 万—5 万吨,以后随着城市建设的加快,市场需求愈发旺盛,奉天市场的木材输入量也与日俱增。如 1924 年输入量为 13.88 万吨,1925 年为 15.61 万吨,1926 年为 10.71 万吨。⑦ 1928 年奉天市场占东北

---

① [俄]苏林:《东省林业》,中东铁路印刷所 1931 年版,第 141 页。
② [俄]苏林:《东省林业》,中东铁路印刷所 1931 年版,第 259—260 页。
③ 王长富编著:《东北近代林业经济史》,中国林业出版社 1991 年版,第 257 页。
④ 王长富:《中国林业经济史》,东北林业大学出版社 1990 年版,第 425 页。
⑤ [俄]苏林:《东省林业》,中东铁路印刷所 1931 年版,第 276—277 页。
⑥ [俄]苏林:《东省林业》,中东铁路印刷所 1931 年版,第 273 页。
⑦ [俄]苏林:《东省林业》,中东铁路印刷所 1931 年版,第 273 页。

南部木材消费量的 23%。①

二、北部木材市场

(一) 中东铁路消耗木材

东北北部市场与中东铁路的关系密不可分。铁路自身便是木材消费大户,自铁路修筑通车以来,"举凡枕木建筑材等,皆无偿取自林中"。仅以作为燃料的木桦一项而论,"无论工厂机车站台事道务所道班房及员司工人住宅等,俱以桦子为唯一之燃料",假定每人每年平均使用桦子约 100 立方尺,铁路职员在 2 万人以上,"其所需已达二百余万立方尺之多","而工厂机车公事房所需木材之量,虽百倍于上数犹不止"。② 1922 年,鉴于木桦价格上涨,东省铁路公司"所需之燃料,遂渐改用石炭",对于木桦的需求有所减少,"如最近数个年间,只达总产额之四成,且有时仅至三成之状况"。即便如此,"该路除薪材之外,尚使用多数之建筑用材"。③ 据统计,1920—1928 年,中东铁路建筑用材消耗量分别为 21.8 万吨、43.3 万吨、10.8 万吨、11.1 万吨、14.6 万吨、11.9 万吨、14.1 万吨、14.1 万吨、17.8 万吨,④9 年间总消费量达到 159.5 万吨,年平均约为 17.7 万吨,数额不可谓不巨。

在满足自用后,东省铁路公司会将多余木料向外出售。一部分输往哈尔滨市场和东北南部各市场,此为"运送于中东路东部沿线者";另一部分"经海参崴而往日本内地及他处"。⑤ 铁路当局从中大赚一笔,收入颇丰,如 1927 年营业收入 144 万卢布,1928 年收入 185 万卢布。⑥

(二) 哈尔滨市场

哈尔滨市场既是东北北部重要木材消费市场,也是向南转运的发起点,"其土地自身,已为有名之木材及薪柴消费地","且为南满各地开端市场之重镇",⑦

---

① 王长富编著:《东北近代林业经济史》,中国林业出版社 1991 年版,第 254 页。
② 贾成章:《东北农林业之调查》,《中华农学会报》1930 年第 75—76 期。
③ 周子明:《东北木材市场之状况》,《中外经济月刊》1932 年第 8 卷第 2 期。
④ 周子明:《东北木材市场之状况》,《中外经济月刊》1932 年第 8 卷第 2 期。
⑤ [日] 南满铁路调查课编:《吉林省之林业》,汤尔和译,商务印书馆 1930 年版,第 51 页。
⑥ 谢次颜:《东北森林概况及俄人染指始末》,《文物月刊》1930 年第 1 卷第 3 期。
⑦ [日] 南满铁路调查课编:《吉林省之林业》,汤尔和译,商务印书馆 1930 年版,第 50 页。

扮演着集散市场的角色。该市场中的"北满材"一部经中东铁路运来,一部分经松花江运来,后者常年保持在 200 万—300 万寸。其中,由哈埠木行直接赴伐木山场购运者约占 20%,由把头从产地运来销售者占 80%,"山中木材如无外客购买,则吃饭开工需钱,不如自行运浜出售为佳,且由产地装船运浜"。①表 5-5 为 1920—1929 年输入哈尔滨市场之各类木材详细情况:

表 5-5　1920—1929 年输入哈尔滨市场之各类木材数额一览表②　单位:吨

年　份	总　量	建筑材总量	薪材及杂木材总量	木炭总量
1920	47 028	5 700	37 544	3 784
1921	90 404	16 774	67 389	6 247
1922	115 057	15 840	85 080	14 137
1923	106 932	6 257	86 964	13 741
1924	108 898	5 684	89 012	14 202
1925	71 713	10 128	38 171	13 414
1926	119 780	23 260	84 460	12 060
1927	178 657	35 063	127 460	16 134
1928	225 838	59 723	149 804	16 301
1929	234 336	61 667	157 105	15 574
合计	1 298 643	250 096	922 989	125 558
年平均额	129 864	25 010	92 299	12 555

由表 5-5 可知,输入哈尔滨市场的木炭数量占总量的 10% 左右,薪材及杂木约占总量的 70%,建筑用材约占总量的 20%。如果将 1920 年各项木料输入量定为 100,就薪材及杂木材一项看,1929 年达到 419,较之 1920 年增加 4 倍余。建筑材方面,1928 年为 1 048,1929 年为 1 081,与 1920 年相比增加 10 倍余。建筑材料大量进入,与该地建筑业的繁荣大有关系:"哈尔滨市场建筑用材需要繁盛之基[本][原]因,系以哈埠之建筑业发达,以致建筑用材到货额之增加率,比薪材之到货额,显着[相差]甚远。"其间,1924—1925 年输入量处

---

① 《滨江木业调查》,《中行月刊》1932 年第 5 卷第 6 期。
② 周子明:《东北木材市场之状况》,《中东经济月刊》1932 年第 8 卷第 2 期。

于低谷,如 1925 年薪材、杂木输入量仅为 102,1924 年建筑材输入量只有 100,这是因为各大林商向日本输出大量木材,以满足关东大地震灾后重建之需,运往哈尔滨的各类木料随之剧减。①

哈尔滨市场中外木材商号众多,"在哈埠设立林业公司,斫伐木植者,共达四十余家"。他们不但砍伐林木,也兼营木材贩售。1921 年春季,因该埠"建筑房屋者极多","德奥诸国前来采办者亦居大宗",各大商号获利甚厚。1923 年哈尔滨各大林业公司均有所进账,收益不菲,如海林公司获利金票 250 万元,镜波公司获利大洋 27 万元,集成公司获利大洋 25 万元,通原公司、嫩铁公司各获利大洋 20 万元等。② 但这些公司大多为日、俄所办,可见哈尔滨市场由外商所主导。

(三) 中东铁路西线各站市场

中东铁路西线各站木材消耗量普遍较大,地位仅次于哈尔滨和滨江市场,是北部地区"占第二位者之木材需要市场"。③ 1921—1929 年各站建筑用材的需求量,如表 5-6 所示:

表 5-6　1921—1929 年中东铁路西线各站建筑用材需求量④　　单位:吨

	1921年	1922年	1923年	1924年	1925年	1926年	1927年	1928年	1929年
满洲里	1 274	198	197	199	379	671	1 006	1 496	394
扎赉诺尔	2 902	5 958	2 206	84	—	61	101	404	414
海拉尔	346	294	160	63	907	243	151	618	276
扎兰屯	91	28			16	23	135	100	154
伊列克都	794								
成吉斯汗						126	238	383	491
土尔赤哈	2	16		3	110	150	100	1 117	1 480
富拉尔基	16	107	33	17	228	380	968	2 609	3 320
齐齐哈尔	425	1 470	754	519	2 671	2 058	5 302	8 583	14 504

① 周子明:《东北木材市场之状况》,《中东经济月刊》1932 年第 8 卷第 2 期。
② 《哈尔滨木业近况》,《湖北省农会农报》1923 年第 5 期。
③ 周子明:《满洲木材市场之状况(续)》,《中东经济月刊》1932 年第 8 卷第 3—4 期。
④ 周子明:《满洲木材市场之状况(续)》,《中东经济月刊》1932 年第 8 卷第 3—4 期。

(续表)

	1921年	1922年	1923年	1924年	1925年	1926年	1927年	1928年	1929年
烟筒屯	—				2	22	18	22	172
小蒿子	16	185	136	331	709	2 841	5 547	8 876	9 155
喇嘛甸子	—				36	75	208	307	329
萨尔图	—				5	38	87	82	161
安达	1 693	4 900	16 268	14 353	33 015	29 413	33 721	22 685	15 240
宋站	33	86	274	561	1 289	1 250	644	899	743
廓尔罗斯小站	—					12	19	51	3
满沟	444	1 173	5 382	2 677	13 788	11 221	9 943	9 667	4 295
路赤果小站	16	16	55	19	33	33	15	47	15
对青山	35	574	173	156	744	833	1 320	1 359	1 339
庙台子	—				66	11 927	7 705	17 477	3 839
合计	8 084	15 012	25 638	18 982	53 998	61 377	67 428	76 782	56 224

可知各站建筑用材需求量"有增加之倾向",1928年总需求量是1921年的9倍有余,1929年之所以略有下降,是"同年中东铁路纷争之结果"。

表5-7为这一时期各站薪材需求情况:

表5-7　1921—1929年中东铁路西线各站薪材需求量[①]　　　单位:吨

	1921年	1922年	1923年	1924年	1925年	1926年	1927年	1928年	1929年
满洲里	7 544	953	43	—		926	1 441	622	191
海拉尔	253	1 774	286	94	541	405	2 713	3 152	1 814
博克图	184	29							
富拉尔基	453	1 817	16	344	1 667	1 781	1 308	1 813	2 980
齐齐哈尔	604	1 726	661	1 000	2 872	2 448	12 691	13 823	5 966
安达	889	1 558	2 750	3 257	6 582	8 367	10 819	7 872	7 414
宋站	—				81	132	52	100	50
满沟	249	717	911	2 062	3 916	4 357	4 191	3 806	3 850

---

① 周子明:《满洲木材市场之状况(续)》,《中东经济月刊》1932年第8卷第3—4期。

(续表)

	1921年	1922年	1923年	1924年	1925年	1926年	1927年	1928年	1929年
路赤果	—	—	—	—	33	33	15	47	15
对青山	—	—	—	—	139	83	185	239	147
合计	10 178	8 574	4 667	6 757	15 831	18 532	33 415	31 474	32 427

从表 5-8 可以看出,各站对薪材的需求亦呈递增趋势,如 1929 年需求量是 1921 年的 3 倍。

综合分析表 5-7 和表 5-8 可知,西线一带木材市场主要有两处:其一为"由哈尔滨附近,及对青山、小蒿子以西一带",其中以安达市场最为活跃。其二为富拉尔基和齐齐哈尔二站。

1. 齐齐哈尔市场

起初,该市场受限于交通条件,并不发达,在 1926 年以前,齐齐哈尔车站至省城市场之间交通不便,大块木料运输困难,而"齐昂铁路之所运送者,则均为长度不过三公尺之木材",如经大车装载运送,则费用异常昂贵。因此省城市场所需大木均由嫩江运来,运量有限。① 据俄人观察:"齐齐哈尔市虽见有从大兴安岭输出之建筑材,而薪材绝少,建筑材亦不甚多。故齐齐哈尔市无木商,薪材亦因之甚贵。"② 1926 年后,运输条件有所改观:"齐昂铁路初则加修运送大木之设备,继并于昂昂溪与齐齐哈尔之间,增修齐克段,自是厥后,自齐齐哈尔车站向省城转运大木之问题,方始告一段落。其结果遂使经由嫩江向齐齐哈尔省城发运之运输停止,而向齐齐哈尔站发运之数量,因以增加。"随着交通的改善,齐齐哈尔木材市场"发达极称迅速",1929 年运抵车站之建筑木材,超过 1926 年 7 倍以上,"木桦及零星木料,则约超出六倍之谱"。③

2. 安达市场

据苏林调查,"在最近五年以来,每年运抵安达之建筑材料,平均为二万七千吨",木桦及其他零星木料为 8 000 吨。建筑材料中,35%销往安达车站附近村镇,35%销往拜泉县,"所余百分之三十,则系以之供给安达站附近各区之用"。因安达附近村镇发展迅速,人口剧增,木材需求量也迅速增加,市面贩卖

---

① [俄]苏林:《东省林业》,中东铁路印刷所 1931 年版,第 254—255 页。
② [俄]俄国财政部编:《满洲通志》(中译本),全国图书馆文献缩微中心 2011 年版,第 355 页。
③ [俄]苏林:《东省林业》,中东铁路印刷所 1931 年版,第 254—255 页。

之木材,"系为满洲人建筑房屋,及制造马车、农具[及]其他生业必要的器具之使用"①,"除以之建筑中国式之房屋而外,即系以之制造各种车辆、犁耙,与各种家庭日用品"②。该地木材贸易"异常发达",专营木料交易之商店共约 50 家,"各家之中,且多系专卖某种一定之木料",如销售圆木、锯板、木桦者,分门别类,甚为清楚。这些商号大多设有自备仓库,以便随时批量购入木料,且多系小本经营,资本一般在哈大洋 2 000—10 000 元。③

小　结

　　东北森林资源产业化的核心是木材生产的规模化、批量化。林业资本家们在获取森林采伐权后,以发放贷款、多级承包等方式,驱使多个伐木团体为其服务。这些团体在把头的带领下,选择时机集体入山,以既定程序展开砍伐活动,成员各负其责、分工协作,从事大规模、长期性的伐木任务,体现出节律性、群体性、组织性特征。团体之间虽有同业组织之设,但作用很有限。

　　当时"具有企业意义"的采伐活动大多聚集在鸭绿江右岸、中东铁路沿线、吉敦铁路沿线、图们江沿岸等林区。资本家们为节约成本、扩大利润计,首先选择河道两岸和铁路沿线交通便利之所,优先砍伐红松、杉松等针叶树种,以更好地迎合市场需求。经过长期集中性、偏向性取材后,一些地区森林成片损毁,林相发生巨大变化,其大自然"调度师"的作用被严重削弱了。

　　木材的运输、销售分别对应着分配、消费两个环节。无论是运材出山还是输往市场,陆路运输均为重要方式之一,在传统林道、滑路运输以外,近代化森林铁道和铁路干线投入使用后,不但保证了木材输送的快捷高效,而且更为胜任长距离转运工作。水路运输包括短途管流和长途筏流,鸭绿江一带林区引进日式放䍁法后,水运能力大有长进,适应了产业化生产的要求。

　　东北木材市场的逐步兴起,与运输方式的近代化很有关系。近代早期,木材的长途输送主要以水运方式进行,木材市场因之局促于大东沟等若干城镇。铁路交通方式引入之后,木材输送数量迅速增加,销售市场随之增多,功能区

---

① 周子明:《满洲木材市场之状况(续)》,《中东经济月刊》1932 年第 8 卷第 3—4 期。
② [俄]苏林:《东省林业》,中东铁路印刷所 1931 年版,第 252 页。
③ [俄]苏林:《东省林业》,中东铁路印刷所 1931 年版,第 254 页。

分更加细化,市场发育也越发完善,其繁荣程度随着运输条件、供需关系等复杂因素的不断变动而起伏不定。

在这一庞大的"产、供、销"体系中,外国势力处于顶端,它们凭借所攫取的森林权益和其他殖民特权,包办森林采伐,控制林产运输,把持木材市场,坐拥产业收益中的绝大部分。森林产业的迅速发展,离不开广大底层劳动者的辛苦劳作,众多华人木把历尽艰难、备尝辛苦,用自己的汗水甚至生命铺平了森林资源产业化之路,其伐木生计和人格尊严却得不到最起码的保证。

第六章
近代东北林木的培植

近世以降,东北森林的滥伐现象引起时人的关注。有识之士纷纷建言献策,提醒政府注意补充培植。如乡绅张广恩、李国栋等人上书吉林省政府:"木材存在者有限,而需要者无穷,若不及早设法培造护养,恐数十年后,吉林将蹈直、鲁、晋、豫等省故辙,缺木之感,徒唤奈何",欲使林木免于告匮,"舍培造林木无他善法。"[①]也有人着眼于固牢水土、维持生态,建议政府植树造林。有学者看到呼海铁路松蒲至呼伦段地势较低,"铁路两旁,时受水患,未波及者,仅路基而已",提议在路基两侧造林,对水土施以保护,"否则路基每年被水侵蚀,基土松下危及路政,其害非浅"。[②] 中、日两国出于各自考虑,均有过造林之举,取得了一定成绩,同时也存在诸多不足。

第一节　清末植树造林的起步

清末东北造林活动的宗旨在于发展地方林业。在官方的推动下,政府与民间的造林活动取得了一些进展。

一、官方对植树造林的倡导

清末新政时期,一些开明官员重视践行发展林业、植树造林,"在倡导植树

---

① 《吉林省农会为张广恩等拟设造林采木研究所的呈文及省长公署的指令》(1917 年 8 月),吉林省档案馆藏民国吉林省政府档案,档号:J101-6-1491。
② 贾成章:《东北农林业之调查》,《中华农学会报》1930 年第 75—76 期。

方面，不少省的督抚发挥了积极作用"①。在东三省突出表现为制定、颁发了一系列有关植树造林的法律法规。

在时任东三省总督锡良的授意下，1910年奉天省劝业道颁布《奉天保护森林章程》，该章程第5章第14节规定"凡人民有能于采伐迹地或[其]他土地施行造林者，地方官当视其所植面积之多寡，赏以相当之林地"②，鼓励民众从事森林补植。

同时颁行的还有《未有森林地方劝民兴办栽植奖励章程》，该章程主要分为三部分：

其一，"栽植树种之预备"。要求"各府厅州县向无森林者"，应于城郊一带附设苗圃，种植适宜本地生长之树种，"以木签书明树种及下种时期，每年将所种树秧，即在圃内移栽一次"，待树苗长成后，供民众栽植之用。民众在选用树苗时，"必择本地所有之树种"，"其有种实者，则按时采集而播种之；其无种实者，则斩伐枝条插植之"，不得轻易尝试其他树种，以免难以成活，徒劳无功。

其二，"植树方法"。除适宜耕种者而外，各级地方政府应将境内荒地"一律编作林地，分定年限，逐渐播植"。每年冬、春两季，地方官督促民众赴苗圃领取树苗，"其领取树秧时，须由各村镇之村长社首，按本地之林地大小及家户之多寡，分别散给"，由各村长、社首督促民众及时栽植，"不得稍涉推诿，致误时期"。此外，地方官还应张贴植树告示，广而告之，"谕令人民按时栽植"，待植树完成后，"须勘验一次，以杜虚冒"。

其三，"植树奖励与罚则"。奖励方面，民众在应栽额度以外，"复能自行植树至千株以上者"，由地方官酌情予以奖励，呈报劝业道查核。超额1万株以上者，由地方官查验属实后，"呈请本道酌给奖励"，"其种树万株以上，而卓著成效者"，由劝业道呈请督抚予以重奖，"以昭激劝"。处罚方面，民众领取树苗后不事栽植，致使苗木枯槁者，处以秧苗价值2倍之罚款。如有损坏新栽树苗者，地方官视其情节轻重，处以一定罚款，"仍令将损害之树种重行培植"。③

以上两个章程，是近代东北地区最早颁布的植树造林法律规章，体现了奉天省借助于植树造林振兴地方林业的意志和决心。

官方对植树造林的倡导，还表现为种树公所、森林公所等植树机构的建

---

① 苑朋欣：《清末农业新政研究》，山东人民出版社2012年版，第203页。
② 《奉天保护森林章程》，《奉天劝业报》1910年第1期。
③ 《奉天保护森林章程》，《奉天劝业报》1910年第1期。

置,这些机构成立后,对地方林业发展起到较大推动作用。如1908年时任东三省总督徐世昌在奉天省城南门外设立种树公所,聘请德国技师为技术顾问,广泛采购中外树秧,"仿新法试种",以"究其物土之宜"。先将青岛等地购来的19万余株树苗分别栽植,编为第一官有林;继将城南正红、镶红两旗界内的2段官荒共计101亩,编作第二官有林;又将正红旗界内约2 673亩之官荒1段编为第三官有林,"以后次第分布,各属挨列号数,仍编作本省官林,为模范林之用"。①

二、东北地方的造林尝试

在政府高层的多方督导下,各县官员开始重视植树事业。1909年,吉林省宾州厅同知李树恩鉴于境内树木多遭砍伐,"现已去其十之六七",若不谋求补植,"恐数年后,不特建筑乏材,即樵苏亦虞告匮",在详细调查四乡荒地后,制订分区造林计划,将全境划为24个区,每区预计植树10万株,"除酌留牧场外,其余道旁、河岸、荒甸、山坡,一律栽种",合计"可栽至二百万株以上"。凡个人累计种植杂树一万株或果树一千株以上者,应颁给奖赏,以资鼓励。②次年,吉林巡抚认为长春府境内"地势平坦,凡有隙地,尽皆垄亩","若富丰山、大青山、万宝山等处,杂树丛生,皆系天产之品",令长春知府"谕令民间培养森林,以兴地利"。③

一些地区的植树活动取得较大进展。据《盛京时报》报道,在知县的大力推动下,农安县先动员城关一带民众种植柳树2 000余株,并着手"推广四乡林政",向各区长发放白话告示和赏罚章程,"饬令切实劝办"。同时派自治局员2人下乡督饬栽种,填写统计报告表,"以便下乡指验"。④另据吉林省五常厅报告,该厅同知苏鼎铭重视植树,不仅亲自撰写白话告示,张贴于城乡各处,宣传种树之利,而且在宣讲所内附设"劝谕林业公会",委派司狱巡检张沂带领讲员,"每逢集市倡劝商民,先从厅城官街道旁,并附城一带,或令各商铺,于门前如法分植",为亲身垂范,甚至捐出自己的养廉银,购买大量秧苗,在道路两旁大事栽植,"先树规模,俾使乡曲民人观瞻仿效"。该同知对于郊区种植亦甚重视,"分饬五区,凡有学堂,并巡警分局所左近道旁隙地,务须先行购种,以为乡

---

① 王树楠、吴廷燮、金毓黻等纂:《奉天通志》卷一一八,实业六,林业,民国二十三年(1934年)印行,第9页下、第13页上—13页下。
② 《吉林巡抚批奖详请培植林业之官员》,《华商联合报》1909年第4期。
③ 《札饬培养森林》,1910年11月1日《盛京时报》。
④ 《推广林政》,1908年3月28日《盛京时报》。

民观感",规定学堂、巡警工作人员如能劝种千株以上者,经查验确实后,给予记功奖励,"以为协助振兴实业之奖励"。在他的大力倡导下,该县植树收到一定效果。据司狱巡检张沂呈报,城内沿街两旁及护城壕沟等处合计栽植柳树1 545 株。据兰彩桥巡检陈翾章呈报,太平山、兰彩桥两街种柳3 100 余株。据第五区巡官宋玉玺呈报,在该管全区内劝种柳树8 390 株。①

除了官方组织的造林活动外,为改善自然环境,部分地区民众也自发造林,并取得一定成绩。如辽东湾沿岸之防潮林、公主岭一带之防风林"均因对于潮风及强风等威胁之防范而起,且历史已久,效力颇大"。此外叶柏寿附近之松树林,傅家屯、扶余、怀德等地之杨树防风林等"亦颇著名"。这些人造林"多出自地方有识之士及笃实农家之手"。附近民众知晓造林之利后,大多乐于种植,即便没有政府的奖励、指导,民间造林事业"亦能自形[行]发展"。②

第二节　民国时期的造林活动

民国时期的造林活动是对清末的继承和发展。"继承"的一面体现在对清末造林措置的延续,如制定造林奖励、考核章程,修建苗圃、农林试验场等。"发展"的一面体现在对清末造林手段的突破,如设定植树节、举行植树典礼等。其中,"东北易帜"后的造林措施较之北京政府时期又有所推进,政府试图通过仪式操演、民众动员等手段,扩大植树活动的社会影响。

一、民国北京政府时期的造林努力

(一) 发布政令、制定规则

"辛亥革命以后,植树造林比以往更受到重视,朝野人士纷纷宣传、提倡。"③民国北京政府时期,中央政府对于地方造林颇为重视,屡次指导东北地区的造林工作。1915 年4 月,北京政府农商部认为"林木一项,关系各种工程

---

① 《五常厅为劝种森林出力人员酌予奖励的禀文》(宣统元年十二月),吉林省档案馆藏清代吉林省民政司档案,档号:J23-5-53。
② 东北物资调节委员会研究组编:《东北经济小丛书·林产》,东北物资调节委员会1948 年印行,第124 页。
③ 南京林业大学林业遗产研究室主编:《中国近代林业史》,中国林业出版社1989 年版,第178 页。

用品,并足隐消水旱灾情,亟应多为播殖",建议吉林省巡按使"饬属推行,以树风声而资兴起"。巡按使公署收到咨文后,随即令属下四道尹督促各知县"广为劝种,饬属提倡"。① 1917 年 3 月,农商部将《造林六言告示》发给奉天省长公署,作为造林活动的宣传材料,省长公署收件后,将其下发各县。地方当局闻风而动,梨树县知事将告示加印 200 张,"分布各乡,张贴通衢,以期人民普知林业之利益"。洮安县知事将其抄录 50 份,分发各区,张贴城厢,"俾众周知"。② 1918 年 7 月,农商部又编印《各省造林须知》寄往各省,吉林省实业厅收到后,将其分发各县政府、农会,作为各地造林参考资料,"以资取则"。③ 1925 年 4 月,北京政府教育部第 107 号公文训令各省在校师生组织学校造林团,"以习勤劳而裕经费",吉林省教育厅收到命令后,发布 128 号训令,要求各省立学校校长、长哈模范区董事及各县知事遵照办理。④

为了提高地方造林的积极性,中央、地方各级政府制定了一系列造林细则和奖励条例。1915 年 6 月,北京政府在公布《森林法施行细则》的同时,还颁布了《造林奖励条例》11 条,其第 4—8 条规定:凡造林面积在 200 亩以上者,经核实后颁给四等奖章;400 亩以上者,核给三等奖章;700 亩以上者,发给二等奖章;1 000 亩以上者,颁给一等奖章;3 000 亩以上者,得由农商部呈请,由大总统特别给奖。以上所植树木,均需成活 5 年以上。⑤

奉天林务局也曾制定《奉天省督察种树规则》,经省长公署批准后在全省范围内施行。该规则将境内各县分为 3 等,根据等级的差异,分配不同的种植指标,要求一等县须植树 600 万株,二等县须植树 400 万株,三等县须植树 200 万株,"每年各县,各接应种株数之总额,分种十分之一,愿多者听,但不准缺少"。各县知事应委派劝导员"仿劝学办法",亲往乡间劝导及强制种树,并视察种植成绩,其中一等县派劝导员 3—4 人,二等县 2—3 人,三等县 2 人。林务局则应派出督察员前往各县"督催及视察种树",其员额"另定之"。各县在

---

① 《饬四道尹为准部咨饬属劝种木植饬即遵照由》(1915 年 4 月),吉林省档案馆藏民国吉林省政府档案,档号:J101-4-362。
② 《呈为奉发林业示稿刷印张贴请鉴核事》(1917 年 4 月)、《呈为张贴造林告示遵令具报事》(1917 年 5 月),辽宁省档案馆藏民国奉天省长公署档案,档号:JC10-1-12160。
③ 《呈   民国七年七月廿二日》(1918 年 7 月),吉林省档案馆藏民国吉林省政府实业厅档案,档号:J111-2-1078。
④ 《教育部训令准农商部咨为实业会议议决组织学校造林团附发议案仰转行各校参酌办理由》(1925 年 4 月),吉林省档案馆藏民国吉林省政府教育厅档案,档号:J110-9-604。
⑤ 《造林奖励条例》(1915 年 6 月),吉林省档案馆藏民国吉林省实业厅档案,档号:J111-1-2552。

完成每年植树额数的同时，还要确保树木的成活率，"如有不足应种定额，其成活尚不及七成者，应将种树定额，及县知事并督察劝导各员之年俸，均分作十成，缺额二成，即扣年俸各一成，依次递推；缺额至五成者，县知事劝导员，及有责任之督察员，均撤换"。①

1922年，奉天省长公署又颁发《奉天省各县种树考成规则》12条。该规则第1条规定"各县关于种树事宜依本规则之规定考核之"。第2—4条规定各县知事应于1922年10月底以前"拟具[种树]办法暨每年应种树株数目"，呈报省长公署及本管道尹备案，作为业绩考核依据。各县应按所拟计划，督促民众分期栽种，并于1923年8月底之前将种树成绩呈报查验，此外，还应于每年4月呈报上年所种树株之成活率及生长情况。第6—10条规定各知事如督办不力、呈报不实，"视其程度，重加惩处或撤革"。如所种树株较之计划数目缺额二成，记过一次，缺额二成以上者，"每缺额一成加记过一次"。如所种树株成活不及七成，记过一次，不及六成者记过两次，以此类推。如完成植树计划且成活率在八成以上，记功一次。第11条规定"本规则自实行之日起，前颁之《督察种树规则》取消"。②

就这些条例的内容来看，较之清末增加了官员督察和成绩考核方面的规定，对于调动地方政府造林积极性具有一定作用。

（二）各地苗圃的成立

造林活动的不断开展离不开树苗的持续供应。民国以后，在清末种树公所的基础上，地方政府增设了苗圃、林业试验场等机构。为了规范其事业进行，1917年11月农商部公布《改定林业试验场章程》，第1条规定试验场主要负责"关于树种之检定及分配事项""关于育苗事项""关于造林施业事项""关于气候土壤之测验事项""关于森林工艺及制材事项""关于生长状况及材积调查事项"等各项工作。③

在各级政府的推动下，各地育苗机构纷纷成立。据奉天省开原县1917年呈

---

① 奉天林务局：《奉天林务局办理各项事宜成绩（民国五年至七年报告）》，《农商公报》1920年第6卷第67期。
② 《奉天省各县种树考成规则》（1922年9月8日），载辽宁省朝阳市林业志编委会编：《中国林业法规选编》，1987年印行，第112—113页。
③ 《改订林业试验场章程》（民国六年11月23日农商部令公布），载蔡鸿源主编：《民国法规集成》（第25册），黄山书社1999年版，第281页。

报,该县自1915年设立农林试验场,并建置苗圃,"两年以来,成绩颇著","并于清河沿岸及城北黄龙岗等处,依法造林,成活颇众"。① 1922年,奉天省辽中县成立苗圃,办公场所附设于县农会院内,苗圃地点在县城西北之白家村,占地约31亩,内有美杨1 000株、鲁桑2 000株、黄金树1 000株、刺槐3 000株、白蜡树20株、扁柏500株、马尾松500株、枫树500株。② 1923年3月,奉天省辽阳县在境内立山路东租用民地50亩,设立苗圃,办公处所借用立山屠宰场,设主任、助理各1人,雇用夫役4名,常年经费2 400元,"由地方公款开支",栽种松、栢、桑、槐、梧桐、梓、漆、鲁桑、湖桑等共计20余万株。后又购买南门外莲花寺50余亩土地,设立永久苗圃,将立山苗圃之树苗全数移栽于此,并于1926年追加预算,"全年需奉大洋四千八百四十九圆有零","预计三年后,可增植树苗三十万株"。③

因聘用了大量专业技术人员,这些育苗机构具有较为丰富的经验。据1927年奉天省辽沈道模范造林场统计,其属下第一模范林育苗成绩如表6-1所示:

表6-1　1927年奉天省辽沈道模范造林场第一模范林播种成绩表④

	床　数	每床面积(亩)	成活率(%)
油松	50	0.008	60
梓树	1	0.008	80
洋槐	20	0.008	85
臭椿	3	0.008	75
胡桃	6	0.008	40
海松	1	0.008	50
糖槭	3	0.008	80
鲁桑	2	0.008	75
侧柏	5	0.008	85
水曲柳	10	0.008	80
五角枫	1	0.008	70

---

① 《呈为拟设林业传习所培养造林人才广导栽植以兴林政缮具简章请鉴核事》(1917年9月),辽宁省档案馆藏民国奉天省长公署档案,JC10-1-7815。
② 徐维淮修、李植嘉纂:《辽中县志》卷二十六,实业志,民国十九年(1930年)铅印本,第31页下。
③ 裴焕星修、白永真纂:《辽阳县志》卷二十七,实业志,民国十七年(1928年)铅印本,第9页下—10页上。
④ 《奉天辽沈道模范造林场第一模范林民国十六年播种成绩表》(1928年2月),辽宁省档案馆藏民国奉天省长公署档案,档号:JC10-1-4574。

该模范林总面积为 0.816 亩,育苗成活率最高达到 85%,平均成活率在 71% 左右,显示出较高的育苗技术水准。

(三) 植树节的设立

这一时期,中央政府专门为植树造林设定了节日。1915 年,北京政府农商部将清明节定为植树节,"这是在中国几千年的政治中最早的举国动员参加植树运动"[①]。以后每逢清明节前,该部都不忘训令所属预筹植树,如 1919 年电令各地:"清明植树,历经办理在案。节期瞬届,希查照前案,并转饬所属如期举行,以重林政。"[②]1925 年又训示各地:"现届本年植树节近,所有京外应办植树事宜,除由部选地具报遵办,并通咨饬属如期一律举行外,合行令仰该厅即便筹备,届期遵行,并认真劝导人民鼓励种植,以溥林利而厚民生。"[③]

在中央的提倡下,植树节成为政府宣传植树功用,培养民众造林意识的重要节日。1917 年植树节,滨江县知事张兰君亲率各校学生和机关职员举办植树活动,植树完成后,"有高等小学教员先时制就植树歌一阕,由各生齐声拍唱"。[④] 瑷珲县知事孙蓉图召集绅、商、学、警各界人士"同赴江沿马路",并"躬行植树典礼,以示提倡"。[⑤] 1919 年植树节前,奉天当局"已先期通令各道尹、各县知事及各机关局所,届时遵照定章,举行植树典礼"。植树节当天,东三省巡阅使张作霖亲率全体文武官员,在使署前植树数株,"以重典礼,而兴林务",省城各学校师生也在校长的带领下,赴城郊展开植树活动。[⑥]

北京政府时期的造林活动,较之清末迈出了一大步。一方面,植树造林的推进手段有所增多,尤其是政府专设植树节之举,不仅将植树造林以国家法定节日的形式固定下来,而且通过植树典礼上政府官员的身体力行,宣传了植树的意义,凸显了造林的重要性,对民众起到了很好的教育效果。另一方面,苗圃修建和植树造林取得了一些成绩,如 1923—1924 年,安东县在郊区荒山种植松树 77 205 株、杨树 4 800 株、柳树 3 090 株,共计 85 095 株,林地面积

---

① 《伪满洲国绿化运动史》,王士君译,载吉林市林业局林业志办公室编:《伪满时期东北林业史料译编》(第 4 集),吉林市科技进修学院复印部 1987 年印行,第 108 页。
② 《通令清明植树》,1919 年 4 月 9 日《盛京时报》。
③ 《呈为遵令举行清明节植树典礼仰祈莅临督率以崇盛典事》(1925 年 3 月),吉林省档案馆藏民国吉林省实业厅档案,档号:J111-3-1998。
④ 《植树节日之所闻》,1917 年 4 月 7 日《远东报》。
⑤ 《植树节志盛》,1917 年 5 月 11 日《远东报》。
⑥ 《植树节纪略》,1919 年 4 月 9 日《泰东日报》。

合计约 627 亩；另于县、乡道路两旁及其他隙地种植杨、柳、洋槐、松、柞、樱桃等 1 580 905 株。①

同时不足之处也大量存在。其一，有法不遵、有令难行的情形时有发生。正如苏林指出的，仅就当时制订的造林计划本身而论，"不可谓非详尽周密"，"惜乎此项计划，因内战关系，即在内部诸省，亦未曾见之实行，至于东三省内，则更谈不到矣"。② 1923 年奉天省长公署训令指出："学校造林，于学校之基金，及学生之技能、习勤、旅行，均有关系，迭经本署三令五申，督促实行在案，惟各属不明教育之理，多未实行，殊属非是。"③次年，省长公署第 243 号训令再次指向地方官员的消极怠慢行为："本署既定有条例以保护之，又复三令五申调查荒山、督促植树，兼创苗圃，提倡造林，惟各县玩视，阳奉阴违，殊为可恨。"④其二，重视造林、忽视保护是当时的普遍现象。耗费大量人力物力所植之树，往往无人过问、缺乏管理，任其横遭破坏、归于湮灭。如民国《开原县志》质疑道："各区境内依旧濯濯童山，趄趄周道尚少佳木之葱茏，虽频年派员劝导，亦未取何效果，不过田畔道旁、山陬水澨寥寥数株而已。即以城北皇龙冈论之，前数年间值植树节，地方官必亲率僚属群往植树，以重典礼，然至今存活者能有几株？"⑤民国《新民县志》记载："新民土质最宜杨、柳、榆、槐，近年迭奉省令，劝民植树……迄无成绩之可观。"⑥

二、"东北易帜"后的造林运动

（一）植树节和植树动员

南京国民政府成立后，予以植树事业充分重视，将"造林"与"识字""合作""保甲""造路""卫生""国货"一起，列为国民党的七项运动之一，并尝试以民众动员的方式，扩大植树活动的参与面。1928 年，国民政府废止清明节植树，确定孙中山逝世纪念日 3 月 12 日举行植树典礼，开展造林活动。1929 年，行政院正式颁布《总理逝世纪念植树式各省植树暂行条例》，第 1 条规定"各省应于

---

① 于云峰纂、关定保修：《安东县志》卷六，林业，民国二十年（1931 年）铅印本，第 64 页下。
② ［俄］苏林：《东省林业》，中东铁路印刷所 1931 年版，第 50 页。
③ 《奉天教育训令第七五号》，《奉天公报》1923 年第 3952 期。
④ 《呈为县属蒙荒初开向无森林应请免予填表具文呈仰祈鉴核事》（1924 年 8 月），辽宁省档案馆藏民国奉天省长公署档案，档号：JC10-1-4567。
⑤ 李毅修、王毓琪纂：《开原县志》卷九，实业，民国十九年（1930 年）铅印本，第 8 页上。
⑥ 王宝善修、张博惠纂：《新民县志》第五卷，实业，民国十五年（1926 年）石印本，第 38 页下。

每年三月十二日总理逝世纪念日举行植树式及造林运动,以资唤起民众注意林业"①。以后每逢植树节,各地都会举行植树典礼和造林运动宣传周。1930年是总理逝世5周年,在这一年植树节前,南京国民政府农矿部接连发布命令,要求各地认真对待、妥善筹备植树仪式。如第1095号训令要求各地做好选种、购苗、择地等工作,"以免临时仓猝举办","植树场所面积宜宽,树苗一项,尤宜充分准备,俾敷应用";要动员民众广泛参与,"俾兴观感"。随后又令各地在植树式举行后半个月内,"分别填绘图表,连同当时所摄影片呈候核转"。②

1928年12月"东北易帜"后,国民政府在形式上统一了全国,东三省也被纳入"植树动员"范畴之内。但因三省气候严寒,回暖较晚,东北政务委员会把植树式和造林运动推迟到农历谷雨日合并举行。媒体报道:"东省一域,因地处边北,气候各殊,植树节期,乃碍难相同,业经东北政务委员会定为四月二十日(谷雨日——引者)。"③遵照中央规定,各地植树典礼均严格遵照规定程序举办。如1931年辽宁省城举行的植树典礼,其仪式程序为:"一、鸣炮开会;二、奏乐;三、全体肃立,向国旗、党旗、总理遗像行三鞠躬礼;四、农矿厅长恭读总理遗嘱;五、静默三分钟;六、农矿厅长报告;七、司令长官训词;八、省政府主席训词;九、来宾演说;十、植树、奏乐;十一、摄影、奏乐;十二、礼成。"④植树典礼将"总理追思"与"植树事业"绑定在一起,展现出强烈的仪式感和浓重的政治色彩,民众于庄严肃穆的仪式操演中,深切体会到政府对植树造林的重视程度。仪式结束后随即举行植树活动。如1930年谷雨日,宾县社会各界举行植树典礼,"凡各机关首领及各校教职员、学生,与夫民众人等,均各亲自手持一株",共计栽植白杨255株、柳树260株。普通民众踊跃参与,"观察心理,一般民众对于植树非常注意","各于门前场院以及道旁隙地,均各栽有苗木",起到了很好的宣传教育效果。⑤1931年谷雨日,在县长亲自带领下,双城县各界民众齐集县城东关外空地举行植树活动,一共栽植青杨6 300株,"均用

---

① 中国国民党中央执行委员会社会部编:《农运法规方案》,1940年印行,第133页。
② 《呈为具报本年谷雨节举行植树典礼情形检同影片图表清单仰祈鉴核事》(1930年8月),吉林省档案馆藏民国吉林省政府档案,档号:J101-19-432。
③ 《特别市政局忙于筹备植树典礼》,1929年4月18日《滨江时报》。
④ 《辽宁省城举行植树式植树运动办法》(1931年3月),辽宁省档案馆藏民国辽宁省政府档案,档号:JC10-1-4562。
⑤ 《呈为具报本年谷雨节举行植树典礼情形检同影片图表清单仰祈鉴核事》(1930年8月),吉林省档案馆藏民国吉林省政府档案,档号:J101-19-432。

麻袋、棉花，按树包头，以防枯晒，并于该处周围挖有壕沟，以阻车马"。植树完毕，由该县实业局长当众演说种树之利，"广为宣传，唤起民众之知识，[民众]无不欢欣鼓舞"。①

各地还遵令举办造林宣传周活动，其宗旨在于教育民众植树的意义和重要性。1930年谷雨日前，扶余县组织造林宣传周活动，分为"布告宣传""讲演宣传""实地植树宣传"等3个环节。在"布告宣传"环节，由县实业局印发造林布告，于通衢大路两旁及人烟稠密之所广泛张贴，为期2天。在"讲演宣传"环节，由县实业局派员四处"设席讲演"，散发造林须知、造林标语等宣传品。由县教育局组织小学生列队游行讲演，沿街高呼造林口号，"一时军乐齐鸣，观众塞满街巷，未几将城区各处宣传已毕，始各归校"。该环节一共历时3天。随后进行"实地植树宣传"，选择适当植树地点，预备杨、柳、榆树苗共200余株，"雇工挖掘土坑，用便栽植"，而后集合民众，举行植树活动，"至于栽植之方式，则按三角方式""此三日间参加民众，亦甚踊跃"。活动闭幕时，官方当众宣示造林宣传周之宗旨"重在实际举办植树造林，以避重宣传而轻实际之弊"。②1931年宁安县举行造林运动周活动，由该县农事试验场编制宣传标语10条备用："一、提倡造林，振兴我国实业之先声；二、森林可以预防水灾和旱灾；三、森林有调节气候，防蔽风砂的功效；四、造林可以利用荒山、荒地，增加我们的生产；五、造林可以点缀风景，增进健康；六、造林有扞固土壤、改良土质之功效；七、我国林业不能振兴，农业断无振兴之希望；八、有森林才有水草，有水草才有耕种和畜牧；九、发展宁安实业，先要实行造林；十、造林是利国福民唯一的捷径。"③这些标语将植树与民众切身利益紧密结合，语言简洁明了，易于民众接受，提高了民众造林积极性和参与热情。

（二）苗圃的普及

为了满足植树运动之需要，政府反复强调设置苗圃的重要性，"从民国十八年起实施大规模造林运动，通令全国各县普遍设置森林苗圃，培育大量苗木

---

① 《呈为举行植树典礼附送图略影片报告表仰祈鉴核事》(1931年6月)，吉林省档案馆藏民国吉林省政府实业厅档案，档号：J111-2-1216。
② 《呈为具报饬属办理造林运动宣传周经过情形仰祈鉴核事》(1930年)，吉林省档案馆藏民国吉林省政府档案，档号：J101-19-432。
③ 《造林运动宣传品》(1931年4月)，吉林省档案馆藏民国吉林省政府实业厅档案，档号：J111-2-1214。

以应需要"。① 1929 年,吉林省农矿厅认为提倡造林,"首应设立苗圃,从事育苗","庶乎求供相应,进行始易,收效乃宏",要求各县已经设立苗圃者,须选派专业人员积极经营、切实整顿,并将苗圃面积、地势位置、育苗株数、苗木种类、生长年龄,以及未来事业扩充计划、造林推广方法等项,分别绘图列表,详细呈报考核。未曾设置苗圃者,应遵令筹措专款,选择适宜地点,"认真筹办,计日观成","切勿因循怠缓,视为无关轻重之举"。② 这一时期,苗圃的设置和运转进一步规范化。如 1930 年 10 月,奉天省农矿厅颁布《辽宁省县立苗圃暂行章程》11 条,该章程第 2 条规定"在县实业局未成立以前,各县县有林、保安林之营造,荒山之勘测及私有林之指导、督促等事宜,暂规[归]苗圃管理"。其他各条规定各县苗圃直辖于县政府,面积视各县实际需求而定,但至少应在 15 亩以上。苗圃经费"由县实业项下,或地方公款项下拨用",每年经费不得少于 1 500 元。苗圃内所有苗木,"除供县林及举行植树典礼植树外",应低价发给民众领取种植。③

在上级政府严格督饬下,各地掀起兴建苗圃、农事试验场的热潮。如 1930 年吉林省延寿县报告,该县苗圃已于 1 月 1 日正式成立,并将苗圃计划书、施行细则呈交省政府农矿厅备案。④ 1928—1929 年,辽宁省北镇相继设立苗圃 2 处,面积共 60 余亩,内有苗木 7 万株。1929 年 3 月,铁岭县苗圃成立,面积 55 亩,分为"桑榆区""杂树区""果树区""洋杨区""蒿柳区"等育苗专区,"现已分别栽植竣事"。⑤ 据统计,截至 1929 年,吉林省已有吉林、双城、扶余、伊通、延吉、农安、珠河、宁安、宾县、滨江、榆树、富锦等 12 个县设置农事试验场。⑥

部分地区财政匮乏,独力承办存在困难,为节约经费起见,只能退而求其次,联合其他地区合办。如营口、盖平两县合办苗圃设于盖平县大石桥西迷真山东坡,据 1929 年统计,圃内共植有洋槐、糖槭、油松、侧柏、梧桐、湖桑、白杨等树 494 210 株。⑦ 一些县份决定暂不设置苗圃,如 1929 年吉林县呈报:"查创

---

① 曾济宽:《三十年来之中国林业》,《人与地》1943 年第 3 卷第 2—3 期。
② 《呈为具报筹办苗圃情形仰祈鉴核事》(1929 年 6 月),吉林省档案馆藏民国吉林省政府实业厅档案,档号:J111-2-983。
③ 《辽宁省县立苗圃暂行章程》(1930 年),辽宁省档案馆藏民国辽宁省政府档案,档号:JC10-1-4563。
④ 《呈为转报造林苗圃成立日期由》(1930 年 4 月),吉林省档案馆藏民国吉林省政府实业厅档案,档号:J111-2-1005。
⑤ 东北文化社年鉴编印处编:《东北年鉴(1931)》,1931 年印行,第 1369 页。
⑥ 贾成章:《东北农林业之调查》,《中华农学会报》1930 年第 75—76 期。
⑦ 石秀峰修、王郁云纂:《盖平县志》卷十二,实业,民国十九年(1930 年)铅印本,第 17 页下—18 页上。

办苗圃,凡购地、酿田、凿井、灌溉、选种子、制肥料以及延用专门人才,略具规模,动需巨款,恐非咄嗟所能办,若不求完善,有名无实,必不应用,无论用款多寡,究属虚縻",以该县现有财力,无法承担修建经费。如确需提倡种树,完全可以就近赴长春苗圃取苗,"似无专立苗圃之必要"。① 受困于经费,一些已设苗圃渐感无法维系,甚至日常运转也成了大问题。如铁岭县苗圃所获经费"较原预算不敷远甚","若不设法救济,不但成绩难期,前功亦将尽弃"。②

(三) 颁发造林法规、制订植树计划

除了以短促、集中的国家节日的方式动员民众参与植树外,这一时期各级政府还制定奖励、强迫造林规则,订立地方造林计划,准备将造林作为一项长期事业奉行下去。

为了便利造林工作的全面展开,政府先期展开各地荒山、荒地摸底工作。如1929年吉林省农矿厅鉴于"各县荒山、荒地,究有若干,何者属公,何者属私,各地土质如何,水源如何,向无确实之调查,真象不明,无从著手查接"③,"所有各处荒山、荒地,仍宜赶速调查,以供造林之用"④,特制订《荒山荒地调查表》,分发各县填写,限期上报完毕。并规定:凡属公有荒山、荒地,由政府负责造林,或与附近居民协商造林;凡属私有荒山、荒地,由业主承担植树任务。各县奉命对境内荒山、荒地逐一排查、统计。据农安县呈报,境内并无荒山和未发放荒地,"仅有已放不能开垦荒地一万七千二百垧,面积三百八十二方里"。⑤ 扶余县报告境内地势平坦,"并无耸山峻岭,亦无大段林区","所有公私造林事业,以及荒山面积,均无凭查报"。⑥

在法规制定方面,1929年辽宁省政府农矿厅颁发《辽宁省奖励造林暂行章程》9条、《辽宁省强迫造林暂行章程》18条。其中《奖励造林暂行章程》第5条

---

① 《呈为据实声述创设苗圃之困难情形仰乞鉴核事》(1929年6月),吉林省档案馆藏民国吉林省政府实业厅档案,档号 J111-2-981。
② 黄世芳修、陈德懿纂:《铁岭县志》卷八,实业,民国二十年(1931年)铅印本,第25页上。
③ 《农矿厅呈为部令造林苦无经费谨陈办理经过情形检同附件仰恳鉴核》(1929年9月),吉林省档案馆藏民国吉林省政府档案,档号:J101-16-578。
④ 《呈为具报职县并无荒山荒地无从表报请鉴核备查事》(1929年9月),吉林省档案馆藏民国吉林省政府实业厅档案,档号:J111-2-628。
⑤ 《呈为具报荒山荒地调查表仰祈鉴核事》(1929年9月),吉林省档案馆藏民国吉林省政府实业厅档案,档号:J111-2-628。
⑥ 《呈为转报县境并无荒山面积及公私造林事业情形请鉴核事》(1930年3月),吉林省档案馆藏民国吉林省政府实业厅档案,档号:J111-2-1195。

规定：承领官荒或在自有荒地造林者，凡造林面积达 1 方里以上、成活满 5 年以上者，核给四等实业奖章。造林面积达 1 方里以上、成活满 10 年以上者，核给三等实业奖章。造林面积达 2 方里以上、成活满 5 年以上者，核给二等实业奖章。造林面积达 2 方里以上、成活满 10 年以上者，核给一等实业奖章。造林面积达 6 方里以上、成活满 15 年以上者，应由农矿厅呈请省政府特别颁奖。①

《强迫造林暂行章程》第 2—3 条规定各县应设置种树监督、副监督各 1 人，分别由县长、县实业局长兼任。另设劝导员、保护员若干人，分别以农会职员、各区警官兼充，"实行办理一切劝导、保护事宜"。第 5—8 条规定各县应按照警管区域，将全县划为若干造林区域，除县立苗圃外，每区均应设立苗圃，"蓄秧分发，以备领取"。各区民众完成强迫造林任务时，可向县、区立苗圃领取树苗、种子，"但须备缴相当之价值"。强迫造林分为 5 期进行，每期以 1 年为限，每期造林任务应由监督"按照实地情况酌量分配公布之"。农矿厅随时派出技术员分赴各县，与各县苗圃主任和劝导员一道，向民众讲解育苗、造林及保护知识。第 15 条规定农矿厅对各县正、副监督工作进行考察，如查明"未能按期督饬，尽量种植"，其"种树未满十分之五者，应予撤任"，未满十分之七者，记大过一次，记大过 3 次者即行撤职。②

就以上规则来看，"奖励章程"内容基本沿袭过往所颁相关章则的思路，不足为奇。而"强迫章程"详细规定了强迫造林的时限与任务、造林督导人员的任用与权限以及苗圃的日常运转和工作职责等，将造林事业明确为官方和民间共同负责的长期性、义务性、强制性工作，堪称一份长久发展植树造林事业的任务书，是对此前造林法规的完善和突破。

各地还遵照省颁法规，依据自身情形，制订了长期造林计划。1930 年，吉林省舒兰县实业局公布了该县造林计划：

一、县城应由镇长连[联]合临近乡长，负责择相当公共地点，俾作林场以便造林，而资提倡。二、县城如无相当林场，应即分区造林。三、应

---

① 《辽宁省奖励造林暂行章程》，载辽宁省朝阳市林业志编委会编：《中国林业法规选编》，1987 年印行，第 110—111 页。
② 《辽宁省强迫造林暂行章程》(1929 年)，辽宁省档案馆藏民国辽宁省政府档案，档号：JC10 - 1 - 4563。

责成各区区长,受实业局指导,会同乡镇长采相当公共林场,实行造林。四、各区林场采择后,按本区乡村数目划分林区,分段造林,惟至少亦须造林十亩以上。五、各区造林,应需苗木,未经领到前,应暂由参加造林各村民众,就近选择易于生长、用途最广之树苗,尽量栽植,倘在完成期内,苗木领到时,再行分发栽植。六、各区区长,采得造林地点,应即绘图送职局,以便按图分向各地指导。七、各区市镇道路林,亦应同时栽植,除县城由职局负责劝导栽植外,其余各区镇应由各区区镇长暨公安分局长就近督催,择白杨苗木,于四月二十日一律栽植,并依照完成,限期举办完竣。八、各林区造林完成后,所植树木,由警察保护,如有枯死、损坏者,随时知会承办机关补植。[①]

从以上内容来看,该县制订的长期造林计划目的明确、安排合理,较为切实可行。

"东北易帜"后,通过举办每年一度的植树典礼和造林运动宣传周,政府加强了对民众造林活动的组织和动员。但因经费缺乏,加之"九一八"事变发生,政府的长期造林计划没能得到充分展开,对民众的植树动员无法持续进行,植树造林未能达到预期效果。

第三节 日本方面的造林活动

近代,除了中国政府和民间的植树造林活动,日本在其控制的关东州租借地、抚顺煤矿以及南满铁路沿线一带也有过造林活动。

一、"关东州"的造林活动

1905 年日俄战争后,日本在大连设立的殖民统治机构着手扩张苗圃,进行植树计划,次年将金州南山附近的官有土地贷给民众种植,要求附近村民"每

[①] 《呈为转报乾安舒兰等县办理造林运动情形祈鉴核备案由》(1930 年 5 月),吉林省档案馆藏民国吉林省政府档案,档号:J101-19-399。

家抽丁一名,充当工役,共赴扇子山培植松、柞等树"。① 1908 年颁布《造林奖励规则》,规定无偿贷给造林用官有地,并无偿拨发造林用树苗,"开始了正式造林","其结果是申请借给官有地和下拨种苗的与年俱增"。② 随着造林面积迅速扩大,为了保护新植林木,1913 年 5 月又设置山林监视所 7 处。经过一番努力,"因实行造林、奖励造林并加意保护关系,山野面目一新,已收绿化之效"。③ 据 1929 年调查,"关东州"境内官方造林面积 9 400 余町步,公办造林面积 16 000 余町步,私人造林面积 45 200 余町步,④不过,这些造林区域主要集中在河岸、坟地、寺庙及街边等处。⑤ 有人据此认为"旅大之树林,目的在改良气候及维持河岸,真正林业之利,未足道也"⑥。

二、满铁的造林活动

1906 年满铁成立后,"为使旅客舒适,裨益员工保健、卫生及沿途风景起见,实行植树",着手栽植铁路沿线保护林、绿化林,最初所用树苗均为当地所产杨树、柳树及俄人遗留之洋槐树,"规模极小",不敷使用。为了满足植树活动之需,日方将辽阳苗圃拨归满铁经营,满铁自身亦在大连、瓦房店、熊岳城等地增设苗圃,以后又于铁路沿线各地"增设苗圃,养育苗木"。随着树苗供应日渐充分,造林区域也不断扩大,1913—1914 年,满铁在普兰店以南及旅顺之沙地栽植防沙林、护堤林、防水林。1917 年,"更于满铁各线及附属地,实行造林"。1924 年在辽阳以南铁路沿线各处栽种防雪林,"以防御沙雪积于铁路,藉省保线费用"。至 1927 年,自沈阳至大连的铁路干线,以及安东、旅顺之支线"均完成长距离之造林事业"。⑦

此外,满铁在攫取抚顺煤矿经营权后,为配合煤炭的大规模开采,特"筹设极大之植林计划,以供给矿内之木料",准备在 30 年内造林 1 亿 1 000 万株,自

---

① 《金州造森林之计画[划]》,《振华五日大事记》1907 年第 7 期。
② 《满洲造林法》,王士君译,载吉林市林业局林业志办公室编:《伪满时期东北林业史料译编》(第 4 集),吉林市科技进修学院复印部 1987 年印行,第 92 页。
③ 东北物资调节委员会研究组编:《东北经济小丛书·林产》,东北物资调节委员会 1948 年印行,第 125 页。
④ 徐嗣同编:《东北的产业》,中华书局 1932 年版,第 66 页。
⑤ 江波:《东三省林业概况》,《中东经济月刊》1931 年六周年纪念专号。
⑥ 雷雨编著:《东北经济概况》,西北书局 1932 年版,第 181 页。
⑦ 东北物资调节委员会研究组编:《东北经济小丛书·林产》,东北物资调节委员会 1948 年印行,第 126 页。

1919 年开始着手种植,①"于九百八十英亩之地,每英亩各植二百万株,同时苗圃有四千四百万幼苗萌发"②。为鼓励附近民众造林,1926 年满铁制定《造林奖励规则》,"大幅度降低树苗售价,[直至]免费分发,以及补助栽培、保护和修剪费,并对造林给予有计划的指导和技术上的帮助"③。这些鼓励措施取得了立竿见影的效果:"公共对于林业之兴趣亦见增进,即村镇亦设立'养树园'甚多"④,"不但引起并增加人民重造森林之兴趣,而乡村亦已有私人苗圃之建设"⑤。

较之中国官方而言,日方造林经费要宽裕很多,因而从数据上看,其造林成绩总体较好,颇引人注目。仅就苗圃一项而论,"自南满铁路,在附属地立山设苗圃,每年分销树苗于各处,数年以来,山无不毛",中方苗圃无法与之相提并论,"彼此相形,未免见绌"。⑥ 值得注意的是,日方的造林活动,其目的或供自身木材消耗,或供城市美化之用,对于久经采木公司砍伐、亟待补充种植的鸭绿江右岸林区,却抱着一副不闻不问、事不关己的态度,反映出其"损人利己"的内在品性。由此可见,殖民者们真正关心的是自己的切身利益,并非真的要为中国民众谋取什么福利。

小　　结

为了阻止生态恶化、增加林业收入,晚清以后,历届政府多能注意植树造林,经过持续不断的努力,取得了"日有所增"的点滴进步。民国《奉天通志》载:

> 近十年来,实业厅注意种树,令各县皆设劝导员,现农矿厅亦视为急务,每[逢]植树节,亲率各界实行倡导,而有可指数者,如法库之喇嘛

---

① 《东三省之富源与南满铁路》,李吟秋译,《新北方月刊》1931 年第 1 卷第 5—6 期。
② 《满洲之林业》,王显智译,《农声汇刊》1924 年第 22 期。
③ 《满铁的产业扶助》,载苏崇明主编:《满铁档案资料汇编》第 9 卷《农林牧业扩张与移民》,社会科学文献出版社 2011 年版,第 86 页。
④ 《东三省之富源与南满铁路》,李吟秋译,《新北方月刊》1931 年第 1 卷第 5—6 期。
⑤ 《满洲之林业》,王显智译,《农声汇刊》1924 年第 22 期。
⑥ 裴焕星修、白永贞纂:《辽阳县志》卷二十七,实业志,民国十七年(1928 年)铅印本,第 9 页下。

山,辽阳南之千山,海龙北黑嘴子,兴城四区林区,开原城南清、滃两河之滨河淤各地林区,安东旧有森林及人造荒山之林。其余安、抚、通、桓于省有林外,尚不少零星片段,总之私有林区虽广狭不一,而日有所增。继此以往,再加以实力提倡斫伐之后即继续种植,则本省材木庶可以供需要云。①

毋庸讳言的是,各地植树造林之努力,仍有两点不足。其一,这些造林区域大多集中在城郭内外,只能起到净化空气、美化市容之效果,边远山野内的采伐迹地很少得到补植,童山濯濯之相一仍其旧,少有改观。民国《辽中县志》载:"本邑无公共林区,民国后改清明为植树节,亦不过于城村附近、县乡道旁,而多栽种之。"②民国《吉林新志》载:"本省皆天然林,虽于宅第坟地,多有人工栽培之零星林木,而其意不在林,乃在风景。对于天然林木,只知砍伐,不知培植。"③其二,造林活动所选树种以阔叶树居多,针叶树较少,这无助于恢复东北森林树木种类的平衡,正如满铁指出的:"吉林省之植树及植林,以地方一部分之消费为目的,故大半为阔叶树,而针叶树绝少,此为植林政策上大须考虑者也。"④

不难看到,近代东北森林的补充培植,根本无法抵补滥伐、偏伐森林而导致的巨大缺漏,其在维持森林总量、恢复树种平衡方面的作用几乎可以忽略不计。

---

① 王树楠、吴廷燮、金毓黻等纂:《奉天通志》卷一一八,实业六,林业,民国二十三年(1934年)印行,第4页上—4页下。
② 徐维淮修、李植嘉纂:《辽中县志》卷二十六,实业志,民国十九年(1930年)铅印本,第29页下。
③ 刘爽:《吉林新志》,潘景隆等整理,吉林文史出版社1991年版,第372页。
④ [日]南满铁路调查课编:《吉林省之林业》,汤尔和译,商务印书馆1930年版,第48页。

第七章

近代东北木材加工业

所谓木材加工,即以木材为原料,借助于手工、机械和化学等方法对其进行加工,它是"森林采伐运输的后续工业",也是"木材资源综合利用的重要部门"。① 近代东北木材加工业随着采伐业的快速发育而有所推进,主要包括"锯木、制胶合板等木工之机械加工,及纸浆、干馏等化学之加工"②。下文仅以锯木业、造纸业和火柴业为例,管窥近代东北木材加工业的发展情况。

第一节 锯 木 业

东北地区手工锯木的历史由来已久。清代早期,伐木者已使用带锯、圆锯和竖锯切割大块木材,将其制成小块圆木、方木。1900年,日本大仓组分别在中国安东、朝鲜龙岩浦创办制材工场,制造军用木材,供日本陆军之用,"并经营一般的业务",③此为近代东北锯木业之始。1905年,日本秋田木材商会在奉天设立锯木工厂,俄人加尔斯基也在中东铁路沿线横道河子、牙布洛尼两地成立制材厂。第一次世界大战期间,东北锯木业发展迅速,共有锯木厂13家,共计3 850马力,年锯木能力达到46万立方米。"一战"以后,世界经济大萧条,东北锯木业一时大受影响,"亦随之而衰退"。④

---

① 国家林业局知识产权研究中心编著:《世界林业专利技术现状与发展趋势》,中国林业出版社2013年版,第29页。
② 东北物资调节委员会研究组编:《东北经济小丛书·林产》,东北物资调节委员会1948年印行,第101页。
③ 彭泽益编:《中国近代手工业史资料1840—1949》(第2卷),中华书局1957年版,第401页。
④ 东北物资调节委员会研究组编:《东北经济小丛书·林产》,东北物资调节委员会1948年印行,第101—102页。

一、锯木业的地域分布

东北各地均分布有锯木工厂,以安东、吉林、哈尔滨及中东铁路沿线一带最为集中。苏林认为:"三省锯木厂之设,有特别集中之地点三。其在北满者,北部则以哈尔滨为中心,而中东铁路东线,亦占一部分重要地位。中部以吉林为中心。南满一带之木材,上自森林区域以达鸭绿江,其制造之中心,则为安东。"[1]

据满铁1930年统计,东北中部、北部地区共有大型锯木厂15家,其中吉林一带有5家,分别是鸭绿江制材无限公司、吉林木材兴业公司、松江林业公司、金华木材公司、吉林木材会社,日制材能力五车半。中东铁路东部沿线地区有4家,为加瓦耳斯基氏牙布洛尼工场、斯基迭耳氏苇沙河工场、斯基迭耳氏细鳞河工场、中东海林公司海林工场,日制材能力八车半。哈尔滨地区有3家,为中东路经营工场、哈尔滨制材公司、同茂东工场,日制材能力六车。长春地区有3家,为小林制材工场、面高制材所、鸭绿江制材支工场,日制材能力三车半。可见吉林地区工厂数量最多,而中东铁路东部沿线地区制材量最大。[2]

奉天(辽宁)省锯木业以安东一地最为发达,多家锯木工厂聚集于此。其中大型工厂资本在1万—200万元,"他如万元以下资本之小家,所在皆是,不下数十,安东一埠木材事业之繁盛可想而知",[3]"制成多量之木料,远超出三省其他各处"。这些制成品一部分经过朝鲜运至日本,一部分运往沈阳市场,大部分则供应中国北方各港口。除安东而外,其他地区亦设有木材厂,如大连聚集了多家制材厂和家具厂,前者资本10万—300万日元,后者资本多在1 000—15 000日元,"而其他较小事业,尚复甚多,至劈木之业,则沈阳、抚顺、四平街各处均有之"。这些小厂产量有限,"只供[所]在地需要而已",一般并不对外销售。[4] 表7-1罗列了该省投资额5万日元以上的大型制材工厂:

---

[1] [俄]苏林:《东省林业》,中东铁路印刷所1931年版,第173页。
[2] [日]南满铁路调查课编:《吉林省之林业》,汤尔和译,商务印书馆1930年版,第56—57页。
[3] 鲁民:《安东之木材事业》,《东省经济月刊》1928年第4卷第5—6期。
[4] 莘庵:《东三省制造木材事业》,《中东经济月刊》1930年第6卷第8期。

表 7-1　辽宁省各地主要制材工厂一览表(1931 年统计)①

地　址	企　业　名　称	投资总额(日元)
大　连	秋田合资公司	3 000 000
	大连有限锯木公司	105 000
	宫本锯木厂	500 000
安　东	安东木材实业会社	1 000 000
	鸭绿江木材实业会社	500 000
	加雷锯木厂	150 000
	满鲜锯木厂	80 000
	宫下锯木厂	80 000
	满洲锯木厂	50 000
	贺阪锯木厂	50 000
四平街	德昌锯木厂	560 000
抚　顺	抚顺锯木厂	50 000

　　由上表可知,该省大型锯木厂分布于安东、大连、四平、抚顺4地,共计12家,投资总额高达612.5万日元。其中安东共有工厂7家,总资本191万日元,约占总投资额的31.18%。

　　安东锯木业中最值得一提的是成立于1914年10月的鸭绿江制材无限公司。作为采木公司的附属产业之一,该公司以"销售制材"为宗旨,资本共计50万日元,"由鸭绿江采木公司与大仓喜八郎各任其半",②共拥有职工1 000余名,内部设有干燥室、制铜室、铁路专线等,采用蒸汽、电力作为动力,功率538马力,每年原木消耗量约37万积尺,③"其工作大部系制造盖房用之木板及箱只材料"④。

　　公司成立后,正值"一战"爆发,美国制材输入减少,公司制材销路日广,产量渐增,"销售制材于南满洲及朝鲜一带,且及于上海、青岛、天津等处","不分

---

① [俄] 苏林:《东省林业》,中东铁路印刷所1931年版,第178—179页。
② 《鸭绿江制材无限公司章程》(1915年),辽宁省档案馆藏民国奉天巡按使公署档案,档号:JC10-1-2278。
③ 《鸭绿江采木公司创立第十周年营业汇编》,1919年印行,第19页。
④ [俄] 苏林:《东省林业》,中东铁路印刷所1931年版,第169页。

昼夜,从事制材,以应各处要需"。为扩大企业规模,提高生产能力,决定"由公司所交制材机器一部分,及大仓组制材所所交制材机器,移置吉林",在吉林开办制材分厂,就近采购"吉林材"作为原料,固定资本、流动资金各5万元。①1921—1925年,该公司制材总数为2 110 150尺缔,②约合704 790立方米,虽每年制材数量起伏不定,但总体保持较高的水平。

二、机械锯木的起步

东北锯木业早期以手工劳作为主,后期机械木厂逐渐出现。如中东铁路直营工厂配备了摆动锯机、圆锯机、箱板片锯机等各类机器6台,"兼附设器具店",锯木效能成倍提高,"每年制成之木料,在前数年,约得数百万立方英尺,然该厂之实际出产力,尚不止此"。该厂因之获利甚大,仅将锯剩之部分木屑出售,所获利润"已足抵补本路自用材料之运价而有余"。③

锯木机械引入后,不仅木材加工效率提升甚多,木材加工工艺也大有长进。以华人邹希古与芬兰人合办的东省林业公司胶板厂为例,1930年媒体对该厂的报道称:

> 入厂后,则见一巨大之机器,以木段置其中,先褪其树皮,使成光滑,然后机器一经动作,则此木段者,即成为极薄之木片,蜿蜒不断,自机器中[止]吐出。吐出之木片,引入刀床上,切成一定之尺寸。此种木片,可厚可薄,其厚者可及数分。其法以极薄之木板,涂以胶水,然后以机器压平,以为两重之胶板,再厚者可成为三重四重,亦以原法制之。胶板制成以后,极为平荡,绝无凸凹裂隙之虞,盖木板早水汀蒸发,初无水分掺杂其中也,此为最通用之木板。其较优美者,则于木板上嵌图案式花纹,至为精洁,盖一切木板,经数度之琢磨,不加髹漆,已极美观,若以之铺设四壁,尤觉绚烂。④

---

① 《鸭绿江制材厂拟在吉林省城设制材分厂》(1915年),辽宁省档案馆藏民国奉天巡按使公署档案,档号:JC10-1-2278。
② 根据1921—1925年间每年制材数累计得出,每年具体数据参见谢先进:《鸭绿江右岸之林业》,铅印单行本,1927年印行,第31页。
③ 莘庵:《东三省制造木材事业》,《中东经济月刊》1930年第6卷第8期。
④ 《东省林业公司胶板厂制造情形》,《贵州农矿公报》1930年第2期。

不难看出,该厂在生产效率和加工工艺方面的优势,是传统手工作坊所无法企及的。

因锯木机械之购入、维护成本较高,故华资工厂很少引进,一般仍沿用"中国旧法",以传统手工方法制材。而日、俄等国实业家资本充盈,有能力批量装备,史载"日人在东北所设之制材工厂,皆应用机械",因而其势力"驾我国制材业而上之"。[①] 表7-2为东北日资制材工厂的机械配备情况:

表7-2 东北日资制材工厂机械配备情况一览表[②](1928年统计)

地 区	工厂数	资本额(元)	制材机械数量
奉 天	1	100 000	16
长 春	3	1 150 000	40
哈尔滨	1	200 000	8
吉 林	5	1 350 000	51
大 连	3	1 550 000	28
安 东	24	3 541 000	362
龙井村	6	36 800	18
合 计	43	7 927 800	523

以上43家日资工厂共配备制材机器523台,平均每家工厂配备12台机器,其中安东24家工厂装备了362台,平均每家配备15台,较之整体平均水平略高。另外,各厂平均投资额达到184 367.44元,可见锯木机械的配备,需要大量投资作为后盾。

近代东北机械锯木发展较为缓慢,手工锯木仍占主体地位。据满铁统计,每年运经长春之木材总数约在100万—130万石,其中锯木产品约30万—50万石,内由机械制造者约占三成,"此外均为手锯物"。[③] 另据1918年统计,吉林制材多用手锯,唯有松江林业公司采用机械锯木。[④]

总的来看,近代东北锯木业发展有限,尚处于"幼稚时代"。正如苏林所言:"东三省森林丰富,二十五年来,虽经推广开发,制造木材事业,蒸蒸日上,

---

① 裴锡颐:《东北林产与日本》,《新亚细亚》1931年第3卷第3期。
② 《东三省林业现状》,《东省经济月刊》1928年第4卷第1期。
③ [日]南满铁路调查课编:《吉林省之林业》,汤尔和译,商务印书馆1930年版,第58页。
④ 殷良弼:《吉林之森林》,《国立北京农业专门学校杂志》1918年第3期。

月异而岁不同,然截至今日,仍尚在幼稚时代。即此项事业最简单之一部,如锯解木材,成为各种尺寸形式,迄今仍不发达,其大部分出口之木料,都为生货,故售价极低。"①

第二节 造 纸 业

自东汉蔡伦发明造纸术后,人们习惯使用破布、渔网等原料,采用手工方法制纸,"千余年来,株守旧法,执中不变"。东北森林的产业化时代来临以后,开始将木材作为造纸的主要原料,并引入机械制纸方法扩大生产规模,开创了东北造纸业发展的新局面。

一、造纸业发展的先天条件

近代,南方以竹子、稻草、桑皮、楮皮、破布、芦苇等为主要造纸原料,北方则以麻、秾、秸为首选材料。不过,桑、楮等树皮虽品质优良,但产额很有限;棉、麻等产量较多,但更适合纺织之用;稻草、芦苇质地柔软,并非造纸原料之首选;竹子则受限于气候,生长范围"不及植林之普遍"。综合考虑各种因素,近代造纸业最适合之原料,"当推木材",当时全世界每年消费纸张约 900 万吨,其中 750 万吨由木材制成,约占消费总量的 80%。②

东北地区的广袤森林,为造纸业提供了丰富的木材原料。据时人调查,该区树木中堪供制纸者为鱼柏、鳞松、臭松等,就其分布来看,"鸭绿江材中,约一千七百万石,吉林材中五千万石,北满材中七百万石,三姓材中六千三百万石,合计约一亿四千万石"③,如此庞大的储量,足以满足东北造纸原料之需。北京大学教授蔡镇瀛指出:"造纸原料在东省当然为木材,取之不尽,用之不竭。"④更有人断言:"取用此等资源(东北森林资源——引者),不仅足供我国全国造纸之需,即供给全东亚各国之需求,亦无不足之感。"⑤

---

① [俄]苏林:《东省林业》,中东铁路印刷所 1931 年版,第 173 页。
② 唐凌阁:《东三省应设木材造纸厂之意见及其计划书》,《中国建设》1930 年第 2 卷第 1 期。
③ 《东北之产业》,《中华农学会报》1930 年第 80—81 期。
④ 蔡镇瀛:《东北造纸事业之商榷》,《东北新建设》1931 年第 3 卷第 4—5 期。
⑤ 《东北造纸原料及其供求状况》,《物调旬刊》1947 年第 30 期。

早在清末,中国政府就已谋划利用东北森林发展造纸工业。光绪年间,时任东三省总督徐世昌委派农工商局局长胡宗瀛赴日本考察实业,从该国购入造纸机器1台,先"用木质或麻料试办造纸","将来不特刷印官书取材甚便,即通省公牍纸张,亦可由局刷印,以归一律","而民间所用之洋纸,并可少遏其来源,费款无多,用途极广,此尤轻而易举"。①

1913年初,北京政府召开工商会议,议员姚明德、傅士鋆、陈谟等人向大会提交《利用东三省木材造纸以兴大利案》,计划利用东三省木材发展造纸业。方案指出:"查东三省富有森林,如奉天之兴京、东边一带,吉林之延吉及松花江沿岸,黑龙江之全境,无处不为天生森林之区域,按其面积之广、产量之多,实为世界绝无而仅有。""如在哈尔滨或吉林长春省垣,取其用水便利[之处],设一最大造纸厂,利用三省木材以供原料,先从制造新闻用纸入手,以次研究各种新式纸张,所获利益,岂可限量?"至于开发方法,分为"广义""狭义"二种,前者"资本须定三百万元,方足展布",先由工商部、财政部协商详细办法,再由中央主持筹划一切;后者资本只需40万元即可,"即由东三省自行担负,亦能兴办"。②

遗憾的是,受制于种种复杂因素,近代中国政府设置造纸工厂的计划,大多未能走出"纸面",付诸实践。而日、俄势力凭借资金、技术上的巨大优势,逐步成为近代东北造纸业的主要力量。

二、造纸业的演进历程

(一)手滤制纸业之概况

手滤制纸是一种传统、古老的造纸方法,西方世界"在十七世纪以前,均为手滤法,十九世纪后半期以降,则多为机械制纸法"。传统时期的中国,手滤制纸极为普遍,东北地区亦不例外。

东北手滤制纸业俗称纸房、纸局。据1931年统计,东北共有大型纸房44家,其中股份公司1家,个人经营15家,合资经营28家。从地域分布上看,沈

---

① 《东三省总督徐世昌奏吉省应行要政逐渐措施情形折》(光绪三十三年十一月二十四日),载吉林省档案馆、吉林省社会科学院历史所合编:《清代吉林档案史料选编》(上谕奏折),1981年印行,第150页。
② 《利用东三省木材造纸以兴大利案》,载赵秉钧编著:《工商会议报告录》"第二编","议案",北京政府工商部1913年印行,第31—32页。

阳最多,辽源、辽阳、永吉、长春等地次之,其余各地则为数甚少。① 由于此时东北币制极为混乱,各纸房之资本无法计算,"仅知各纸房资本总额约均在十五万圆左右,概非大资本之企业"。这些纸房的年产值约65万元左右,产品种类单一,只有毛头纸一种,因产地和纸张大小不同,又有许多复杂的名号,如呈文纸、三五毛头、三六毛头、三八毛头、三五双抄纸、三六双抄纸、三八双抄纸、大号双抄纸、单纸等,其用途"大抵为裱糊酒篓、油箱、簿帖、门窗、续衣、油纸、包裹用纸,以及书写契约、印制执照等等"。②

虽然东北纸房"生产量由东北全体观察,亦极微少",但"因其目的为适应地方需要而制造之特殊纸",故能保有一定数量,并没有被机械制纸完全取代,其产品"遂普及各地,因而成为必需之纸张"。③ 如民国初年黑龙江省城造纸厂"所出纸张,颇投商界所好,行销甚速,驯[迅]至求过于供","复由官商合议,增加资本七千两,从事扩充,辛亥六月,制出纸银一千二百余两,仍不足供市面之需求"。④ 又如1920年前后,吉林地区纸张供应不足,纸价大幅上扬,而当地造纸作坊只有乌拉天兴隆一家,"故今年生意比去年尤为发达,现已添招工人,日夜加工制造"。⑤

(二) 机械制纸业之沿革

1917年12月,日本王子制纸株式会社在吉林设立中日合办的"富宁股份有限公司",资本200万日元,"此为东北机械制纸工业之嚆矢"。其最初营业宗旨为制造纸浆及造纸原料,后来转而采伐附近森林,"企图掌握整个东亚之制纸原料",因经济不景气的缘故,该公司成立不久便宣告倒闭。

1918年8月,日本人斥巨资在大连市谭家屯设立"合名会社松浦制纸工厂",使用机器制造粗纸,营业未久,因土地被官方收买,生产被迫陷入停顿。1921年8月,该厂将设备搬至沙河口,继续开工,业务有所扩展,产品除供应大连市场外,还销往满铁沿线各地,此后亦因"经济界波动之影响",再度歇业。

---

① 玉福:《东三省之旧式制纸业》,《中东半月刊》1931年第2卷第8期。
② 东北物资调节委员会研究组编:《东北经济小丛书·纸及纸浆》,中国文化服务社1947年印行,第14页。
③ 国民政府主席东北行辕经济委员会经济调查研究处编:《东北造纸业概况》,经济调查研究处1947年印行,第13页。
④ 陈谟:《黑龙江造纸工业纪略》,《实业杂志》1912年第1卷第6期。
⑤ 《造纸业本轻利重》,1920年9月10日《民国日报》。

1918年12月,日人还在大连市夏家屯创设"满洲制纸会社",资本50万日元,"其目的亦在于制造粗纸",因经营不善,濒临停业。[1]

1921年9月,日本人在营口设立"营口制纸合资会社",资本10万日元,以海纸为主打产品,其土地、房屋以及机械等均向满铁和关东厅租借,然而"经营未久,即告停顿",直至1927年5月并入满洲制纸会社后"始行复工"。

最令时人瞩目的是1919年5月成立于安东的"鸭绿江制纸株式会社"。该厂"意在垄断鸭绿江流域木业全权,造成世界纸料策源地,使中外国人再无插足余地"[2],投资总额500万日元,由日本人大仓喜八郎经营,历经2年之筹备期,自1921年10月开始制造纸浆。此时正值欧战结束,欧美纸浆大量销往东亚市场,日本国内纸浆滞销、存货积压,包括该厂在内的3所造纸厂奉日本政府之命,"自民国十一年八月至十五年七月间,暂时停工"。停业期间,该厂尝试以机器制造中国手滤纸,"不但成功,且品质较优",遂决定复工后"一变从来制造及输出纸浆之方针,而计划从事于中国纸之制造"。[3] 1926年4月起着手建设新造纸厂,于1927年1月建成投产,在原有机器设备的基础上,又增加碎木机1台、抄纸机4台。[4] 其产品品质"介于欧洲、日本之有光纸与我国原有之手滤纸之间"[5],颇受欢迎,销路广泛,"此等产品,有向上海、天津、青岛、大连等处移出"。受此刺激,该厂不断扩大生产,如1928年产值达170万日元,比1927年增加70万日元。[6]

上述几家日资机械制纸公司均成立于1918—1923年,"因受经济景况不良之影响,营业成绩甚劣",唯独鸭绿江制纸株式会社凭借自身雄厚的资本、庞大的规模和精良的工艺,"能独得发展繁荣之机会",[7] "东北全境能大规模制纸者,只此一所"[8]。

---

[1] 东北物资调节委员会研究组编:《东北经济小丛书·纸及纸浆》,中国文化服务社1947年印行,第2页。
[2] 浩然:《中日两国人在鸭绿江下游制纸事业之概况》,《中东半月刊》1930年第1卷第7期。
[3] 东北物资调节委员会研究组编:《东北经济小丛书·纸及纸浆》,中国文化服务社1947年印行,第3页。
[4] 《安东造纸总厂》,载丹东市史志办公室编:《清末至解放初期的丹东工业史料(1910—1950)》,1986年印行,第145页。
[5] 东北物资调节委员会研究组编:《东北经济小丛书·纸及纸浆》,中国文化服务社1947年印行,第3页。
[6] 任君实:《安东商工述略》,《中东经济月刊》1931年第7卷第6期。
[7] 国民政府主席东北行辕经济委员会经济调查研究处编:《东北造纸业概况》,经济调查研究处1947年印行,第2页。
[8] 《东北造纸业日厂扩充营业》,1931年2月28日《大公报》。

中方亦有机器制纸的尝试,1923年华人实业家韩麟绂在安东六道沟设置烧锅,1927年改建为"六合成制纸工厂",其机械化造纸设备包括"五十吋阳克式抄纸机一座,打纸料机四座,蒸汽引擎一座,煮纸料锅二座,芦苇切碎机一座,蒸汽锅炉(内二座未用)三座,电动机三具,抽机及其他附属机件全备"①,"这是辽宁省第一家用民族资本创办的机制纸厂"②。

华资机械造纸工厂中,备受时人关注的是由张学良亲自督办的东北造纸厂,其设立宗旨是"挽回利权","专门利用鸭绿江所产之林木,以抵制日货",③计划制造新闻纸、粉连纸,并仿造各种洋纸,"以应社会需要"。④ 1931年初,受张学良委派,金翰、赵景龙二人赴松花江上游一带调查选址,最终勘定"吉林桦甸县毗洲地方"为该厂基址,同时选定"距二十里之老恶河地方"为该厂附属水力发电厂基址。10月,设筹备处于沈阳大北边门外中央马路,由张志良出任处长一职,金翰、赵景龙分别担任正、副主任,正式着手筹备工作,一面从天津华北水利委员会借调测量工程师,一面向金沟煤矿公司借用钻岩工人,实地前往毗洲、老恶河两地勘察地质、水文,并"钻试江底岩石","一俟各项初步工作完竣,即当准备购买机器"。⑤

可见这时期华资造纸厂数量极少,基础薄弱,乏善可陈。正如鸭绿江造纸株式会社经理中岛三代彦所言,"中国当局,在九一八事变以前,曾经屡次计划造纸,可是,都不曾成为事实",唯有六合成制纸厂一直坚持营业,"总算断断续续的办到现在"。⑥

总体上看,在引入机械化生产方式后,近代东北纸张产额有了成倍的提高,对此有人总结道:"民国十五年以前之国产纸,仅为旧式之手工造纸而已,年产约五十万元左右;十五年以后鸭绿江制纸、满洲制纸及其营口分厂等每年可生产机器造纸一五〇万至一八〇万元左右。"⑦当然,机器造纸业利润中的绝大部分归日方所有,中方所得微乎其微。

---

① 《中国造纸工业概况(续)》,《工商半月刊》1932年第4卷第20期。
② 《辽宁造纸工业史略》编委会编:《辽宁造纸工业史略》,辽宁省造纸研究所1994年印行,第6页。
③ 《大规模之东北造纸厂》,《兴华》1930年第27卷第46期。
④ 《东北造纸厂筹备就绪》,《蒙旗旬刊》1931年第3卷第1期。
⑤ 《东北造纸厂确讯》,《工商半月刊》1931年第3卷第7期。
⑥ [日]中岛三代彦:《东三省造纸及木浆工业》,载日本工业化学会满洲支部编:《东三省物产资源与化学工业》(上册),沈学源译,商务印书馆1936年版,第279页。
⑦ 国民政府主席东北行辕经济委员会经济调查研究处编:《东北造纸业概况》,经济调查研究处1947年印行,第18页。

第三节 火 柴 业

火柴"虽属微物","但亦为日用必需品"。① 自清末开始,东北火柴业开始起步,"三省火柴事业主要之中心,为吉林、长春、沈阳、营口,其专制火柴棍者,则在安东及吉林"②。至二十年代初,东北火柴市场已趋于饱和,为协调产销、限制生产,中、日两国成立了火柴同业联合会。待瑞典火柴资本进入东北后,这种同业间的联合更是大大加强了。

一、中、日火柴业的早期发展

1906年,日人津久居平右卫门联合华人张松亭、徐敬修、赵卓立、周荣亭、朱云峰等人,于长春成立广仁津火柴公司,这是近代东北第一家火柴工厂。次年该厂因经营不善,被日人高部翁助接手,"经日本广岛一富有者赞助,吸收30万元股金",组设日清燐寸株式会社,③以吉林、哈尔滨市场所售椴木为原料,早期拥有职工350人,日产火柴130—150箱,④主要销往长春及周边地区,同时辐射"北满"一带。此后,日资火柴厂不断增多,1913年关东火柴公司、三明火柴厂同时在营口成立,1914年由佐藤精一、内垣实卫、池田清次等发起的吉林燐寸株式会社开始营业。"一战"爆发后,日资势头更猛,几乎席卷东北,"实有一日千里之势"⑤,如日清燐寸株式会社不断扩张势力,"于东省境内设立工厂不下十余所,年产火柴约五十万箱"。⑥ 吉林燐寸株式会社亦积极开拓、遍设分厂,如1915年在长春设立分厂;1917年并购华商经营的"双城堡"火柴厂;1918年收买奉天火柴厂,将其改为奉天分厂;1919年再度收购双城堡"华兴"火柴厂的主要设备,在吉

---

① 《长春火柴业近况》,《工商半月刊》1929年第1卷第22期。
② 莘庵:《东三省制造木材事业(续)》,《中东经济月刊》1930年第6卷第9期。
③ 于祺元编著:《长春文史资料》总第75辑《往事存真》,长春市现代印务有限公司2007年印行,第67页。
④ 中国银行总管理处编:《东三省经济调查录》(全一册),载沈云龙主编:《近代中国史料丛刊三编》(第二十八辑),台北文海出版社1987年版,第218页。
⑤ 东北物资调节委员会研究组编:《东北经济小丛书·林产》,东北物资调节委员会1948年印行,第118页。
⑥ 《长春火柴业近况》,《工商半月刊》1929年第1卷第22期。

林西关设立分厂。该厂年生产能力 107 000 箱,职工 1 000 余人,"除生产成品黄磷火柴外,还大量生产火柴杆供应分厂,并销往日本、上海、香港、澳门等地",成为当时东北地区规模最大的火柴公司。① 时人认为东北火柴市场"为日人独占"②。

在目睹日本势力垄断东北火柴业之后,"国人沉沉大梦,始一警醒",华人资本家们纷纷投资火柴业,与日资公司展开激烈竞争,"首先发起者为吉林之金华兄弟火柴公司,其后各地有志之士,闻风响应,先后成立者,凡十余所"。③ 如 1921 年 1 月,双城士绅赵晋卿发起组织兴华火柴公司,"以期挽回利权,振兴实业"④,资本额大洋 10 万圆,内有经理 1 员、司事 7 名、工程师 4 名、工人 130 余名,生产"聚宝""醒狮"两个品牌的火柴,日产量 40 箱,每箱 240 包,共 9 600 包。⑤ 再如 1920 年 9 月开办的黑龙江鲁昌火柴厂,总资本哈大洋 31 000 元,占地 20 亩,自建瓦房 132 间,雇用长工 125 名,"专为制造火柴、装钉木箱之用";另雇临时女工 170—180 名,"专司糊制纸盒、装填火柴"。该公司长期生产"双地球牌""燧人牌""梅兰芳牌"火柴,行销龙江、布西、讷河、拉哈站、嫩江、克山、克东、泰安镇、拜泉、双阳镇等地。⑥

一些华资工厂发展壮大后,还顺势收购了日资企业,从日人手中收回部分利权。如 1922 年 1 月,张惠霖在奉天发起创办了惠临火柴公司,资本额奉票 18 万元,营业发达后,1924 年,又以日金 18 万元兼并了吉林燐寸株式会社奉天分厂,"经惠临公司改组为制造总厂,以原立于小西边门外,为制造分厂",⑦ "成为当时辽宁火柴主要生产厂家,打破了日商对火柴业的垄断"⑧。该厂鼎盛时拥有夹轴机 33 架、卸轴机 20 架、油锅机 3 具、药锅机 3 具,主要生产"麒麟牌"硫化磷火柴和"双鹤牌"安全火柴,日产量达 100 余箱,"每箱市价现洋八元,每年出品,约值二十四五万元"。⑨

---

① 丁树林:《吉林市火柴厂沿革》,载政协吉林市昌邑区文史资料工作委员会编:《昌邑区文史资料》(第 2 辑),1990 年印行,第 3—4 页。
② 《东省火柴业之危机》,《河北省国货陈列馆月刊》1929 年第 4 期。
③ 阮静如:《中国火柴业之过去现在及将来》,《商业月报》1929 年第 9 卷第 11 期。
④ 戴鞍钢、黄苇主编:《中国地方经济资料汇编》,汉语大词典出版社 1999 年版,第 472 页。
⑤ 高文垣修、张鼐铭纂:《双城县志》第九卷,实业志,民国十五年(1926 年)铅印本,第 32 页上。
⑥ 《调查东北之火柴业》,1930 年 4 月 15 日《大公报》。
⑦ 《东三省商会联合会呈为遵令核议三省火柴同业联合会一案覆请鉴核事》(1928 年 4 月),辽宁省档案馆藏民国东三省商会联合会档案,档号:JC10-1-12164。
⑧ 魏福祥:《解放前辽宁工商业发展概述》,载中国人民政治协商会议辽宁省委员会文史资料委员会编:《辽宁文史资料》第 26 辑《工商专辑》,辽宁人民出版社 1989 年版,第 15 页。
⑨ 辽宁省地方志办公室编:《辽宁省地方志资料丛刊》(第 4 辑),辽宁省人民政府印刷厂 1987 年印行,第 186 页。

据 1929 年统计,东三省主要华资火柴工厂共 11 家,包括:位于营口的甡甡火柴厂、三明火柴厂、关东火柴厂,位于沈阳(奉天)的惠霖火柴厂,位于吉林的增昌火柴厂、金华火柴厂、泰丰火柴厂,位于黑龙江的鲁昌火柴厂,位于阿什河的明远火柴厂,位于安东的丹华火柴厂,以及位于呼兰的振兴火柴厂。① 可见此时华资火柴企业已有相当规模。

二、同业联结和专卖制度

(一) 火柴同业联合体的成立和强化

随着中、日两国火柴业的发展,火柴供货量迅速增加,出现了供过于求的现象,"至民国十一二年间,生产已有过盛之嫌,因竞争销路之结果,多数工厂,均左支右绌,颓唐已极"②。为了协调产销,严格准入,避免同业恶性竞争加剧,中日火柴业协商成立了几个具有行业垄断性质的联合团体。

1923 年,吉林、长春一带的中日火柴公司成立联合组织,"对于出品,指定公共之售价,并限制联合各厂之出品,订定批发价目,强迫各联合厂每箱必售日币六元五角,并禁止私售"。次年,"各厂重行组织,成为一种联合大团体",定名为"北满火柴有限公司",不久又与沈阳、营口等地火柴厂联合,共同发起成立"满洲火柴联合会"。③

1925 年 7 月,奉天惠临及营口甡甡、三明、关东 4 家华资火柴公司鉴于"工厂开设既多,货品充斥","供过于求,均亏成本,实业前途颇堪顾虑",发起组织"奉天火柴同业联合会",④采取一系列具有垄断性质的措施。如统一火柴售价,在奉天省城设立总批发处,在营口、四平、开原、洮南、锦县等地设置分处,"经理售货"。各公司随即"改弦更张,共同维持","营业稍见转机"。⑤ 该会还与吉林等地华资火柴厂达成协议,"订立售货公约,共同遵守,以昭划一而

---

① 阮静如:《中国火柴业之过去现在及将来》,《商业月报》1929 年第 9 卷第 11 期。
② 任封都:《去年来东北火柴界之新事件》,《中东半月刊》1931 年第 2 卷第 21—22 期。
③ 莘庵:《东三省制造木材事业(续)》,《中东经济月刊》1930 年第 6 卷第 9 期。
④ 《奉天实业厅厅长张之汉为丹华火柴公司在安东设厂有碍同业事给奉天省长的呈文》(1927 年 9 月 30 日),载丹东市史志办公室编:《清末至解放初期的丹东工业史料(1910—1950)》,1986 年印行,第 12 页。
⑤ 《奉天实业厅厅长张之汉为丹华火柴公司在安东设厂有碍同业事给奉天省长的呈文》(1927 年 9 月 30 日),载丹东市史志办公室编:《清末至解放初期的丹东工业史料(1910—1950)》,1986 年印行,第 12 页。

谋匀[均]衡"①。这一时期,因"中日同业,有强固之联合",故"颇能保持均衡,弗相倾轧",官方亦能注意履行保护职责,"对新请设立者不与[予]核准,不致同归澌灭也"。②

不过,瑞典火柴业的强势介入,打破了这一均衡态势。瑞典虽为一不起眼的小国,但该国火柴业曾一度称霸世界很多国家和地区。"一战"期间,瑞典国内火柴业结成庞大的垄断组织——瑞典火柴公司,在战后10余年间,通过与美国钻石火柴公司的联合,逐渐发展为国际性垄断组织,占据了东南亚、印度支那和南洋群岛的广大市场,"印度之加尔各达、孟买以及南洋阿拉梯、马得拉斯、科仑布、仰光等地之旧有火柴工厂,多数被其收买,攫得其利权"③。

20世纪20年代以后,瑞典火柴业还向东北亚拓展势力,"欲囊括东亚火柴市场",先是趁着关东大地震的有利时机,"吸收日本火柴工厂十分之四"④,继而对日本在中国东北的火柴资本展开全面进攻,如以高价收买、逐步蚕食的手段,挤压吉林燐寸株式会社中的日本股份。3年之后,瑞典股份高达70%,跃居首位;而日本股份则退居23%,日方负责人被迫辞职,由绰号"白大马棒"的瑞典资本家取而代之。公司随即新招340名工人,扩大生产规模,大量生产"白梗支"(火柴半成品),"其产品是工厂生产火柴用量的八倍,远销上海、香港、澳门、阿拉伯等地"。与此同时,"其它日本在华各'燐寸株式会社'股份相继被收买",⑤该国火柴业通过"出大资本以支配大连、吉林、日清、增昌等火柴公司"⑥,全面取代了日方资本在东北的地位。时人评论道:"在东北四省,从来就是日本制火柴的独占市场的,顾自瑞典火柴托拉斯侵入日本内地之后,日本在东北四省的火柴市场,亦便轻轻的转至瑞典火柴托拉斯之下了。"⑦

为了协力对抗实力强劲的瑞典资本,1927年,奉天、吉林、长春、齐齐哈尔

---

① 《东三省商会联合会呈为遵令核议三省火柴同业联合会一案覆请鉴核事》(1928年4月),辽宁省档案馆藏民国东三省商会联合会档案,档号:JC10-1-12164。
② 《东省火柴业之危机》,《河北省国货陈列馆月刊》1929年第4期。
③ 《东三省商会联合会呈为遵令核议三省火柴同业联合会一案覆请鉴核事》(1928年4月),辽宁省档案馆藏民国东三省商会联合会档案,档号:JC10-1-12164。
④ 辽宁省地方志办公室编:《辽宁省地方志资料丛刊》(第4辑),辽宁省人民政府印刷厂1987年印行,第186页。
⑤ 丁树林:《吉林市火柴厂沿革》,载政协吉林市昌邑区文史资料工作委员会编:《昌邑区文史资料》(第2辑),1990年印行,第5—6页。
⑥ 风山:《东三省工业概况》,《中东经济月刊》1931年六周年纪念专号。
⑦ 《东北火柴工业与瑞典火柴托拉斯》,郭世珍译,《新北方月刊》1931年第2卷第1期。

等地华资火柴工厂,联合新建的两家日资工厂,共同组织"东北火柴同业联合会",以"维持同业公共利益,矫正营业之弊害,及协力抵制外货之侵入"①为宗旨,划定销售区域,规定批发价格,统筹协调各厂产量,勉力维持供需平衡,并"恳令行奉、吉、黑三省省长公署,转饬实业厅,通令各县查照,限制中外商人,不准再有火柴工厂之增设,破坏联合大局,致有物品过剩之虞"②。该会维护民族产业利益的呼吁,得到了政府方面的积极回应,如"奉天省当局为保护本国火柴业,常拒发瑞典工厂所用制造原料的护照,并不许扩大奉天的工厂",然而"这种协助,仍不能阻止资本雄大的瑞典火柴公司的压迫"。③

(二) 专卖制度下华资工厂的崛起

为彻底打破瑞典火柴资本的垄断,1930 年 8 月,东北政务会员会颁发《东北火柴专卖条例》38 条,决定在辽宁、吉林、黑龙江、热河 4 省设立"火柴专卖局",以"维持中日火柴业共同利益,以抵御瑞典火柴势力之侵入"为宗旨,④严格控制东北地区火柴业的生产、销售和准入。就其内容来看,关于销售范围,该条例第 4 条规定"非专卖局所卖之火柴,不得在东北四省境内行销及使用"。关于产量调配,第 5 条规定"各厂每年之制造火柴种类及数量,由专卖局按市场需要状况为标准,[按]比例支配之"。关于资本准入,条例第 21 条规定"凡在东北四省境内设立火柴制造厂,须经专卖局之许可";第 23 条规定"火柴厂之许可设立,以其制造火柴为专卖局必须收买之数为限,如火柴产量已足供给市场需要之时,即不准添设新厂"。⑤ 该条例的实行,有效地遏制了瑞典火柴公司低价倾销火柴、吞并华资火柴厂的活动。

在"东北火柴同业联合会"和"火柴专卖局"的限制和打击下,自 1929 年以后,瑞典火柴业开始连年亏损,1931 年年末,其亏损额高达 43.5 万余元,实际影响力大大削弱。相应地,华资火柴厂则渐渐占据优势地位。1931 年年底东三省火柴工厂之国籍、资本、产量等情况,详见表 7 - 3:

---

① 《东三省火柴同业联合会章程》(1927 年 10 月),载辽宁省档案馆编:《奉系军阀档案史料汇编》(6),江苏古籍出版社 1990 年版,第 604 页。
② 《镇威上将军公署为组设东三省火柴同业联合会给奉天省长的训令》(1927 年 10 月 22 日),载郭春修主编:《张作霖书信文电集》(下),万卷出版公司 2013 年版,第 796 页。
③ 郑学稼:《东北的工业》,上海印刷所 1946 年印行,第 145 页。
④ 《东北火柴专卖》,1931 年 5 月 7 日《益世报》。
⑤ 《东北火柴实行专卖》,《商业月报》1930 年第 10 卷第 12 期。

表 7-3　东三省火柴公司一览表(1931 年统计)①

公　司　名　称	国　　籍	资　　本	年产量(箱)
金华火柴公司	中国	160 000 大洋	33 962
众志火柴公司	中国	160 000 大洋	32 452
泰丰火柴公司	中国	100 000 大洋	28 301
惠临火柴公司	中国	220 000 大洋	69 410
圆华火柴公司	中国	1 200 000 大洋	45 282
三明火柴公司	中国	180 000 大洋	75 300
牲牲火柴公司	中国	100 000 大洋	62 471
关东火柴公司	中国	50 000 大洋	53 773
鲁昌火柴公司	中国	100 000 哈大洋	29 246
振兴火柴公司	中国	300 000 哈大洋	28 301
明远火柴公司	中国	150 000 哈大洋	37 736
长恒火柴公司	中国	200 000 大洋	18 868
吉林燐寸会社(吉林)	瑞典	750 000 金	60 000
日清燐寸会社	瑞典	300 000 金	37 500
吉林燐寸会社(长春)	瑞典	750 000 金	22 500
长春洋火工厂	日本	116 000 金	52 520
长春宝山燐寸工场	日本	115 000 金	52 500
大连燐寸会社	瑞典	500 000 金	30 000

由表 7-3 可知,东北地区 18 家火柴公司年总产量 770 122 箱。其中中国 12 家公司年产火柴 515 102 箱,约占总产量的 66.9%,拥有绝对优势。瑞典 4 家公司年产 15 万箱,约占总产量的 19.5%。日本 2 家公司年产 105 020 箱,约占总产量的 13.6%。此外,就平均投资额来看,华资公司亦丝毫不落下风。

小　　结

木材加工业充分挖掘了木材的附加价值,是对以伐木业为中心的森林产

---

① 郑学稼:《东北的工业》,上海印刷所 1946 年印行,第 147 页。

业链条的延长和升级。东北地区木材加工有着悠久的历史,传统时期加工活动设施简陋、规模较小、手段原始、产品单一,只能对木材进行物理加工,其产品完全为手工制品,因效率较低、产量有限,主要供应小范围的销售、使用。近代,随着西方先进加工技术和加工工艺的引进,传统木材加工业开启了近代化转型之路,无论是锯木业、造纸业还是火柴业,均不同程度地实现了规模化、产业化和机械化,生产效率成倍提高,产品种类逐步细化,销售市场也不断扩大。

与锯木业、造纸业相比,近代东北火柴业的产业化程度无疑最高,同业组织也最为发达。时人指出"东北火柴工业与其他工业不同,自日俄战后,即急遽进展"[1],其中华人火柴资本虽起步较晚,但发展很快,至20世纪20年代后期已成为东北火柴业的主流。华资火柴业的兴盛,是多种因素叠加而成的结果:其一,火柴业投资门槛较低、生产周期较短、资本周转较快,有利于力量薄弱的民族资本进入。其二,近代中国抵制外货运动、挽回利权运动此起彼伏,一浪高过一浪,民族火柴业从中获益匪浅。其三,东北地方政府对于民族火柴业较为重视,给予诸多政策上的优惠和方便,"因中国近来对于外国输入之火柴,提高关税之率,故国内事业,得以发达"[2]。

---

[1] 东北物资调节委员会研究组编:《东北经济小丛书·林产》,东北物资调节委员会1948年印行,第118页。
[2] 莘庵:《东三省制造木材事业》,《中东经济月刊》1930年第6卷第8期。

结　语

近代东北森林面积约占该区土地面积的 25％，约占全国森林总面积的 37％，是当之无愧的第一大林区，也是"世界有数之大森林"，[①]地位弥足重要，极具开发潜质。近代中国林业产业化之所以发端于东北，"一方面与东北地区丰富的森林资源分不开；另一方面与近代东北特殊的政治经济政策有很大关系"[②]。

一、近代东北森林开发中的政府作为

近代东北森林封禁政策的废止，标志着清政府彻底为森林利用"松绑"，是该区森林开发具有划时代意义的一件大事。不过，统治者的思维一时未能从"故土情结"中解脱出来，对待林业发展的最初态度较为消极被动，除设置几个征税机构外，几乎无所作为，未能将民众自发砍伐活动有效组织起来，引向产业化之途。

19 世纪末 20 世纪初，知识阶层的森林资源产业化呼声蔚为潮流，受其影响，清政府加强对民间采伐的干预，新设吉林全省林业总局，旨在开发林利、维护林权，收取木税、票费。同时成立"官督商办""官商合办"的木植公司，由政府出面募集资本，鼓励民间采伐事业。这些努力促进了伐木业的兴起，"林产商品化有了一定程度的发展"[③]。其缺陷主要有二：其一，管理机构责任不专，管理措施疲软无力，森林发放混乱不堪。其二，政府组织的开发活动局促于个

[①]《东三省之森林面积占全国森林面积百分之三十七》，《四川经济月刊》1936 年第 5 卷第 6 期。
[②]张迎春：《中国近代林业产业状况研究》，河北农业大学硕士学位论文，2011 年。
[③]衣保中：《东北农业近代化研究》，吉林文史出版社 1990 年版，第 297 页。

别地区,没有掀起全局性的产业化浪潮。

民国肇建,为发展实业、开发利源,中央政府将东北大部分森林划归国有,置于国家的直接掌控之下,专门颁发《修正东三省国有林发放规则》,成立林务局、森林局等专业林政管理机构,试图以规范化、组织化的手段统一加以开发。地方政府也出台了诸多配套政策,配合和呼应中央的开发意图。通过对西方林政管理架构的接受和引入,近代中国实现了林政管理制度从无到有的转变,其积极意义值得肯定。政府的一系列举措,一度使得清末管理缺失、采伐失序的状态有所改观,有力推动了东北森林资源的产业化进程。如对国有林发放程序予以规定,初步扭转了清末无节制发放的积弊。通过打击私伐、消除隐患、发展林业教育,维护承领人合法权利,保障林业生产秩序,培养林政管理人才。适时增设机关,添设新税,征收各类林业税费,保证了国家财政收入。

然而,民国初期的林政管理,难以满足东北林业日益增长的需要,并不能将整个产业引向深入、实现升级。从顶层设计上看,如果说清末东北"有森林而无林政",那么民初东北则是"有林政而无眼光",政府的森林管理、经营措施缺乏宏大视野和通盘考虑,所拟法律规章和开发计划的着眼点,并非是将国有林经营好、管理好,使林业发展拥有一个科学、合理、可持续的良性运转模式,而是片面强调税费征收的重要性,重发放而不重管理、重收入而不重保护,"借林生利"的功利色彩非常浓重。就执行层面而论,在专业机构以外,地方政府亦有权发放森林,这不仅造成行政效能的浪费和耗散,而且导致"重复包套"乱象丛生、林场争讼无休无止的后果。不论是林业专管机关还是兼办机关,一律沦为"收税机关",无不以征收林业税费为首要事务,林业管理与保护的本职工作反倒退居次席,林政管理漏洞百出。因经费所限,专业林政管理机构成立不久便难以运转,工作开展倍感艰难,在"自身难保"的情况下,根本谈不上提供林业贷款、扶助民族资本。总之,近代对西方林政体制的仿行,仅限于浅表、机械的移植,并没有触及本质和内核,对林场的发放、管理,在摆脱了清末无序化状态后,很快又陷入新的混乱之中。

二、森林资源产业化与产业链的形成

古代东北人民利用森林资源,也依赖森林资源,是名副其实的"森林中人"和"丛林民族",其森林利用的特征是采伐区域的有限性、砍伐节奏的间歇性、木材消费的封闭性、利用喜好的偏向性。近代民间零星少量的、自给性质的采伐活动依然存在,但不再是主流,国有林场批量发放后,林业资本家纷纷入驻,倚仗雄厚的资本,雇用众多伐木团体,大批量、成规模、有组织地采伐东北森林。

与传统时期形成鲜明对比的是,近代东北森林开发具有以下4个特点:一为广泛性,具体表现为森林砍伐的大批量、规模化,采伐区域也相对辽阔,北至兴安岭、南至鸭绿江的广大林区均被纳入开采之列。二为连续性,表现为森林的大规模采伐是连续的而非间断的,林业资本家为了加快资本周转、降低生产成本,一般尽可能加快森林采伐进度。三为开放性,表现为木材生产以市场为导向,以效益为中心,是外向型、高度商品化的,中东铁路将大量木材留作自用,是个特例。四为另一种偏向性,表现为森林利用侧重于作为森林主产的木材,传统时期颇受重视的森林副产品,此时并非利用之重点所在,较少得到产业化开发。

木材采伐产业化而外,木材的运输和销售也发生了质的变化,已不再是传统时代小范围、小规模的活动,如果没有这个转变,木材的规模化生产是难以想象的。这一转变过程中,近代交通体系变革带来的助推作用至关重要。得益于铁路交通的兴起,非但木材运输量迅速增加,输送距离也明显延长了,木材销售市场也不再局限于沿江靠海的部分城镇,销售网点不断增多,市场发育日臻成熟,功能区分日渐细化。

部分木材并没有直接投放市场,而是经深加工制成火柴、制材、纸张等产品,提升了木材初级产品的附加值。因原料供应充分、市场需求旺盛,东北木材加工业总体发展较快,尤以火柴业进展最为迅猛,这些工厂主要分布在哈尔滨、安东、长春、奉天(沈阳)等大、中型城市之中。与伐木业类似,木材加工产业亦呈现新旧并存的局面,一方面配备新式器械、采用先进工艺的近代化工厂陆续出现,方兴未艾;另一方面固守传统加工方式的手工作坊仍大量存在。

这样,以木材大规模生产为龙头,近代东北形成了一根覆盖生产、加工、供应、销售的森林产业链条,森林资源产业化与产业链的形成,两者相辅相成、互相促进,有3点值得注意:

1. 林业产业一体化程度较高

林业产业一体化,是林业产业化经营的核心指标,具体指"林、特产品生产、加工与运销结合的紧密程度","这三者的一体化程度越高,就越能促进林业产业化的发育和完善"。东北森林的产、加、运、销相互之间联系紧密,体现了较高的一体化程度。

2. 林业产业链具有一定"长度"

产业链的拉长,"包括生产、加工、销售、服务"等环节,"在生产链条中,每增加一个环节,其产品都会增加一次价值","链条越长,增值程度就越高"。除了服务环节外,东北森林产业涵盖了产、加、销等3个环节,产业增值程度较高。

3. 林业产业链拥有一定"深度"

所谓链条深度,"是指要用高、精、尖新技术对产业链开发到最精、最深、附加值最高的境地"。[①] 在伐木山场,一些大型公司通过改进生产、运输手段,如引进采木机械、敷设林场道岔等,显著提高了生产能力和生产效率,有效降低了长期平均成本。相对于伐木业而言,木材加工业的机械化程度要更高些,表明东北森林产业的规模经济性已初步显现,代表了未来森林产业的发展方向。

三、产业化的殖民特征及其生态后果

近代,日、俄等国侵略势力从未放松对东北森林的掠夺。早在清末,两国即已着手对该区森林的调查和勘探。俄国方面,为了获得自有林区和廉价枕木,中东铁路当局连续派出7支调查队,详细踏查吉、黑二省铁路沿线森林,获取了大量原始资料。日方的调查更为系统、连贯、深入,早期多由日本政府派出专业技师完成,后期均由满铁组织相关专家进行。其调查范围不断延展,几乎囊括了除大、小兴安岭森林外的所有林区。这些勘探活动,是两国实行森林侵略计划的第一步。

自19世纪末始,两国开始了实质性的侵占活动。俄国人先与日本人争夺鸭绿江右岸一带森林,遭到失败后,转而经营中东铁路沿线森林,逼迫中国政府签订《吉林木植合同》《黑龙江铁路公司伐木合同》等不平等条约,获得大片林区的采伐、经营特权,并采取林场租借、多级包工手段,不断扩大森林采伐规模。日方则迫使中方签署《中日合办鸭绿江采木公司章程》,成立名为中日合办、实为日方独霸的采木公司,垄断了鸭绿江一带森林的经营、管理,继而到处

[①] 朱功良主编:《林业产业化理论与实践》,湖北科学技术出版社2000年版,第5页。

兜售所谓"合办"模式,在吉林等地开办多家伐木公司,又趁着俄国革命、国内变乱之机,接手部分中东铁路沿线林区,将侵略触角伸向"北满"地区。

日、俄两国自恃强权,得以享受运价降低、税收减免等种种优惠条件,在市场竞争中占尽先机。如在日本投资经营的吉会铁路两侧,日商所办林场星罗棋布;中东铁路沿线林场也多归俄国林商据有。从资本和技术层面上看,外国公司资金宽裕、实力雄厚,配备大量采伐、加工机器,还修建不少铁路支线、铺设轻便铁道,这些先天优势和便利条件,往往是中方可望而不可即的。在外方势力的排挤和压迫下,中国资本普遍无力抵挡,难以抗衡,在激烈的竞争中落于下风,或遭到吞并,或终止运转。在地方政府大力支持下,东北火柴业中的民族资本逐渐超越日本、瑞典等国资本,最终取得优势地位,是极为罕见的现象。可见,外国资本是东北森林产业链的实际操控者,产业化的殖民倾向十分明显。在日、俄林商"空山净林"式、"拔大毛"式掠夺砍伐下,成片宝贵林木走向毁灭,森林生态系统内部逐渐失衡、渐趋紊乱,部分地区水土流失严重,旱涝灾害频发,一系列环境问题接续显现。可以说,东北森林的快速产业化、林业经济的突飞猛进,是以资源浪费和环境破坏为沉重代价的。

为谋补充培植、防止生态恶化,自清末始,政府组织民众植树造林,颁布《奖励章程》,设置种树公所。民国时期对于植树事业更为重视,不仅继续发布造林政令和相关法规,而且专设植树节、举办植树典礼,强化对民众的宣传教育,同时增修苗圃和农林试验场,试验栽植方法,确保苗木供应。"东北易帜"后,国民党政权更以政治动员的手段,举办植树典礼和造林运动宣传周,努力扩大民众参与,提升民众造林意识,并制订了中、长期造林计划,将造林作为一项大政方针确立下来。从表面上看,这些培植活动似乎取得了一定成就,但细究起来,植树范围仅限于城乡一带,采伐迹地极少得到补充栽植;选用树种多为阔叶林、较少针叶林,无助于林木种类恢复平衡,其所取得的成绩,终难弥补大规模采伐所造成的损失。长此以往,森林产业链的生态可持续性非常堪忧。

总而言之,近代中国政府对于东北森林资源产业化的最大贡献在于,从制度层面初步建立起一整套初具雏形的、蕴含现代因子的林政管理体系,解决了一系列至关重要的"有无"问题。然而,由于其战略眼光的欠缺及施政能力的不足,既不能宏观指导和规划林业的总体发展,推动产业实现优化、升级,也不能保证森林发放和林业生产的有序、稳定。产业化的实际主导者是日、俄两国林业资本家,他们长期盘踞在木材生产、运输、加工、销售各个环节,在两国政府、财团的鼎力支持下,盲目扩大采伐,追逐巨额暴利。近代东北森林产业飞速发展的"可喜"景象背后,隐藏着产业殖民化、掠夺扩大化这一既残酷又可悲的事实。

参考文献

一、未刊档案

（一）吉林省档案馆馆藏

清代吉林省民政司档案,档号：J23-5-53；清代吉林将军衙门档案,档号：J1-37-63、J1-4-1320、J1-37-174；民国吉林督军公署档案,档号：J102-1-80；民国吉林省政府实业厅档案,档号：J111-1-2552、J111-1-125、J111-2-1216、J111-2-628、J111-1-121、J111-1-2505、J111-2-1005、J111-3-1998、J111-2-1078、J111-2-981、J111-2-1195、J111-2-1214；民国吉林省政府档案,档号：J101-16-526、J101-9-140、J101-10-1070、J101-4-362、J101-8-1413、J101-8-399、J101-8-355、J101-18-787、J101-8-360、J101-1-253、J101-1-182、J101-5-700、J101-7-296、J101-19-432、J101-6-305、J101-9-409、J101-8-143、J101-3-388、J101-6-1491、J101-19-399、J101-8-184、J101-6-112、J101-8-419、J101-8-261、J101-6-416、J101-3-1164、J101-18-783、J101-8-416、J101-13-275、J101-16-578、J101-12-275、J101-18-488、J101-1-1153；民国吉林森林局档案,档号：J114-1-96、J114-1-57、J114-1-370、J114-1-486、J114-1-64、J114-1-109；民国吉林省政府教育厅档案,档号：J110-9-604；民国吉林全省农务总会档案,档号：J18-3-10；民国吉林全省警务处档案,档号：J156-2-250。

（二）辽宁省档案馆馆藏

清代奉天行省公署档案,档号：JC10-1-10914；民国奉天省长公署档案,档号：JC10-1-7764、JC10-1-3132、JC10-1-7837、JC10-1-7827、JC10-1-7794、JC10-1-7796、JC10-1-4559、JC10-1-4875、JC10-1-4567、JC10-1-29604、JC10-1-2817、JC10-1-4574、JC10-1-7745、JC10-1-12160、JC10-1-7836、JC10-1-27924、JC10-1-4602、JC10-1-2275、JC10-1-7891；民国奉天省实业厅档案，档号：JC10-1-7727；民国辽宁省政府档案，档号：JC10-1-10895、JC10-1-4562、JC10-1-4563；民国东三省商会联合会档案，档号：JC10-1-12164；民国奉天巡按使公署档案，档号：JC10-1-4551、JC10-1-2278；民国督办东省铁路公司档案，档号：JC10-1-9114。

二、方志史料

1. 〔元〕孛兰肹等：《元一统志》(上)，赵万里校辑，中华书局1966年版。
2. 〔俄〕俄国财政部编：《满洲通志》(中译本)，全国图书馆文献缩微中心2011年版。
3. 《畿辅通志》编委会：《畿辅通志》(第八册)，河北人民出版社1989年版。
4. 白纯义修、于凤桐纂：《辉南县志》，民国十六年(1927年)铅印本。
5. 陈国钧修、孔广泉纂：《安图县志》，民国十八年(1929年)铅印本。
6. 高文垣修、张虇铭纂：《双城县志》，民国十五年(1926年)铅印本。
7. 黄世芳修、陈德懿纂：《铁岭县志》，民国二十年(1931年)铅印本。
8. 黄维翰编纂：《呼兰府志》，民国四年(1915年)铅印本。
9. 金梁编纂：《黑龙江通志纲要》，民国十四年(1925年)铅印本。
10. 李毅修、王毓琪纂：《开原县志》，民国十九年(1930年)铅印本。
11. 林传甲编：《大中华吉林省地理志》，商务印书馆1921年版。
12. 刘爽：《吉林新志》，潘景隆等整理，吉林文史出版社1991年版。
13. 柳成栋整理：《清代黑龙江孤本方志四种》，黑龙江人民出版社1989年版。
14. 卢龙、白眉初：《最新民国地志总论》，世界书局1926年版。
15. 裴焕星修、白永真纂：《辽阳县志》，民国十七年(1928年)铅印本。
16. 沈国冕修、苏民纂：《兴京县志》，民国十四年(1925年)铅印本。
17. 石秀峰修、王郁云纂：《盖平县志》，民国十九年(1930年)铅印本。
18. 孙荃芳修、宋景文纂：《珠河县志》，民国十八年(1929年)铅印本。

19. 孙蓉图修、徐希廉纂：《瑷珲县志》，民国九年（1920年）铅印本。
20. 万福麟修、张伯英纂：《黑龙江志稿》，民国二十二年（1933年）铅印本。
21. 王宝善修、张博惠纂：《新民县志》，民国十五年（1926年）石印本。
22. 于云峰纂、关定保修：《安东县志》，民国二十年（1931年）铅印本。
23. 王世选修、梅文昭纂：《宁安县志》，民国十三年（1924年）铅印本。
24. 王树楠、吴廷燮、金毓黻等纂：《奉天通志》，民国二十三年（1934年）印行。
25. 徐鼐霖主修：《永吉县志》，民国二十年（1931年）铅印本。
26. 徐维淮修、李植嘉纂：《辽中县志》，民国十九年（1930年）铅印本。
27. 杨步墀纂修：《方正县志》，民国八年（1919年）铅印本。
28. 张元俊修、车焕文纂：《抚松县志》，民国十九年（1930年）铅印本。
29. 赵恭寅修、曾有翼纂：《沈阳县志》，民国六年（1917年）铅印本。
30. 郑士纯修、朱衣点纂：《桦川县志》，民国十七年（1928年）铅印本。

三、近代报刊

1. 《北京实业周刊》
2. 《北洋官报》
3. 《边疆问题》
4. 《边政公论》
5. 《滨江时报》
6. 《财政月刊》
7. 《崇农》
8. 《大公报》
9. 《地学杂志》
10. 《东北教育》
11. 《东北新建设》
12. 《东方杂志》
13. 《东三省官银号经济月刊》
14. 《东省经济月刊》
15. 《法律周刊》

16.《奉天公报》
17.《奉天劝业报》
18.《革命外交周刊》
19.《工商半月刊》
20.《工业季刊》
21.《广益丛报》
22.《国立北京农业专门学校杂志》
23.《国立中央大学半月刊》
24.《国立中央研究院院务月报》
25.《行政院公报》
26.《河北省国货陈列馆月刊》
27.《黑白半月刊》
28.《黑龙江实业公报》
29.《湖北省农会农报》
30.《互助周刊》
31.《华商联合报》
32.《吉林官报》
33.《农矿月刊》
34.《集美周刊》
35.《交通公报》
36.《教育公报》
37.《教育周报》
38.《良友》
39.《旅行杂志》
40.《蒙旗旬刊》
41.《民铎》
42.《民国日报》
43.《南京国民政府外交部公报》
44.《农林新报》
45.《农商公报》
46.《农声》

47.《农声汇刊》
48.《农事双月刊》
49.《农事通讯》
50.《农学》
51.《农学杂志》
52.《农业周报》
53.《清华周刊》
54.《人与地》
55.《三民半月刊》
56.《森林丛刊》
57.《商工月刊》
58.《商务官报》
59.《商业月报》
60.《申报》
61.《盛京时报》
62.《时事月报》
63.《实业浅说》
64.《实业杂志》
65.《史地社会论文摘要月刊》
66.《四川经济月刊》
67.《泰东日报》
68.《铁路公报（吉长吉敦线）》
69.《图画时报》
70.《外交报》
71.《万国商业月报》
72.《文物月刊》
73.《物调旬刊》
74.《协和报》
75.《新北方月刊》
76.《新纪元周报》
77.《新民报》

78.《新亚细亚》
79.《新译界》
80.《兴华》
81.《兴业杂志》
82.《学艺》
83.《一农半月刊》
84.《益世报》
85.《银行月刊》
86.《银行周报》
87.《禹贡》
88.《毓文周刊》
89.《远东报》
90.《振华五日大事记》
91.《政府公报》
92.《中东半月刊》
93.《中东经济月刊》
94.《中国地学杂志》
95.《中国建设》
96.《中国经济月刊》
97.《中行月刊》
98.《中华农林会报》
99.《中华农学会报》
100.《中华实业界》
101.《中外经济周刊》

四、资料汇纂

(一) 史料汇编

1.《达斡尔资料集》编委会编：《达斡尔资料集》(第 1 集)，民族出版社 1996 年版。

2.《黑龙江海伦县政治报告书》，印行年月不详。

3.《鸭绿江采木公司创立第十周年营业汇编》,1919年印行。

4. 薄音湖编:《明代蒙古汉籍史料汇编》(第四辑),内蒙古大学出版社2007年版。

5. 北京市文物研究所编:《金代陵寝宗庙制度史料》,燕山出版社2003年版。

6. 蔡鸿源主编:《民国法规集成》(第25册),黄山书社1999年版。

7. 陈嵘:《历代森林史略及民国林政史料》,金陵大学农学院森林系林业推广部1934年印行。

8. 陈嵘:《中国森林史料》,中国林业出版社1983年版。

9. 李文治编:《中国近代农业史资料》(第一辑 1840—1911),生活·读书·新知三联书店1957年版。

10. 戴鞍钢、黄苇主编:《中国地方志经济资料汇编》,汉语大词典出版社1999年版。

11. 丹东市史志办公室编:《清末至解放初期的丹东工业史料(1910—1950)》,1986年印行。

12. 丹东市政协文史委员会编:《鸭绿江流域历史资料汇编》(下册),丹东市委印刷厂2007年印行。

13. 东北文化社年鉴编印处编:《东北年鉴(1931)》,1931年印行。

14. 东北物资调节委员会研究组编:《东北经济小丛书·林产》,东北物资调节委员会1948年印行。

15. 东北物资调节委员会研究组编:《东北经济小丛书·纸及纸浆》,中国文化服务社1947年印行。

16. 东北物资调解委员会研究组:《东北经济小丛书·人文地理》,京华印书局1948年版。

17. 董智勇主编:《中国森林史资料汇编》,中国林学会林业史学会1993年印行。

18. 复旦大学历史系中国近代史教研组编:《中国近代对外关系史资料选辑(1840—1949)》(上卷·第二分册),上海人民出版社1977年版。

19. 郭春修主编:《张作霖书信文电集》(下),万卷出版公司2013年版。

20. 国家民委《民族问题五种丛书》编辑委员会编:《中国民族问题资料·档案集成》(第4辑),中央民族大学出版社2005年版。

21. 国家图书馆编:《清代边疆史料抄稿本汇编》(6),线装书局2003年版。

22. 韩俊光编:《中国朝鲜族迁入史资料汇集》,延边历史研究所1988年印行。

23. 黑龙江省林业总局森林资源调查管理局编:《黑龙江省林业史料汇编》(内部资料),1981年印行。

24. 吉林省档案馆、吉林省社会科学院历史所合编:《清代吉林档案史料选编》(上谕奏折),1981年印行。

25. 吉林省林业局政工处编:《血染山川恨满林——林业工人家史集》,吉林人民出版社1975年版。

26. 吉林市林业局林业志办公室编:《伪满时期东北林业史料译编》(第3集),吉林市科技进修学院复印部1986年印行。

27. 吉林市林业局林业志办公室编:《伪满时期东北林业史料译编》(第4集),吉林市科技进修学院复印部1987年印行。

28. 解学诗主编:《满铁档案资料汇编》第3卷《列强势力范围争夺与中东路》,社会科学文献出版社2011年版。

29. 李明勋、尤世玮主编:《张謇全集》(第1册),上海辞书出版社2012年版。

30. 李澍田主编:《韩边外》,吉林文史出版社1987年版。

31. 李兴盛、马秀娟主编:《程德全守江奏稿》(外十九种·上),黑龙江人民出版社1999年版。

32. 李兴盛、辛欣、王宪君编:《黑水郭氏世系录》(外十四种),黑龙江人民出版社2003年版。

33. 吉林师范学院古籍研究所编:《清实录东北史料全辑》(四),梁志忠点校、摘编,吉林文史出版社1998年版。

34. 辽宁大学历史系编:《重译满文老档》(第一分册),清初史料丛刊第一种,1978年印行。

35. 辽宁省朝阳市林业志编委会编:《中国林业法规选编》,1987年印行。

36. 辽宁省档案馆编:《奉系军阀档案史料汇编》(6),江苏古籍出版社1990年版。

37. 辽宁省地方志办公室编:《辽宁省地方志资料丛刊》(第4辑),辽宁省人民政府印刷厂1987年印行。

38. 辽宁省国家税务局编：《辽宁税收历史资料选编(1840—1948)》，辽宁人民出版社 2000 年版。

39. 辽宁省教育志编纂委员会编：《辽宁教育史志资料》(第 1 集)，辽宁大学出版社 1990 年版。

40. 宓汝成主编：《中国近代铁路史资料(1863—1911)》(第 2 册)，中华书局 1963 年版。

41. 穆恒洲主编：《吉林省旧志资料类编》(林牧渔篇)，吉林文史出版社 1986 年版。

42. 农林部编：《中国森林资源统计汇编》，农林部刊物林业类第七号，1947 年印行。

43. 彭雨新编：《清代土地开垦史资料汇编》，武汉大学出版社 1992 年版。

44. 彭泽益编：《中国近代手工业史资料 1840—1949》(第 2 卷)，中华书局 1957 年版。

45. 朴兴镇总主编：《中国廿六史及明清实录东亚三国关系史料全辑》(第 5 辑)，延边大学出版社 2007 年版。

46. 沈云龙主编：《近代中国史料丛刊三编》(第二十八辑)，台北文海出版社 1987 年版。

47. 沈云龙主编：《近代中国史料丛刊三编》(第七十六辑)，台北文海出版社 1993 年版。

48. 宋抵、王秀华编著：《清代东北参务》，吉林文史出版社 1991 年版。

49. 苏崇明主编：《满铁档案资料汇编》第 9 卷《农林牧业扩张与移民》，社会科学文献出版社 2011 年版。

50. 通化市政协文史学习委员会编：《东边道经济开发史略》(农林篇·文献)，1998 年印行。

51. 王铁崖编：《中外旧约章汇编》(第 2 册)，生活·读书·新知三联书店 1959 年版。

52. 王钟翰辑录：《朝鲜〈李朝实录〉中的女真史料选编》，清初史料丛刊第七种，1979 年印行。

53. 赵鸣岐、王慎荣编：《东夏史料》，吉林文史出版社 1990 年版。

54. 鸭绿江采木公司编：《鸭绿江采木公司规则汇集》，仁川活版所支店 1917 年印行。

55. 赵秉钧编著：《工商会议报告录》，北京政府工商部1913年印行。

56. 郑毅主编：《东北农业经济史料集成》(一)，吉林文史出版社2005年版。

57. 郑毅主编：《东北农业经济史料集成》(三)，吉林文史出版社2005年版。

58. 中国第二历史档案馆编：《中华民国史档案资料汇编》(第三辑·工矿业)，江苏古籍出版社1991年版。

59. 中国第二历史档案馆编：《中华民国史档案资料汇编》(第三辑·农商·一)，江苏古籍出版社1991年版。

60. 中国国民党中央执行委员会社会部编：《农运法规方案》，1940年印行。

61. 《中华大典》工作委员会、《中华大典》编纂委员会编：《中华大典　林业典　森林利用分典》，凤凰出版社2013年版。

(二) 文史资料

1. 敦化市政协文史资料委员会编：《敦化文史资料》(第8辑)，1992年印行。

2. 延边朝鲜族自治州政协文史资料委员会：《延边文史资料》第7辑《昔日延边经济》，延边人民出版社1995年版。

3. 于祺元编著：《长春文史资料》总第75辑《往事存真》，长春市现代印务有限公司2007年印行。

4. 政协东沟县委员会文史资料研究委员会编：《东沟文史资料》(第2辑)，1988年印行。

5. 政协黑龙江省海林县委员会学习文史工作委员会编：《海林文史资料》(第2辑)，1988年印行。

6. 政协黑龙江省牡丹江市委员会文史资料研究委员会编：《牡丹江文史资料》(第5辑)，1989年印行。

7. 政协辉南县委员会文史资料研究委员会编：《辉南文史资料》第5辑《辉南开发史》，1989年印行。

8. 政协吉林省通化市委员会文史资料研究委员会编：《通化文史资料》(第1辑)，1987年印行。

9. 政协吉林市昌邑区文史资料工作委员会编：《昌邑区文史资料》(第2辑)，1990年印行。

10. 政协辽宁省丹东市委员会文史资料研究委员会编：《丹东文史资料》

（第 2 辑），1986 年印行。

11. 政协辽宁省抚顺市委员会文史委员会编：《抚顺文史资料选辑》(第 7 辑），1986 年印行。

12. 政协辽宁省抚顺市委员会文史委员会编：《抚顺文史资料选辑》(第 8 辑），1986 年印行。

13. 政协辽宁省委员会文史资料委员会编：《辽宁文史资料》第 26 辑《工商专辑》，辽宁人民出版社 1989 年版。

14. 政协汪清县委员会文史资料办公室编：《汪清文史资料》(第 4 辑），1996 年印行。

五、相关著述

（一）古人著述

1.《元史》

2.《新唐书》

3.《魏书》

4.《山海经》

5.《辽史》

6.《晋书》

7.《金史》

8.《北史》

9. 田涛、郑秦点校：《大清律例》，法律出版社 1999 年版。

10.〔唐〕张守节：《史记正义》(下册），中华书局 2005 年版。

11.〔唐〕李泰等：《括地志辑校》，中华书局 1980 年版。

12.〔宋〕叶隆礼：《契丹国志》，贾敬颜、林荣贵点校，上海古籍出版社 1985 年版。

13.〔清〕张缙彦：《宁古塔山水记　域外集》，李兴盛点校，黑龙江人民出版社 1984 年版。

14.〔清〕杨同桂：《沈故》，辽沈书社 1985 年版。

15.〔清〕杨宾：《柳边纪略》，吉林文史出版社 1993 年版。

16.〔清〕徐松辑录：《宋会要辑稿》(16)，刘琳、刁忠民、舒大刚、尹波等点校,上海古籍出版社 2014 年版。

17.〔清〕萨英额:《吉林外记》,史吉祥、张羽点校,吉林文史出版社 1986 年版。

18.〔清〕高士奇:《扈从东巡日录》,陈见微点校,吉林文史出版社 1986 年版。

19.〔明〕何尔健:《按辽御珰疏稿》,何兹全、郭良玉编校,中州书画社 1982 年出版。

20.〔金〕宇文懋昭:《大金国志》,刘晓东等点校,齐鲁书社 2000 年版。

(二) 近人著述

1.〔清〕李廷玉、傅疆:《奉天边务辑要》,黑龙江教育出版社 2014 年版。

2.〔清〕徐世昌等编:《东三省政略》(上、下册),李澍田点校,吉林文史出版社 1989 年版。

3.〔清〕徐宗亮纂修:《龙江述略》(全一册),据清光绪十七年刊本影印,台北成文出版社 1969 年版。

4.〔俄〕苏林:《东省林业》,中东铁路印刷所 1931 年版。

5.〔俄〕中东铁路局商业部编:《黑龙江》,汤尔和译,商务印书馆 1929 年版。

6.〔日〕德富苏峰:《中国漫游记》,张颖、徐明旭译,凤凰出版传媒股份有限公司 2014 年版。

7.〔日〕哈尔滨满铁事务所:《北满概观》,汤尔和译,商务印书馆 1937 年版。

8.〔日〕南满铁道株式会社:《满蒙与满铁》,满洲日报社印刷所 1928 年印行。

9.〔日〕南满铁路调查课编:《吉林省之林业》,汤尔和译,商务印书馆 1930 年版。

10.〔日〕日本产业调查会满洲总局编:《满洲产业经济大观》,1943 年印行。

11.〔日〕松本敬之:《富之满洲》,马为珑译、刘启晴校,东京政治传输社 1907 年版。

12.〔日〕藤冈启:《东省刮目论》,汤尔和译,商务印书馆 1930 年版。

13.〔日〕藤冈启:《满蒙经济大观》,吴自强译,民智书局 1929 年版。

14.〔日〕藤山一雄:《满洲森林与文化》,满洲图书株式会社 1938 年版。

15. [日]小越平隆：《满洲旅行记》（下卷），克斋译，广智书局光绪二十八年（1902年）刻本。

16. [日]中目尚义编：《满洲国读本》，东京日本评论社1934年版。

17. [日]中岛三代彦：《东三省造纸及木浆工业》，商务印书馆1936年版。

18. [日]园部一郎：《日人眼中之东北经济》，夏禹勋、张其春合译，钟山书局1933年版。

19. 中央训练团农林垦牧人员训练班编印：《东北农林事业的检视》，1947年印行。

20. 北平燕京大学教职员抗日会：《东北日人经济事业》，出版年月不详。

21. 陈觉：《东北路矿森林问题》，商务印书馆1934年版。

22. 陈述彭编著：《东北经济地理简编》（全一册），正中书局1948年版。

23. 管世楷：《东北的农业》，中华书局1933年版。

24. 郭葆琳、王兰馨编：《东三省农林垦务调查书》，东京神田印刷所1915年版。

25. 国民政府主席东北行辕经济委员会经济调查研究处编：《东北造纸业概况》，经济调查研究处1947年印行。

26. 何新吾、徐正学：《国人对于东北应有的认识》，东北研究社1933年版。

27. 何新吾、徐正学编：《东北现状》（全一册），首都国民印务局1933年版。

28. 雷雨编著：《东北经济概况》，西北书局1932年版。

29. 李执中：《日本外交》，商务印书馆1938年版。

30. 连潘：《东三省经济实况概要》，观海时事月刊社1931年版。

31. 辽左散人：《滨江尘嚣录》，中国青年出版社2012年版。

32. 刘象天编著：《东北地理之基础》，国立中山大学印刷所1949年印行。

33. 马鹤天编著：《东北考察记》，正中书局1934年版。

34. 毛应章：《东北问题》，拨提书店1933年版。

35. 明志阁编：《满洲实业案》（上卷），广智书局光绪三十四年（1908年）初版。

36. 缪学贤编：《黑龙江》，东三省筹边公署1913年印行。

37. 万良炯：《东北问题》（上），商务印书馆1937年版。

38. 王成敬：《东北之经济资源》（一册），商务印书馆1947年版。

39. 王大中：《一度沦亡之东北》，萃斌阁军学书局1933年版。

40. 王维新：《东北在我国经济上的价值》，外交月报印刷所 1934 年版。

41. 魏毓兰、馨若氏编：《龙城旧闻》，李思乐、张玉春等点校，黑龙江人民出版社 1986 年版。

42. 谢先进：《鸭绿江右岸之林业》，铅印单行本，1927 年印行。

43. 徐嗣同编：《东北的产业》，中华书局 1932 年版。

44. 许阶平：《最近之东三省》，辽宁省立第二工科学校 1929 年印行。

45. 许逸超：《东北地理》（全一册），正中书局 1939 年版。

46. 詹自佑：《东北的资源》，上海印刷所 1946 年印行。

47. 张宗文：《东北地理大纲》，中华人地舆图学社 1933 年版。

48. 郑学稼：《东北的工业》，上海印刷所 1946 年印行。

49. 周宪文编：《东北与日本》，中华书局 1932 年版。

50. 周映昌、顾谦吉：《中国的森林》，商务印书馆 1941 年版。

（三）当代著述

1. 《辽宁造纸工业史略》编委会编：《辽宁造纸工业史略》，辽宁省造纸研究所 1994 年印行。

2. 北镇满族自治县地方志编纂委员会编：《北镇县志》，辽宁人民出版社 1990 年版。

3. 蔡博明主编：《中国火柴工业史》，中国轻工业出版社 2001 年版。

4. 曹保明：《木帮》，吉林大学出版社 1999 年版。

5. 柴恒忠、李清盛主编：《林政管理》，农业出版社 1991 年版。

6. 陈本善主编：《日本侵略中国东北史》，吉林大学出版社 1989 年版。

7. 陈史坚：《中国的河流》，生活·读书·新知三联书店 1950 年版。

8. 陈世训编著：《中国的气候》，新知识出版社 1957 年版。

9. 程维荣：《近代东北铁路附属地》，上海社会科学院出版社 2008 年版。

10. 大连市图书馆社会科学参考部、黑龙江省图书馆采编部编辑：《东北地方文献联合目录》（第 2 辑），大连市图书馆 1984 年印行。

11. 樊期曾编：《东北农业教育史（1906—1985）》，辽宁教育出版社 1987 年版。

12. 范立君：《近代松花江流域经济开发与生态环境变迁》，中国社会科学出版社 2013 年版。

13. 房俐主编：《档案吉林·省档案馆卷》（下），吉林出版集团有限责任公司 2014 年版。

14. 房守志主编：《新宾满族自治县志》，辽宁古籍出版社 1993 年版。

15. 付树学主编：《吉林市志·林业志》，中国林业出版社 1996 年版。

16. 高志义主编：《水土保持林学》，中国林业出版社 1996 年版。

17. 耿玉德：《林业产业化研究》，东北林业大学出版社 2002 年版。

18. 国家林业局知识产权研究中心编著：《世界林业专利技术现状与发展趋势》，中国林业出版社 2013 年版。

19. 桦甸县地方志编纂委员会编：《桦甸县志》，吉林人民出版社 1995 年版。

20. 黄甲元编著：《长白山区开发史稿》，吉林文史出版社 1992 年版。

21. 珲春市地方志编纂委员会：《珲春市志》，吉林人民出版社 2000 年版。

22. 吉林省地方志编纂委员会编：《吉林省志》卷 17《林业志》，吉林人民出版社 1994 年版。

23. 吉林省地方志编纂委员会编：《吉林省志》卷 30《财政志》，吉林人民出版社 1993 年版。

24. 孔经纬：《日俄战争至抗战胜利期间东北的工业问题》，辽宁人民出版社 1958 年版。

25. 孔经纬：《中国东北经济变迁》，吉林教育出版社 1999 年版。

26. 辽宁省地方志编纂委员会办公室主编：《辽宁省志·林业志》，辽宁民族出版社 1999 年版。

27. 辽宁省林学会编著：《东北的林业》，中国林业出版社 1982 年版。

28. 辽阳县志编纂委员会办公室编：《辽阳县志》，新华出版社 1994 年版。

29. 林业部教育司主编：《中国林业教育史》，中国林业出版社 1988 年版。

30. 刘东生主编：《东北地区自然环境历史演变与人类活动的影响研究》（自然历史卷），科学出版社 2007 年版。

31. 刘信君、霍燎原主编：《中国东北史》（第 6 卷），吉林文史出版社 2006 年版。

32. 穆棱县志编纂委员会编：《穆棱县志》，中国文史出版社 1990 年版。

33. 南京林业大学林业遗产研究室主编：《中国近代林业史》，中国林业出版社 1989 年版。

34. 南文渊主编：《北方森林、草原生态环境与民族文化变迁》，民族出版社 2011 年版。

35. 潘喜廷：《东北近代史研究》，中州古籍出版社 1994 年版。
36. 曲晓范：《近代东北城市的历史变迁》，东北师范大学出版社 2001 年版。
37. 上海社会科学院经济研究所轻工业发展战略研究中心编：《中国近代造纸工业史》，上海社会科学院出版社 1989 年版。
38. 苏崇明：《满铁史》，中华书局 1990 年版。
39. 隋喜林、金熟炼主编：《发展中的延边》，延边人民出版社 1989 年版。
40. 陶炎：《东北林业发展史》，吉林省社会科学院 1987 年印行。
41. 王长富：《沙皇俄国掠夺中国东北林业史考》，吉林人民出版社 1986 年版。
42. 王长富：《中国林业经济史》，东北林业大学出版社 1990 年版。
43. 王长富编著：《东北近代林业经济史》，中国林业出版社 1991 年版。
44. 王长富编著：《东北近代林业科技史料研究》，东北林业大学出版社 2000 年版。
45. 辛培林等主编：《黑龙江开发史》，黑龙江人民出版社 1999 年版。
46. 延边朝鲜族自治州地方志编纂委员会编：《延边朝鲜族自治州志》（上），中华书局 1996 年版。
47. 杨旸、霍燎原主编：《中国东北史》（第 5 卷），吉林文史出版社 2006 年版。
48. 衣保中：《东北农业近代化研究》，吉林文史出版社 1990 年版。
49. 衣保中：《中国东北农业史》，吉林文史出版社 1993 年版。
50. 营口市史志办公室编：《营口通史》（第 1 卷），北方联合出版传媒（集团）股份有限公司 2012 年版。
51. 苑朋欣：《清末农业新政研究》，山东人民出版社 2012 年版。
52. 张绍卿主编：《黑龙江省志》第 12 卷《林业志》，黑龙江人民出版社 2000 年版。
53. 张应强：《木材之流动——清代清水江下游的市场、权力与社会》，生活·读书·新知三联书店 2006 年版。
54. 赵英兰：《清代东北人口社会研究》，社会科学文献出版社 2011 年版。
55. 郑树模主编：《辽宁税务志（1840—1989 年）》，辽宁人民出版社 1998 年版。
56. 中国科学院长春分院《松花江流域环境问题研究》编辑委员会编：《松

花江流域环境问题研究》,科学出版社1992年版。

57. 中华人民共和国林业部教育局编:《林业知识》(上册),中国林业出版社1981年版。

58. 朱功良主编:《林业产业化理论与实践》,湖北科学技术出版社2000年版。

59. 柴恒忠、甄世武主编:《森林资源的资产化管理》,中国林业出版社1994年版。

六、主要论文

(一) 学位论文

1. 陈跃:《清代东北地区生态环境变迁研究》,山东大学博士学位论文,2012年。

2. 冯其坤:《伪满时期日本对东北森林的经营与掠夺研究》,西北农林科技大学硕士学位论文,2016年。

3. 姜丽:《鸭绿江流域森林资源与安东县木材中心市场的形成(1876—1928)》,东北师范大学硕士学位论文,2007年。

4. 任仲博:《伪满时期林业政策研究》,东北师范大学硕士学位论文,2012年。

5. 王立三:《近代东北森林资源产业化及其影响》,吉林大学硕士学位论文,2007年。

6. 王荣亮:《清代民国时长白山森林开发及其生态环境变迁史研究》,内蒙古师范大学硕士学位论文,2010年。

7. 伍启杰:《近代黑龙江林业经济若干问题研究》,东北林业大学博士学位论文,2007年。

8. 张竞文:《20世纪上半期日本对中国东北森林资源的调查与掠夺》,东北师范大学硕士学位论文,2007年。

9. 张迎春:《中国近代林业产业状况研究》,河北农业大学硕士学位论文,2011年。

10. 董岳:《中国林业产业化发展问题研究》,山东农业大学硕士学位论文,2009年。

（二）期刊论文

1. 池翔：《林业何以成"局"：清末新政视野下的吉林全省林业总局》，《清华大学学报》（哲学社会科学版）2019年第3期。

2. 池翔：《向死谋生：民初奉天陵地森林的近代化转型及其纠纷》，《求是学刊》2020年第3期。

3. 董晓峰：《满铁对中国东北森林资源的掠夺》，《大连近代史研究》2014年第1辑。

4. 范立君、曲立超：《中东铁路与近代松花江流域森林资源开发》，《吉林师范大学学报》（人文社会科学版）2009年第3期。

5. 冯其坤、郭风平：《20世纪前期日本对中国东北地区森林调查历史研究》，《佳木斯大学社会科学学报》2016年第2期。

6. 关亚新、张志坤：《辽西地区生态的历史变迁及影响》，《社会科学辑刊》2002年第1期。

7. 关亚新：《清代柳条边对东北地区生态环境的作用及影响》，《史学集刊》2010年第6期。

8. 李克志：《建国前的森林经理史》，《林业勘查设计》1985年第2期。

9. 李莉、梁明武：《明清时期东北地区生态环境演化初探》，《学术研究》2009年第10期。

10. 梁敏玲：《"社会生态史学"的启示与反思——读安富步、深尾叶子编〈"满洲"的成立——森林的耗尽与近代空间的形成〉》，《近代史研究》2013年第4期。

11. 林亨芬：《近代中国东北的开发与森林的衰竭——兼评〈"满洲"的成立：森林的衰竭与近代空间的形成〉》，《淮阴师范学院学报》2012年第4期。

12. 饶野：《20世纪上半叶日本对鸭绿江右岸我国森林资源的掠夺》，《中国边疆史地研究》1997年第3期。

13. 苏全有、闫利琴：《对近代中国林业史研究的回顾与反思》，《安阳师范学院学报》2012年第1期。

14. 孙赫杰：《俄侨作家尼·巴依柯夫与我国东北原始森林之情缘》，《图书馆建设》1999年第2期。

15. 谭玉秀、范立君：《20世纪上半期国内外有关松花江流域森林资源的调查及考辨》，《社会科学辑刊》2013年第5期。

16. 王铁军：《近代以来东北地区森林砍伐对生态环境的影响简析》，《社会科学辑刊》2013年第6期。

17. 王希亮：《近代中国东北森林的殖民开发与生态空间变迁》，《历史研究》2017年第1期。

18. 王晓峰：《"满铁"对图们江流域森林资源的"调查"》，《东北史地》2013年第1期。

19. 熊梅：《清代东北地区森林消减与环境效应》，《东北史地》2008年第4期。

20. 衣保中、叶依广：《清末以来东北森林资源开发及其环境代价》，《中国农史》2004年第3期。

21. 衣保中：《近代东北地区林业开发及其对区域环境的影响》，《吉林大学社会科学学报》2000年第3期。

22. 张传杰、孙静丽：《日本对我国东北森林资源的掠夺》，《世界历史》1996年第6期。

23. 张文涛：《清代东北地区林业管理的变化及其影响》，《北京林业大学学报》(社会科学版)2010年第2期。

24. 郝英明、李莉等：《清末东三省林业的管理及近代林业的萌芽》，《北京林业大学学报》(社会科学版)2011年第3期。

图书在版编目(CIP)数据

近代东北森林资源产业化研究：1878—1931年 / 郑宇著. — 上海：上海社会科学院出版社，2020
 ISBN 978-7-5520-2880-5

Ⅰ.①近… Ⅱ.①郑… Ⅲ.①森林资源—产业化发展—研究—东北地区—1878-1931 Ⅳ.①F326.273

中国版本图书馆 CIP 数据核字(2020)第 211858 号

近代东北森林资源产业化研究(1878—1931年)

著　　者：郑　宇
责任编辑：张　晶
封面设计：周清华
出版发行：上海社会科学院出版社
　　　　　上海顺昌路 622 号　邮编 200025
　　　　　电话总机 021-63315947　销售热线 021-53063735
　　　　　http://www.sassp.cn　E-mail:sassp@sassp.cn
排　　版：南京展望文化发展有限公司
印　　刷：上海颛辉印刷厂有限公司
开　　本：710 毫米×1010 毫米　1/16
印　　张：14.5
字　　数：232 千字
版　　次：2020 年 12 月第 1 版　2020 年 12 月第 1 次印刷

ISBN 978-7-5520-2880-5/F·637　　　定价：78.00 元

版权所有　翻印必究